中国文化
经纬

韩非子新探

王兆麟　著

中国书籍出版社
China Book Press

图书在版编目(CIP)数据

韩非子新探 / 王兆麟著. -- 北京：中国书籍出版社, 2019.1
ISBN 978-7-5068-7204-1

Ⅰ.①韩… Ⅱ.①王… Ⅲ.①法家②《韩非子》—研究 Ⅳ.①B226.55

中国版本图书馆CIP数据核字(2018)第300080号

韩非子新探

王兆麟 著

责任编辑	许艳辉 庞 元
责任印制	孙马飞 马 芝
封面设计	东方美迪
出版发行	中国书籍出版社
地 址	北京市丰台区三路居路97号（邮编：100073）
电 话	(010) 52257143（总编室） (010) 52257140（发行部）
电子邮箱	eo@chinabp.com..cn
经 销	全国新华书店
印 刷	三河市顺兴印务有限公司
开 本	787毫米×1092毫米 1/16
字 数	208千字
印 张	26.5
版 次	2019年12月第1版 2019年12月第1次印刷
书 号	978-7-5068-7204-1
定 价	68.00元

版权所有 翻印必究

《中国文化经纬》系列丛书
编委会

顾　问　汤一介　杨　辛　李学勤　庞　朴
　　　　　王　尧　余敦康　孙长江　乐黛云

主　编　王守常

编　委　（按姓氏笔画为序）
　　　　　王　平　王小甫　王守常　邓小楠
　　　　　乐黛云　江　力　刘　东　许抗生
　　　　　朱良志　孙尚扬　李中华　陈平原
　　　　　陈　来　林梅村　徐天进　魏常海

总　序

　　二十世纪三十年代，陈寅恪先生在冯友兰《中国哲学史》下册的《审查报告》中说："窃疑中国自今日以后，即使能忠实输入北美或东欧之思想，其结局当亦等于玄奘唯识之学，在吾国思想史上既不能居最高之地位，且亦终归于歇绝者。其真能于思想上自成系统，有所创获者，必须一方面吸收输入外来之学说，一方面不忘本来民族之地位。此二种相反而适相成之态度，乃道教之真精神，新儒家之旧途径，而二千年吾民族与他民族思想接触史之所昭示者也。"今天读陈先生的话，感慨良多。先生所言之义：佛教传入中国，其教义与中国思想观念制度无一不相冲突。然印度佛教在近千年的传播过程中不断调适，亦经国人改造接受，终成中国之佛教。这足以告知我们外来思想与中国本土思想能够融合、始相反终相成之原因，在于"必须一方面吸收输入外来之学说，一方面不忘本来民族之地位"。这就是我们经常讲的,当下中国文化必须"返本开新"。如有其例外者,则是"忠实输入不改本来面目者,若玄奘唯识之学,虽震荡一时之人心,而卒归于消沉歇绝"。

我以为近代中国落后于西方,不应简单视为文化落后,而是二千多年的农业文明在十八世纪已经无法比肩欧洲工业文明之生产效率与市场资源的合理配置,由此社会政治、国家管理制度也纰漏丛生。由是而观当下之中国,体制改革刻不容缓,而从五四时代以来的文化批判也需深刻反思。启蒙运动对传统文化的批评固然有时代需求,未经理性拷问的传统文化无法随时代而重生。但"五四运动"的先贤们也犯了"理性科学的傲慢",他们认为旧的都是糟粕,新的都是精华,以二元对立的思考将传统与现代对峙而观,无视传统文化在代际之间促成了代与代的连续性与同一性,从而形成了一个社会再创造自己的文化基因。美国学者席尔思写了一部书《论传统》,他说:传统是围绕人类的不同活动领域而形成的代代相传的行为方式,是一种对社会行为具有规范作用和道德感召力的文化力量,同时也是人

总　序

类在历史长河中的创造性想象的沉淀。因而一个社会不可能完全排除其传统，不可能一切从头开始或完全取而代之以新的传统，而只能在旧传统的基础上对其进行创造性的改造。此言至矣！传统与现代不应仅在时间序列上划分，在文化传承上可理解为"传统"是江河之源，而"现代"则是江河之流。"现代"对"传统"的理性诠释，使"传统"在"现代"得以重生。由此，以"同情的敬意"理解自己民族的文化传统是当下中国的应有之义，任何历史文化的虚无主义都要彻底摒弃。从"五四"先行者到今天的一些名士，他们对传统文化进行激烈批判，却也无法摆脱传统文化对自己的思维方式和价值观念的影响。这样的事实岂可漠视。

这套《中国文化经纬》丛书是在1993年刊行的《神州文化集成》丛书的基础上重新选目、修订而成。自那时到今天，持续多年的"文化热"、"国学热"，昭示着国人对自己民族文化的认同还处在进行时。文化决定了一个民族的性格，民族性格决定了一个民族的命运。中国文化书院成立至今已有30年了，书院同仁矢志不移地秉承着"让世界文化走进中国,让中国文化走向世界"之宗旨,不负时代的责任与担当。此次与中国书籍出版社合作出版这套丛书,期盼能在民族文化的自觉、自信、自强上有新的贡献。

王守常

2014 年 12 月 8 日

于北京大学治贝子园

前　言

韩非（约公元前280年—公元前233年）战国时期韩国人，杰出的思想家、哲学家，法家的主要代表人物，著有《韩非子》一书。

我阅读《韩非子》，是从研究古汉语开始的。阅读的遍数多了，我深深地被韩非的治国理论、法治主张所吸引，被他广阔的历史视野和深刻的社会洞察力以及执著追求真理、愿为真理而献身的精神所感动。我感到，他创立的"以法、术、势为核心，以法、道、德为根本，以利民为宗旨"的法治思想体系，是禁暴止乱、治国安民的强大思想武器，是符合时代的要求和社会的实际需要的，是对历史的巨大贡献。尽管它是"帝王之学"，有其时代和阶级的局限性，但是作为治国的方法论而言，是没有时间和地域的限制的。只要社会上还存在着矛盾，存在着"利"和"权"的争夺，存在着"真善美"和"假恶丑"的斗争,不论是古代,还是现代,以至将来,韩非的法治思想都是治国的法宝,推动历史前进的思想动力。

遗憾的是,两千多年来,对他的法治思想及其本人的评价,褒贬不一。赞同他的人少,排斥、贬低他的人不断。什么"惨刻寡恩""专制主义""阴谋权术",直到现在也没有止息。在这样的声浪中,韩非的法治思想,或被误解,或被冷落。就像一颗明亮的珍珠被埋在沙里,它的真正的价值就被掩盖了。这是不公平的,也是历史的重大损失。

我认为,对待传统文化和历史人物,都要实事求是地评价,不能从成见出发,也不能人云亦云。应当从实际出发,根据古人的思想及其时代背景进行全面分析,做出客观评价,不能抓住一点,就下结论。这样,就不会把明珠当沙子一起抛弃了。

由于条件限制,我不能广泛拜读前贤有关《韩非子》的文章,作深入的研究。本书中所收集的文章,只是根据阅读《韩非子》的心得,把韩非的法治思想中的精华,作了重点的介绍,谈了个人的看法。今天,我国实行的"改革开放、依法治国"的基本方略,是对韩非的法治思想的继承和发展,也是对历史负责的态度。我觉得,韩非的这些思想、主张,在依法治

前 言

国的今天，仍然有很大的现实意义。希望它在新的历史条件下，发扬光大，为建成我国的法治社会、为推动中国特色社会主义现代化的伟大事业的进程，发挥积极的作用，作出新的贡献。

限于水平，欢迎批评指正！

目 录

总　序	1
前　言	1
儒法互补，推动历史的前进	1
论韩非的法治思想体系	5
一、以法、术、势为核心	5
二、以法、道、德为根本	9
三、以利民为宗旨	13
四、小　结	15
以法治国，势在必行——论韩非的法治思想	17
一、什么是以法治国？	17
二、为什么必须实行法治？	19
三、如何推行以法治国？	23
四、小　结	39
治国有术，可致帝王之功——论韩非的术治思想	41
一、治国之术	42
二、用人之术	47
三、禁奸之术	50

四、君主的防范术 ································· 52
　　五、小　结 ····································· 53
善任势者国安——论韩非的势治思想 ····················· 57
　　一、治国必任势 ································· 57
　　二、善任势者国安 ······························· 60
　　三、不善任势者国危 ····························· 66
以道为常，无不能成——论韩非的道治思想 ··············· 71
　　一、道的本质和特点 ····························· 71
　　二、治国必须以道为常 ··························· 74
　　三、因道全法，治国之大体 ······················· 82
以德为先，万不失——论韩非的德治思想 ················· 84
　　一、治理国家，必须实行德治 ····················· 84
　　二、以德治国，必先以德修身 ····················· 86
　　三、治理国家，必须以德为先 ····················· 88
　　四、德法兼治，治国之上策 ······················· 89
法治和民主，治国之双翼——论韩非的民主思想 ··········· 92
　　一、人民是历史的创造者 ························· 93
　　二、人民是国家主人 ····························· 94
　　三、治国必须问计于民 ··························· 95
　　四、为政者必须树立人民的权力观 ················· 97
　　五、为政者必须树立人民法治观 ··················· 100
　　六、必须做到法律面前人人平等 ··················· 103
　　七、必须给人民言论的自由 ······················· 104

目 录

八、小　结 ··· 107
法治和贤治，不可一无——论韩非的贤治思想 ················· 109
　　一、贤臣良吏在治国中的重要作用 ······························ 110
　　二、怎样选任贤臣良吏 ·· 112
　　三、治国不仅要有贤臣，更要有贤君 ··························· 119
　　四、打造一支现代贤臣良吏的干部队伍 ······················· 121
分清是非，国治民安——论韩非的是非观 ·························· 123
　　一、是非问题关系国家安危 ··· 123
　　二、是非问题无处不在 ·· 124
　　三、分清是非的标准 ·· 129
　　四、小　结 ·· 135
尊重自然，尊重人性——论韩非的"天有大命，人有大命" ··· 138
战争的目的：抵御外侮和完成统一——论韩非的战争观 ······ 146
　　一、须有备而战 ··· 146
　　二、必须从严治军 ··· 148
　　三、必须有正确灵活的战术 ··· 152
　　四、小　结 ·· 155
治国必须从小事做起 ·· 157
治国就是治吏——论韩非的"治吏不治民" ························· 164
　　一、吏乱的表现 ··· 166
　　二、治吏的办法 ··· 173
　　三、小　结 ·· 179
善用人者，要把好四关——论韩非的用人主张 ···················· 182

3

- 一、选才关 …… 182
- 二、使用关 …… 189
- 三、考核关 …… 196
- 四、赏罚关 …… 199
- 五、小　结 …… 201

明于臣之所言，才能明于所以任臣——论韩非的"听言之道" …… 203
- 一、听言的三个原则 …… 204
- 二、听言最重要的方法 …… 206
- 三、听言的四个误区 …… 208
- 四、小　结 …… 213

虚心纳谏和善言进谏 …… 215

以有所不为，达到大有所为——论韩非的无为而治的思想 …… 224

严刑重罚，可以治国——论韩非的"严刑重罚" …… 235

明其法禁，察其谋计——论韩非的"富强之法" …… 246
- 一、国家为什么要富强？ …… 246
- 二、怎样使国家富强？ …… 247
- 三、小　结 …… 257

韩非对君主的建言和批评——从《韩非子》的内容特点谈起 …… 262
- 一、以法为本 …… 265
- 二、解放思想，与时俱进 …… 266
- 三、以道为常 …… 267
- 四、以德治身，以德莅天下 …… 268
- 五、国事务先而一民心 …… 269

六、治吏不治民 …………………………………… 271
　　七、用人必以术 …………………………………… 274
　　八、抱法处势 ……………………………………… 276
　　九、事至而结智 …………………………………… 278
　　十、言必有报 ……………………………………… 279
　　十一、说必责用 …………………………………… 280
　　十二、治内以裁外 ………………………………… 281
　　十三、自刻以尧，谨于听治 ……………………… 282
　　十四、要得人心 …………………………………… 283
关于"惨刻寡恩"之我见 ……………………………… 284
　　一、要看是否适合社会实际情况的需要 ………… 287
　　二、要看严刑重罚的对象是什么人 ……………… 288
　　三、要看是怎样实行严刑重罚的 ………………… 295
　　四、要看严刑重罚的目的是什么 ………………… 297
　　五、关于法、术、势思想的评价问题 …………… 299
先进文化是国家强大的精神支柱——论韩非的文化思想 …… 311
　　一、文化必须与时俱进 …………………………… 311
　　二、文化是经济、政治的反映，又反作用于经济和政治 … 313
　　三、对待传统文化必须批判、继承，更要创新 … 315
　　四、认真读书是通向先进文化的桥梁 …………… 325
韩非的哲学思想永放光芒——论韩非的辩证唯物主义和历史唯物主义的思想 ……………………………………………… 330
　　一、关于客观规律 ………………………………… 331
　　二、关于认识和实践 ……………………………… 334

5

三、关于矛盾的法则 …………………………… 338
　　四、关于人性 ………………………………… 355
　　五、关于时代和变法 ………………………… 359
　　六、关于人民在历史上的作用 ……………… 361

附录
名词作补语——一条贯串古今汉语的语法规律
　　——从《韩非子》的两句话谈起 ……………… 365
　　一、"为动用法"不符合实际 ………………… 366
　　二、"为动用法"矛盾重重 …………………… 368
　　三、一点建议 ………………………………… 376
从《韩非子》看"所"字结构的构成和作用 ……… 381
　　一、"所"字结构的构成 ……………………… 382
　　二、"所"字结构的作用 ……………………… 384
　　三、"所"字结构的特点 ……………………… 389
　　四、一个值得商榷的问题 …………………… 394

后　记 ………………………………………………… 397
出版后记 ……………………………………………… 400

儒法互补，推动历史的前进

在我国传统文化中，影响最大的当推儒家和法家。儒家的创始人是孔子，代表作是《论语》。法家的代表人物是韩非，代表作是《韩非子》。儒家崇尚道德，主张德治，"为政以德"（《论语·为政》），以道德教化治理国家，协调人与人之间、国与国之间的关系，达到和谐安定。法家崇尚法律，主张法治，"以法治国"（《韩非子·有度》），奖励耕战，增强国家的实力和君主的威力，消除内乱外患，达到尊主安国，以至统一天下。

儒法两家的主张，都是一定时代的产物。儒家的主张，是春秋时代"尚德"的社会思潮的表现。那时的社会非常重视道德，把道德看作国家生存的基础。"德，国家之基也，有基无坏。"（《左传·襄公二十四年》）要求"德以治民"（《左传·僖公三十三年》）、"德以处事"（《左传·文公十八年》），把道德作为治国的准则，对内、对外都要把道德的标准放在重要的、突出的地位来考虑，从而决定进退取舍。这里有一个尚德的典型事例：晋文公因为勤王有功，周王就赏赐他四个城邑，也就是四个封国。其中原国不肯服从，晋文公就率兵攻原。他和大夫们约定十天内攻下原国。到了第十天，还未攻下，晋文公决定退兵。有人从原国城中出来说，城中已力尽粮绝，再有三天就可以攻下了，群臣也都主张再坚持三天。但晋文公不肯"得原失信"，还是罢兵而回了。原国人听说晋文公这样守信，就开城投降了。卫国听说这件事，也归顺了晋文公。（《韩非子·外储说左上》）这个事例，说明晋文公和原国、卫国的国君都是把道德作为处理国事的标准的；也说明道德的感化力量有时大于武力，使用武力得不到的东西，凭借守信树立起来的声望却能得到。法家的主张，是战国时代"尚力"的社会思潮的反映。战国时代是社会发生大动荡的时代，各诸侯国之间的兼并战争连年不断，各国内部阶级斗争、争夺君权君位的斗争更加复杂激烈。国家的盛衰存亡，君主的尊卑安危，完全取决于国家实力的大小。正如韩非所说，"古人亟于德，中世逐于智，当今争于力"（《韩非子·八说》）。韩非认为，与过去相比，战国时代的形势已经发生了根本的变化，由"亟于德""逐于智"转变为"争于力"。那时，形势的基本特点就是在实力上较量。以力兴国，就成了当时各国追求的基本目标。商鞅就说过："国之所以重，主之所以尊者，力也。"（《商君书·慎法》）韩非则认为："力多则人朝，力寡则朝于人，故明君务力。"（《韩非子·显学》）如何"务力"，以力兴国？韩非认为，只有实行法治。"法者，王之本也。"（《韩非子·心度》）"奉法者强则国强，奉法者弱则国弱。"（《韩非子·有度》）这是历史和现实都证明了的。可见，法家的治国主张，是根据时代的特点、历史发展的趋势而提出的变法主张。

德治和法治，都是治国不可缺少的办法。儒法两家的主张，看似对立，实际是密切相关、不可分割的。只是由于所处时代的不同，两家的主张各有所侧重罢了。事实上，儒家并没有否定"法"，法家也没有否定"德"。在我国历史的长河中，可以看到，这两种主张都是互相结合，互为表里，相辅相成，推动着中国历史的前进，两者缺一不可。

我国的传统文化博大精深、源远流长，是取之不尽、用之不竭的伟大宝藏。儒法两家的思想则是这个宝藏中的宝中之宝。今天，历史虽然已经进入 21 世纪，社会已经发生了惊人的变化，但儒家和法家的思想并未过时，它们仍然具有强大的生命力和影响力。儒法两家的代表作《论语》和《韩非子》

在传统古籍中仍然熠熠发光，是我们继承历史的瑰宝。

　　但是，在两千多年的封建社会中，在统治者"独尊儒家学说、罢黜诸子百家"的政策规定下，儒家思想一直是封建社会的正统思想，而法家思想是受到排斥和压制的。今天，在新的历史条件下，情况已经有了很大变化，法家思想已被提到前所未有的重要地位，其治国的作用也日益突出。据此，我认为，为了实现祖国的腾飞、民族的伟大复兴，有必要在大力提倡孔子的德治思想的同时，也大力弘扬韩非的法治思想，使两家思想更好地结合，相辅相成，成为我们民族的两大传统文化和精神支柱，在改革开放中，把我国建设成为一个富强、民主、法治、和谐的有中国特色的社会主义国家。

论韩非的法治思想体系

说起韩非的法治思想体系，一般都只讲法、术、势三个字，这并不错，但不完整。法、术、势，是这个思想体系的核心，但不是全部。在韩非的法治思想体系中，不仅包含了前期法家的思想成果，也包含了其他各家，特别是儒、道两家的思想成果。因此，作为韩非的法治思想体系，还应包含另外三个重要的内容，这就是：道、德、民。法、术、势、道、德、民，这六个方面构成了一个完整的体系，缺一不可。

一、以法、术、势为核心

法，指法律，是禁奸止乱，统一人们思想、行为的强大武器。韩非认为：治国必须"以法为本"（《饰邪》，以下引文，凡出自本书的，一律只注篇名，不再注书名），把法律作为治国的根本依据,这是当时社会的实际情况决定的。战国时代是一个"大争"的时代,也是一个大乱的时代:战争连年不断,生产荒芜,社会混乱,吏治腐败,政局不稳,人民生活在水深火热之中。用仁义治国,已行不通(《五蠹》);依靠外援,也是一条死路(《饰邪》);依靠鬼神,更是荒谬(《饰邪》);等待贤人,贤人"千世而一出",就太晚了(《难势》)。在这种情况下,只有实行法治,"以法治国"(《有度》),才是出路。韩非说:"圣人之治也,审于法禁,法禁明著,则官治(官吏做好本职工作);必于赏罚,赏罚不阿,则民用(民众听从使唤)。民用官治则国富,国富则兵强,而霸王之业成矣。"(《六反》)这就是说,只要坚决实行法治,就能使人民的行动一致,国家富强,成就霸王之业。这和当时出现的结束分裂、实现统一的历史趋势是相适应的。

但是,治国是一个系统而复杂的工程,单有法律是不够的,必须还有其他措施,形成一股合力,才能成功。这就是:术和势。

术,指治国用人的方法。韩非认为:治国必须有术。"国者,君之车也;势者,君之马也。无术以御之,身虽劳,犹不免乱;有术以御之,身处佚(通'逸')乐之地,又致帝王之功也。"(《外储说右下》)韩非特别强调:用人要有术。"无术以用人,无所任而不败"(《八说》)。他提出了许多用人的办法，都是很有价值的。如："因任（才能）而授官"（《定法》）的选贤之法；"课（考核）群臣之能"（《定法》），重视对臣下进行考核的用人之法；君主做好本职工作，不越俎代庖，充分发挥臣下的智慧、才能的"无为"之法（《主道》）；要求臣下忠诚老实、言行一致、做出功效的"刑（形）名"之法（《二柄》）；对臣下言行必须"众端参观"（多方面加以验证）的"参验"之法（《内储说上七术》）；对臣下必须"必罚明威"（对有罪者坚决惩罚以显示法律的威严）、"信赏尽能"（对立功者一定赏赐以使臣下竭尽才能）的赏罚之法（《内储说上七术》），等等。这些方法，对于提高官吏的思想素质，造就一支德才兼备，忠君、守法、效功于国的官吏队伍具有重要而积极的意义，是推行法治，完成治国大业的组织保证。

关于法和术的关系，有人问韩非：法和术对于治理国家哪一个最急需？他明确回答：法与术就跟衣与食一样，一个都不能少："君无术则蔽于上，臣无法则乱于下"。法与术都是"帝王之具"，"不可一无"。（《定法》）君主治国必须依靠法和术："释（抛弃）法术而心（凭主观想法）治，尧不能正一国。"（《用人》）韩非的法与术"不可一无"的主张，是根据前期法家或只有术而无法，或只有法而无术的情况提出来的(《定法》),这对于完善前期法家的术治学说和法治学说,有重要的意义。

势,指决定生杀、予夺的赏罚大权。这是"胜众之资(制服众人的条件)"(《八经》),是劝善止恶的重要手段,是推行法治,完成治国大业的根本保证。君主必须独掌这个大权,不能大权旁落,被臣下篡夺;否则,就有身死国亡的危险。(《二柄》)韩非认为:法和势必须结合,才能治理好国家。"抱法处势则治,背法去势则乱。""无庆赏之劝、刑罚之威,释势委(抛弃)法,尧舜户说(逐户解释)而人辨(逢人辨析)之,不能治三家。"(《难势》)韩非特别强调:势必须受制于法。抛弃法制,妄赏,妄罚,是危险的。这有两种情况:一种是凭喜怒而赏罚:"喜则誉小人,贤、不肖俱赏;怒则毁君子,使伯夷与盗跖俱辱;故臣有叛主。""释法制而妄怒,虽杀戮而奸人不恐。罪生甲,祸归乙,伏怨乃结。"(《用人》)一种是无是非而赏罚:"桀,天子也,而无是非:赏于无功,使谗谀(说人坏话和阿谀奉承的人)以诈伪为贵;诛于无罪,使伛(yǔ,驼背的人)以天性(天生的生理缺陷)剖背。"结果夏桀被商汤打败,出逃南方而死。(《安危》)韩非主张"抱法处势",势必须受制于法的观点,是对前期法家势治学说的重要发展,是韩非法治思想中极为重要的部分，有深远的历史意义。

韩非认为：治国掌握了法、术、势，就能成就霸王之业。他说："治国之有法术、赏罚，犹若陆行之有犀车（蒙上犀牛皮的车子，形容车子坚固）良马也，水行之有轻舟便楫也"，"乘之者"，可以"陆（在陆路上）犯（克服）阪（山坡）阻（险要地带）之患"，"水（在水路上）绝（克服）江河之难"，"而致霸王之功"。（《奸劫弑臣》）事实上，单有法、术、势是不够的，还应该有道和德。

二、以法、道、德为根本

法，在前面已讲了，这里就说道和德。

道，指事物的客观规律，又是治国的根本方法。韩非说："道者，……万理（万物的具体规律）之所稽（汇合）也。"（《解老》）道，是宇宙万物的总规律。又说：《老子》上所说的"有（保有）国之母（根本）"，这个"母"，就是"道"。"道也者，生于所以有国之术，……故谓之'有国之母'。"（《解老》）道，又是治国的根本方法。韩非认为：是否遵守客观规律，是决定国家成败的关键。"得事理，则必成功。""动弃理，则无成功。"（《解老》）所以，治国不仅要"以法为本"，

9

而且要"以道为常",道法兼治。"有以则行,无以则止。"(《饰邪》)韩非特别指出:治国不能依靠个人的"智能",必须依靠道和法:"道法万全,智能多失。"(《饰邪》)凭借智能往往容易失败,只有依靠道和法,才是万无一失的办法。并提出"因道全法"的原则,认为只要掌握这个原则,就能使"君子乐而大奸止",民安而国治。(《大体》)

在韩非看来,法离不开道。离开道的法,是行不通的;只有在遵循客观规律的基础上建立起来的法,才是治理国家的强大武器。他明确指出:顺应客观规律的法律,是"安国之法",不令而行。君主"临之而治,去之而思"。反之,违背客观规律的法律,"虽顺道而不立",即使沿用了古代帝王的治国方法也行不通。君亦"不能安"。(《安危》)韩非不仅把道提到和法同样重要的地位,而且认为法必须受制于道,这是对前期法治学说的重大发展,有深远的历史意义。

德,指思想道德。韩非认为:治国必须实行德治,加强思想道德教育,提高人的思想道德素质,这是事业成功的根本保证。他说:统治者修身、齐家、治国、平天下,都离不开德。统治者必须首先树立正确的价值观["一建其趋舍"(牢固地确立取舍标准)],坚守崇高的道德情操["一于情性"(情趣和操守专一)]:"见所好之物不能引","有可欲之类神不为动"。这是治国"万不失一"的方法。坚持这个"不能引""不为动"原则，用来"治身"，则"外物不能乱其精神"；用来"治家"，"则资（资财）有余"。用来"治乡"，"则家之有余者亦众"；用来"治邦"，"则乡之有德者（得到保养的人）益众"；用来"莅天下"，"则民之生（生存）莫不受其泽"。做子孙的人，若能"体此道（实行这个原则）以守（守护）宗庙（古代统治者安置祖宗牌位以供祭祀的处所）"，则"宗庙不灭"，"祭祀不绝"，国家就不会灭亡。（《解老》）

　　韩非还认为：道德的作用和力量有时是强大无比的。道德，是一种信念，能给人以勇气和力量，去做常人做不到的事情，甚至创造人间奇迹。如前所述，晋文公攻原得卫就是一个典型事例：晋文公与大夫们约定十天攻下原国。但到了第十天，还未攻下。晋文公决定退兵。这时，有人从原城中出来说，城中已粮尽力竭，再等三天，就能攻下了。但晋文公不愿"得原失信"，还是决定罢兵而回。原国人听说他这样守信，就开城投降了。卫国听说这件事，也归顺了晋文公。（《外储说左上》）这个故事说明，守信，就能取信于民，得到人民的拥护和爱戴。使用武力不能得到的东西，凭借守信建立起来的声望却能得到。

因此，韩非认为，治国不仅要"以法为本"，"以道为常"，而且要以德为先。他说："国事务先而一民心。"(《心度》)"先"，就是要把思想道德教育放在一切工作的首位，来统一民众的思想，保证事业的成功。他以治民和用兵为例，说："先治者强，先战者胜。"所谓"先治"，就是"禁先其本"，"禁奸于未萌"，禁奸要先从思想上禁止，把奸邪禁止在尚未发生之时。所谓"先战"，就是"兵战其心"，"服战于民心"(《心度》)，使民众树立起战争观念，使他们的思想适应于战争。只有首先做好思想教育工作，达到思想统一，才能保证国家的强盛，战争的胜利。

韩非还认为，法治必须辅以德治，德法结合，才能发挥更大作用。例如赏罚，必须结合德治，实行"誉辅其赏，毁随其罚"(《五蠹》)的原则，给予奖赏的同时给予荣誉，实施刑罚的同时加之以恶名。通过对个别人的赏罚、褒贬，使更多的人受到教育，对受赏感到有利而光荣，对受罚感到害怕而可耻，从而树立正确的荣辱观，明辨是非，去恶向善。用韩非的话来说，就是："重一奸之罪而止境内之邪"，"报（奖赏）一人之功而劝境内之众也"。(《六反》)

在韩非看来，法治离不开德治。德治为法治提供思想动力和精神支持。法治必须有德治的帮助，才能顺利推行，获得更大的成效。当然，德治也离不开法治。法治为德治指明方向，提供强大的法律保证。韩非把德治引入法治的思想体系，认为治国不仅要"以法为本"，而且要德法结合，以德为先，以德为辅，这是对前期法家的法治学说的重要发展，有深远的历史意义。

三、以利民为宗旨

在韩非的法治思想体系中还有一个重要的内容，就是民。民，即利民，有利于民。韩非认为，利民是法治的本质，也是法治的宗旨。他说："（臣）所以废先正之教，而行贱臣之所取者，窃以为立法术，设度数（立法术与设度数，同义反复，加强语意，意思是：设立法术），所以利民萌，便众庶（利民萌与便众庶也是同意反复，意思是：有利民众）之道（治国方法）也。"（《问田》）利民，不仅是他坚持法治主张的原因，也是他坚持法治主张的目的。他又说："圣人之治民，度（衡量）于本（法），不从（通'纵'，放纵）其欲，期（希望）于利民而已。故其与之刑，非所以恶民，爱之本也。"（《心度》）这就是说，君主用法和刑治理臣民，是"不从（通"纵"）其欲"，并不是"恶民"，而是"利民""爱民"的根本措施。可见，利民是法治的宗旨，是法治必须遵循的最高原则。

韩非的利民主张贯串于他的法治思想的方方面面，形成了一张全覆盖的利民网。例如：奖励耕战，重本（农业）抑末（工商业，主要是指抑止用伪劣商品剥削农民的奸商），轻徭（劳役）薄赋；关心人民疾苦，及时排忧解难；赏罚不分贵贱亲疏，法律面前人人平等；治吏不治民，对官吏的权力要加强监督和制约，使之依法行事，"毋或作威（逞个人的威风），毋或作利（谋取个人的私利），无或作恶（违法做坏事）。"这都是利国利民的重要措施。

韩非特别指出，法律必须遵循客观规律，顺应人们"饥而食，寒而衣"的自然要求，保障人民的切身利益。这样的法律就行得通，"不令而自然也"。如果"废自然"，"使人去饥寒"，违背客观规律，使人去掉饥寒的自然要求，强制人们做不能做到的事，这样的法律就行不通，国必乱，"上不能安"。（《安危》）

韩非又指出，治国的方法必须符合法律，法律必须符合民心。"明主之道（治国方法）忠（通中）法，其法忠心（民心）。"这样就能"道行"而"德结（存留）"。"临之（统治民众时）而治，去之（离开民众时）而思"，"垂（留传）

德于万古"。(《安危》)

在韩非看来,实行法治是一个伟大而复杂的工程。治理天下的法度,不是很容易施行的。"治天下之柄(本,指法),齐(治)民萌之度(这两句同义反复,加强语意,意思是:治理天下民众的法度),甚未易处(施行)也。"但只要不忘"民萌之资利(利益)",坚持利民的宗旨和方向,还是能得到人民的拥护和支持,调动千军万马,聚集各方人才,为国家人民建立丰功伟业的。"正(设)明法,陈严刑,将以救(解除)群生之乱,去(消除)天下之祸(这两句中"救"和"去"同义,"群生之乱"和"天下之祸"互文,合起来就是:解除天下民众遭受的祸乱),使强不陵(欺侮)弱,众不暴(伤害)寡,耆(qí,六七十岁的老人)老得遂(终,享尽天年),幼孤得长,边境不侵,君臣相亲,父子相保(护养),而无死亡系虏(被俘虏)之患,此亦功之至厚(最大)者也。"(《奸劫弑臣》)

四、小　结

可见,韩非的法治思想体系,是在总结前期法家的理论和实践的基础上,同时批判吸收了道家和儒家的思想成果而创立的一个思想体系，是"以法、术、势为核心，以法、道、德为根本，以利民为宗旨"的一个辩证的思想体系。这个体系是在"大争之世"，适应结束天下纷争、实现国家统一、解除众生苦难的历史要求而产生的，具有鲜明的时代性、先进性、正义性、公平性的特点，既治标、又治本，有强大的生命力。这是韩非全部思想的精华，也是最有价值的部分。它不仅顺应了历史潮流，促成了我国历史上第一个大一统的封建专制帝国——秦王朝的建立，促成了我国历史的划时代的转变；而且作为我国的传统文化，千百年来，影响和推动着我国历史的发展进程。虽然这一套理论是"帝王之学"，有其时代的和阶级的局限性，但就其治国的方法论而言，是没有时空的界限的，它可以为古人服务，也可以为今人服务。最近三十年来，我国坚持改革开放、坚决实行依法治国所取得的史无前例、举世瞩目的辉煌成就，就是一个最好的证明。

韩非创立的法、术、势、道、德、民，这六字框架的法治思想体系，是韩非对历史的巨大贡献，也是韩非留给我们民族的宝贵的文化遗产和精神财富。我们应该大力传承和弘扬，从中吸取营养，加强法制建设，促进社会的公平正义，为把我国建设成为有中国特色的社会主义法治国家和现代化国家，作出积极的贡献。

以法治国，势在必行
——论韩非的法治思想

一、什么是以法治国？

"以法治国"，是韩非根据时代的特点，历史的发展趋势，提出的政治主张。什么是"以法治国"？韩非说："以法治国，举措而已矣。"（《有度》）这就是说，在处理国事中，一切都必须按法办事："遇（合）于法则行，不遇于法则止"。（《难二》）对于"诸侯之求索"也是如此："法则听之，不法则距（通'拒'）之。"（《八奸》）以法治国，确实就是这么一回事。但是，真正付诸实施就不这么简单了。这是一个革新与保守、为公与为私、正义与邪恶的斗争过程，有时还要付出生命的代价，任务是复杂而艰巨的；没有坚强的意志和决心，没有忘我的奋斗精神，没有克服困难的艰苦努力，是达不到预期的目的的。

在韩非看来,实行法治,离不开赏和罚。"法者,宪令著(明确制定)于官府,刑罚必(一定铭刻)于民心,赏存乎慎法(指谨守法令的人),而罚加乎奸(通'干',触犯)令者也。"(《定法》)赏罚不仅是法治的主要内容,也是实行法治的主要手段。特别是刑,更为重要,和法的关系也更密切。"峻法,所以禁过外(去除)私也;严刑,所以遂(贯彻)令惩下也。"(《有度》)法就像指挥舰,指示目标和方向;刑就像护卫舰,为法护航,保证法的贯彻执行,打击一切违法犯罪的势力和个人。法,如果离开刑,就会变得软弱无力;只有得到刑的帮助,法才变得高大尊严,神圣不可侵犯。在理解韩非的法治思想时,必须把握这一点。

以法治国,是一个非常复杂而系统的工程。不但要"以法为本",还要掌握术和势。术,是指选拔、任用、管理群臣的方法和手段,对于建立一支高素质的官吏队伍有重要意义,是实行法治的组织保证。势,是指权势、威势,生杀予夺的权力,是除暴安良、惩恶扬善、贯彻法治的锐利武器。还要辅以道和德。道,是指客观规律,是法的思想基础,又是治国的常规。遵守客观规律,是法治的永久不变的原则。德,是指思想道德,是治国的先导,是法治的精神动力和思想保证。在韩非看来,道和德,同法相结合,都是治国的"万全之道"

（《饰邪》）、"万不失一"（《解老》）的方法。还必须以利民为宗旨，这是正确实行法治的根本保证。法、术、势、道、德、民，六位一体，缺一不可，是一个完整的法治思想体系。

本文，以法为重点，谈谈韩非的法治思想。

二、为什么必须实行法治？

对于这个问题，韩非提出了五点看法。

（一）这是时代的需要，历史的必然

韩非认为，不同的时代应有不同的治国方法。"世异则事（情况）异"，"事异则备（措施）变"。（《五蠹》）"圣人"治国，应该与时俱进，"不期（羡慕）修古（远古），不法常可（陈规）"（《五蠹》），从实际出发，"论（研究）世之事，因为之备"（《五蠹》）。身处诸侯割据、天下纷争的战国时代，韩非深感，国家要生存，要发展，"先王之仁义"，已"无益于治"（《显学》）。依靠外援，也是死路一条（《饰邪》），"治强不可责于外"（《五蠹》）。迷信鬼神，更是荒谬，"然而恃之，愚莫大焉"。（《饰邪》）等待贤人，像尧舜一样的贤人，"千世而一出"，就

太晚了。再说，世上的君主不断以中等人才出现，这样，把国家治理好的几率就太少了。(《难势》)他总结了各国兴衰存亡的历史，坚定地提出，为了"利民萌便众庶（利于民众）"，必须"废先王之教"，实行法治。(《问田》)"这是治国方案的最佳选择，也是历史的必然。他断言：只要实行法治，奖励耕战，打击奸伪，就能使"境内之民，其言谈者必轨（符合）于法，动作者归之于功（指农耕），为勇者尽之于军（指战斗）"。这样，就能做到"无事则国富，有事则兵强"，建立"超五帝侔（等同）三王"的帝王之业。(《五蠹》)事实证明，法治思想符合时代的潮流，历史的要求。不仅促成了我国历史上第一个大一统的封建专制帝国——秦王朝的建立，促成了我国历史的划时代的转变；而且作为我国的传统文化，千百年来，成为影响和推动我国历史发展的动力。

（二）法是统一国人言行的最好规范

韩非说："一民之轨（规范），莫如法。"(《有度》)他把法治和德治作了比较，尽管他并不否认德治，但还是认为德治在统一国人言行方面，在时效上不及法治。实行德治，"恃人之为吾善也，境内不什数"；实行法治，"用（使）人不得为非，一国可使齐"。(《显学》)这是因为法是官府所制定，具有权威性和强制性，人人必须遵守，否则，就要受到法律的追究和制裁。所以，才有这么大的约束力，使人人行动一致，而不为非。因此，只要坚决彻底地实行法治，"法禁明著"，"赏罚不阿"（《六反》），官吏就能做好本职的事，"效功于国"，"见（现）能于官（为公尽能）"，"尽力于权衡（秤，比喻法）"（《用人》）；民众就能听从使唤，"越力于地"，"起力于敌"（《心度》），在农耕和战争中发挥出力量。这样，就能做到"国富兵强，而霸王之业成矣"（《六反》）。这就是以法"一民"的功效。

（三）法是判断是非的最好尺度

韩非说：法如"镜""衡（秤）"。用镜子一照，"美恶（丑）"立刻就显示出来了；用杆秤一称，"轻重"马上就衡量出来了。（《饰邪》）镜子和杆秤，是最公正无私的。法也是这样。是非善恶，在法的面前，都能分辨清楚。符合法律的，就是"是"或"善"；违反法律的，就是"非"或"恶"。分清是非，是实行赏罚的根据，也是立国的基础。是非清楚，赏罚分明，是国家政治昌明、社会稳定的标志。是非不分，赏罚颠倒，是国家政治昏暗、社会混乱的表现。这是关系国家的治乱存亡的大事。他以夏桀为例，指出：夏桀所以灭亡，就在于他"无是非"："以诈伪为是，以天性（天生的生理缺陷）为非。"因而赏罚颠倒："赏于无功，使谗谀以诈伪为贵；诛于无罪，使伛以天性剖背。"这就是"小得胜大"，作为大国君主的夏桀却被一个领土很小的部落首领成汤打倒的原因。(《安危》)韩非说得好："安危在是非，不在于强弱。"(《安危》)这是很有远见的。

（四）法是纠正错误、禁止奸邪的有力武器

韩非认为："矫上之失，诘（追究）下之邪（奸行），治乱决（判断）缪（通'谬'，谬误），绌（通'黜'，去除）羡（贪欲）齐非（整治违法的行为），一民之轨，莫如法；厉（同'砺'，整治）官威（威慑）民（使民众害怕而不敢犯法），退淫殆（消除邪恶祸乱），止诈伪（禁止奸诈、弄虚作假），莫如刑。"(《有度》)制止和消除各种违法犯罪的行为和不良现象，没有比法治更有效的了。他特别强调，君主制定的法律，就像"椎（chuí）锻"（敲打铁器的工具）和"榜檠（bēng qíng）"（矫正弓弩的工具）一样，也是用来"平不夷、矫不直"的，是打击乱臣贼子的有力武器。并以齐闵王和赵武灵王被乱臣杀害的事实，指出：君主如果"不能用其椎锻榜檠"打击乱臣贼子，则有"身死为戮而为天下笑"

之患。(《外储说右下》)

(五)实行法治是通向富强、和谐的必由之路

他认为:只有实行法治,"正明法,陈严刑",才能"救群生之乱,去天下之祸,使强不陵(欺侮)弱,众不暴(伤害)寡,耆老得遂(终,享尽天年),幼孤得长,君臣相亲(亲密相处),父子相保(护养),而无死亡系虏之患"。(《奸劫弑臣》)这就是说,只有实行法治,才能建立一个富强、安定、和谐的国家:没有内乱外患,没有战争苦难,没有压迫欺凌,君臣相亲,父子相保,老有所养,幼有所长,天下太平,人人安居乐业。这是韩非的理想,也是广大人民共同的愿望。在当时的历史条件下,虽不能全部实现,但是法治的先进性、公平性、正义性,不会因此而缺失,永远是推动历史前进的动力。

三、如何推行以法治国?

在这方面,韩非认为,必须抓好四个方面的工作:立法、布法、执法和完法。在这四个方面必须以"利民萌便众庶"为出发点和落脚点。这是韩非誓死捍卫的法治的宗旨,必须坚守不渝,贯彻到法治的全过程。这是保持法治的正确方向的根本保证。

（一）立 法

立法，是以法治国的第一步，任务艰巨而意义重大。这第一步工作做好了，就成功了一半。韩非认为，要制定一部适时、有效、利国、利民的法律，必须掌握以下的原则和方法：

1. 从实际出发，根据社会实际情况制定法律。要有的放矢，"举实事，去无用"（《显学》），奖励"耕战"，打击"奸伪"；鼓励"公善（为公利为善）"，惩罚"私恶（为私利作恶）"（《六反》），"便国利民"（《说疑》），解决实际问题。有了这样的法律，君主就能明法而治，推动历史的发展，社会的进步、和谐，国家的富强，人民的安康。君主的功绩就会像"太山"一样"长立于国家"，君主的名声就会像"日月"一样"久著于天地"。（《功名》）

韩非特别提到刑罚的问题。他认为，刑罚的轻重并不是重要问题，重要的是必须"称俗而行"（《五蠹》），根据社会的实际需要来决定。符合社会实际需要的，"罚薄不为慈，诛严不为戾"（《五蠹》），都是治国的必要手段。刑罚的轻重，与仁慈和凶暴并无必然的联系。

2. 必须遵守客观规律。韩非说："天有大命，人有大命。"

(《扬权》)自然界和人类都各有普遍的法则(即规律)。这是不以人们的意志为转移的,只能顺应,不能改变。因此,"圣人为法国(为国家制定法律)者,必逆于世(指世俗偏见)而顺于道德(指客观规律)"。(《奸劫弑臣》)"顺于道德"的法律是"安国之法"。"安国之法,若(顺应)饥而食,寒而衣",符合人们的自然要求,"不令而自然也"。如果"使人去饥寒","废自然",违背了客观规律,"强勇之所不能行(强制人们去做连勇士也做不到的事),则上不能安",国家就要混乱。(《安危》)

不仅立法要遵守客观规律,下达命令也必须如此:"不逆天理(指自然法则),不伤情性(指人的本性)。"(《大体》)韩非认为,盲目蛮干、破坏大自然的行为和简单粗暴、带着武器去治理民众的行为都是错误的。他说:"使匠石"(古代著名的石工,以石为名)带着工具去"正(整治)太山(即泰山)","使贲、育"(指孟贲、夏育,两人都是战国时勇士)带着利剑去"齐(治理)万民",前者"败太山之体",后者"伤万民之性",都是违反自然法则的行为,结果只能是事与愿违,以失败告终:"太山不正,民不能齐。"(《大体》)这是古代圣王所不取的。

设立赏罚,也必须遵守客观规律。有两种情况必须注意:

一种是，人的智慧和能力都有局限性，不是什么事都能办成的。"势有不可得，事有不可成。"（《观行》）客观形势总有不具备的，事情总有不能办成的。因此，不能超越客观可能的范围，苛求人们去办难以办到的事。如果"立难为而罪不及，则私怨生"（《用人》）。另一种情况是，人都是有缺点的，任何人都必须"以有余补不足，以长续短"（《观行》），没有缺点的人是不存在的。因此，要求人十全十美，一点缺点都没有，是不现实的。如果"吹毛而求小疵"（《大体》），鸡蛋里找骨头，来惩罚民众，"久怨细过"，则"有易身之患"（《用人》）。韩非认为，正确的做法是"立可为之赏，设可避之刑"（《用人》），使人们经过努力就能得赏，不会因为有"小疵"而受刑。这样，"贤者劝赏（受勉励而立功受赏）而不见子胥之祸（不会遇到像伍子胥那样无辜而被迫自杀的灾祸），不肖者少罪而不见伛剖背"（不会遇到像驼背人那样无辜而受剖背的酷刑），"如此，则上下之恩结"（《用人》），天下就和谐、安定了。

3. 必须符合民意。韩非认为，国家的兴衰存亡，归根到底，决定于人心的向背。得人心者兴，失人心者亡。这是历史的规律。因此，制定的法律，必须符合人民的愿望和要求，保障人民的利益。韩非说得好："明主之道（治国的办法）

忠法（符合法律，忠：通'中'，符合），其法忠心（符合民心）。"（《安危》）符合民意，就是符合历史规律。法治的根本问题，在于法律要符合民意。符合民意，人们就"乐生于为是（乐于在干合法的好事中生活下去），爱身于为非（爱惜自身不做坏事）"。国家就能"长立""久安"，长久存在，永享太平；君主就能"临之而治，去之而思"，在位时能把国家治理好，离位时人们都思念他；像古代贤君尧、舜一样，"道行"而"德结"，"垂德于万世"。（《安危》）如果违反民意，人们就会"不乐生"，"不重死（不爱惜自己的生命）"。"人不乐生，则人主不尊；不重死，则令不行"（《安危》），国家就要乱亡。所以，韩非提出：君主要"观民则"（《喻老》），观察民情。只有对民情了解了，制定的法律才能反映民意，得到人民的拥护和支持。

但是，韩非也明确指出，要把民心和世俗偏见区别开来。立法，不能迎合世俗偏见。例如，国家采取重农、修刑、征赋、力战四种措施，都是治国安邦的办法（"所以治安也"）：重农，"以厚民产也"；修刑，"以为禁邪也"；征赋，"以实仓库，且以救饥馑（灾荒）、备军旅（战争）也"；力战，"所以禽（擒）虏也"。但是，有人由于"不知犯（遭受）其所小苦致（获得）其所大利"的道理，却"以上为酷（残酷）""以上为严（严酷）""以上为贪（贪婪）""以上为暴（残暴）"。（《显学》）这显然不能代表真正的民意，不符合国家和人民的利益。如果"为政而期适（迎合）民（指民众中的错误意见）"，这是"乱之端"，是不可以用来治国的。（《显学》）

4. 必须懂得权衡得失。韩非说："法所以制（制约）事，事所以名（显示）功也。"但是，"无难之法，无害之功，天下无有也。"（《八说》）因此，在立法过程中，必须懂得权衡利害得失。"法有立而（如）有难，权（估计）其难而（但）事成，则立之；事成而（如）有害，权其害而（但）功多，则为之。"（《八说》）只要能办成事情，虽有困难，也要立法；只要功大于害，虽有有害的一面，也要去做。这就是"出其小害计其大利"的办法。不过，对利害之间的关系，一定要周密地思考，慎重地评估，作出准确的判断。否则，立法错误，后果不堪设想。

5. 法律条文必须明确具体。韩非说："法省而民讼简"（《八说》）。法律条文写得太简略，法律就缺乏权威性，民众就会争辩不休而轻慢法律。所以，"圣人之法必详尽事"（《八说》），对规定要办的事，一定写得详细清楚，使"其表（标准）易见""其教易知""其法易为"（《用人》）。这样的法律，可操作性强，才便于贯彻执行。

6.必须广泛听取众人的意见,集中大家的智慧。韩非认为,"智不尽物"(《八经》),一个人的智慧有限,不能尽知万物。所以,"事至而结智,一听而公会"(《八经》),遇到事情就集中众人的智慧,一一听取意见并把大家集合起来议论,从而作出决断。这样做,有助于避免主观片面性,使法律趋于完善,在治国中发挥应有的作用。

(二)布　法

所谓布法,就是韩非所说的"法者,编著之图籍(编写成文),设之于官府,而布之于百姓者也"(《难三》)。法律完成以后,必须向百姓公布,并传布到全境,使家喻户晓,"境内卑贱莫不闻知"(《难三》)。韩非对这项工作非常重视,希望越快越好。他说:"使郎中(侍从官)日(每天)闻(传达)道(指法令)于郎(通'廊')门之外,以至于境内日(当天)见(知道)法,又非其难者也。"(《说疑》)这实际上是一个全民的法制教育活动,为全面推行法治奠定了必要的思想基础和群众基础,意义重大。不仅如此,也提高了民众的法制意识,增强了遵守法律的自觉性,避免因法盲而误入犯法的误区。对官府执法,也有一定的监督作用。

（三）执　法

实行以法治国，立法固然重要，执法更为重要。执法就是要按法办事。治国、治吏、治军、治民，一切政事都要以法为根据。能不能坚决按照法律办事，是决定法治成败的关键。在这方面，韩非主张如下。

1. 君主应该以身作则，带头执法，做全国人民的表率。在这方面，他赞扬了以下两位君主的做法。

一是晋文公。他"不避亲贵，法行所爱"（《外储说右上》）。有个叫颠颉的大臣，是追随晋文公流亡十九年的功臣，又是一员勇将，但他违反了军法。晋文公虽感到很为难，但是，为了表明言而有信，还是按照军法，忍痛下令把他腰斩了。这件事对民众震动很大，谁也不敢对文公的命令怠慢了。就这样，动员了民众，取得了一次又一次的战争胜利，终于成为继齐桓公之后，春秋第二个霸主。（《外储说右上》）这是晋文公严格执法的胜利，也是实行法治的胜利。

一是楚庄王。他不顾亲情，坚决支持执法不阿的官吏。当时，楚国有一条法令，无论何人马车不能到达茆门（即茅门，亦称雉门。古代诸侯的宫室有三道大门，即库门、雉门、路门。茆门是第二道门，门前是外朝的地方）；否则，执法官有权斩断车辕，击杀驾车的马。有一天，太子应楚庄王急召进朝。因庭院内有积水无法下走，就把马车一直赶到茆门。执法官加以劝阻，太子不听。执法官按法打了他的马，毁了他的车。太子哭着请求楚庄王把执法官杀了，但楚庄王不仅没有这样做，而且称赞这个执法官："真吾守法（执法）之臣也！"他不因"前有老主"而害怕，就越轨办事；也不因"后有储主（要继位的太子）"而畏惧，就去依附，而是一心以执法为事，就把他的爵位提升了两级。而对太子则进行了批评，让他从后门出去，告诫他："勿复过。"（《外储说右上》）他这样做，不仅是对执法官吏的最大支持，也是对实行法治的有力推动。

正如孔子所说，"为人君者，犹盂也；民，犹水也。盂方水方，盂圜（通'圆'）水圜。"（《外储说左上》）君主以身作则，就能带动人民守法、执法，国家就能治理好。

2. 群臣百官必须循法而治。官吏是执法的主体，也是推行法治的中坚力量。官吏是否坚决执法，是法治能否顺利推行的关键。韩非对官吏从两个方面提出要求：

一是官吏必须"明法辟（彰照法律），治官职（忠于职守）"，"尽力守法"（《忠孝》），坚决按法办事。要像"衡（秤）石（重量单位，一百二十斤为一石）"这种标准物一样公正无私（《八说》）。官吏能够做到公正无私，行贿舞弊的行为便无由发生。群臣官吏就不会"释国法而私其外（违反法度，营私舞弊）"（《有度》），不会"枉法曲亲"，不会"为故人行私"（《八说》）。审理案件，就要严格把关，做到"不引绳之外，不推绳之内"（《大体》），既不把无罪的拉到有罪的一边，也不把有罪的推到无罪的一边；就要分清宽严的界限，做到"不急法之外，不缓法之内"（《大体》），对法禁以外的事不可严，对法禁以内的事不可宽；就要像孔子的弟子子皋那样，把仁爱之心和严格执法结合起来，实事求是，不偏不倚，做一个公平执法、"树德"不"树怨"的"善为吏者"。（《外储说左下》）

二是官吏必须自觉接受法律的约束，不做违法犯罪的事。要遵从"先王之法"："臣毋或作威，毋或作利，……无或作恶。"（《有度》）要像修智之士那样："不能以货赂事人"，"不能以枉法为治"，"不事左右、不听请谒"。（《孤愤》）"官不敢枉法，吏不敢为私利"。（《八说》）"左右近习（亲近宠幸）之臣"不敢"以相与比周（紧密勾结，树立私党）妄（胡乱）毁誉以求安"，"百官之吏"不敢"以贪污之心枉法以取私利"。（《奸劫弑臣》）身在"朝廷不敢辞（推辞）贱"，身在"军旅不敢辞（拒绝）难（指危险的战役）"；"顺上之为，从主之法，虚心以待令，而无是非（指无个人的是非之见）"。（《有度》）

在韩非看来，只要官吏坚决按法办事，就能"使天下皆极智能于仪表（标准，比喻法令），尽力于权衡（秤锤与秤杆，比喻法令）"，按照国家法令充分发挥自己的智慧、才能和力量，"以动（指打仗）则胜，以静（指治国）则安"。这就"使人乐生于为是，爱身于为非，小人少而君子多"。这样，国家就能长久存在，永享太平（"社稷常立，国家久安"）。（《安危》）

3. 执法必须公正，赏罚必须严明。"法不阿贵"。"刑过不避大臣，赏善不遗匹夫"。（《有度》）在法律面前，不分贵贱亲疏，人人一律平等。"诚有功，虽疏贱必赏；诚有过，则虽近爱必诛。"（《主道》）只要是犯了"害国伤民败法"的罪行，尽管和君王有"父兄子弟之亲"，也要"杀亡其身，残破其家"，决不姑息。（《说疑》）

韩非认为，必须纠正有法不依、执法不公的现象。他严正提出："犯法为逆以成大奸者，未尝不从尊贵之臣也"，但他们却逍遥法外，不受法律的制裁；而地位"卑贱"的平民却是"常"受诛罚，哭诉无门。（《备内》）这种是非颠倒、善恶不分的现象，是对法制的破坏，与法治的目标背道而驰。

他还提到逃犯的问题。他认为，对于逃犯，哪怕是犯有轻罪的逃犯，也要把他们追捕归案。他举了一个例子：卫国有个胥靡（犯轻罪罚作苦役的囚犯）逃到魏国，并在那里为王后治病了。卫国国君卫嗣君为了坚决执法，就派人用"五十金"去赎回这个逃犯。往返多次，都未成功。卫嗣君就决定用一个"左氏城"去交换这个逃犯。群臣左右都认为不值得。但卫嗣君说："治无小而乱无大。"治国不能忽略小事，祸乱不一定都起于大事。治国必须从小事抓起。他明确表示：只要"法立而诛必，虽失十左氏无害也"。魏国国王听说这件事很受感动，就把这个逃犯用车子白白地送回到卫国。(《外诸说上七术》)韩非认为，卫嗣君这种不惜任何代价，坚决执法，维护法律尊严的精神是可敬可佩的。

4. 必须加强思想教育工作，德法并施。这是韩非法治思想中一个极其重要的方面。他主张："国事务先而一民心。"(《心度》)就是说，处理国家政事必须以德为先，把思想教育，包括法制教育放在首位，以统一民心。民心统一了，才能令行禁止，所向披靡，攻无不克。例如："治民"，必须做到"先治"，即"禁先其本"，"禁奸于未萌"，把奸邪的思想禁止在发生之前；"用兵"，必须做到"先战"，即"兵战其心"，"服战于民心"，使民众思想能适应于战争。这样，就能使国家强大，战无不胜。这就是韩非所说的"先治者强，先战者胜"(《心度》)。这就是重视德治的功效。

韩非还主张，赏罚必须以德为辅，把思想教育作为实行赏罚的最好助手。他认为，实行赏罚，如果只做到赏罚得当，"不失（错）其人"，是不够的。它的作用有限，"方（仅）在于人（指受到赏罚的人）者也"，不能使其他人"生功止过"。（《说疑》）要使其他人"生功止过"，必须在赏罚的同时，加强思想教育工作，把赏罚和毁誉、褒贬结合起来，做到"誉辅其赏，毁随其罚"（《五蠹》）。特别要注意："赏莫如厚，使民利之；誉莫如美，使民荣之。诛莫如重，使民畏之；毁莫如恶，使民耻之。"（《八经》）也就是说，通过赏罚，使民众懂得立功受赏不仅有利，而且光荣，犯法受罚不仅可怕，而且可耻，从而树立正确的荣辱观，去恶向善。这样，赏罚才能发挥更大的作用，达到赏罚一个人、教育一大片的目的。用韩非的话来说，就是"重一奸之罪而止境内之邪"，"报（赏）一人之功而劝境内之众"（《六反》）。

5.赏罚必须以法律和事实为根据。"发矢中的，赏罚当符。"（《用人》）"有功者必赏，有罪者必诛。"（《难三》）是非清楚，善恶分明。如此，就是"至治之国"，"上无殷（指商纣）、夏（指夏桀）之患（指无是非，乱赏罚而亡国的祸患），下无比干（商纣王的叔父）之祸（指因对纣王忠言直谏而被剖腹挖心的灾难），君高枕而臣乐业，道（指法术）蔽天地，德极万世矣。"（《用人》）因此，必须反对凭个人的喜怒而赏罚："喜则誉小人""怒则毁君子"。特别要反对"释法制而妄怒"，妄杀、妄罚，株连无辜（"罪生甲，祸归乙"）。（《用人》）韩非指出：妄杀，"而奸人不恐"（《用人》），"民将背叛"（《八说》）；妄罚，则"伏怨乃结"（《用人》）。

他还指出，不能以誉为赏，以毁为罚。否则，就要是非不分，赏罚颠倒。他举了西门豹的例子：西门豹是魏文侯时邺地的县令。他为官清廉正直，不谋丝毫私利。但因没有巴结君主左右的侍臣，结果受到毁谤，魏文侯要罢免他。后来，他改变了做法，加重搜括百姓的钱财，竭力事奉君主左右的侍臣，结果平安无事，还受到魏文侯的迎拜。这时，西门豹就说："往年臣为君治邺，而君夺臣玺（官印）；今臣为左右治邺，而君拜臣。臣不能治矣。"说完，就交还官印，要辞职不干了。这时，魏文侯才认识到自己错了，把西门豹挽留了下来。这个故事说明，听信一面之词，赏罚颠倒，清官也要被逼成贪官污吏，这是不可能治理好国家的。

6. 法令的贯彻执行必须雷厉风行，一竿子到底。"法所以为（治）国也"。（《安危》）必须责成各级官吏全力贯彻执行，并提高工作效率："令朝至暮变，暮至朝变"。（《难一》）法令早晨到，过错傍晚就能纠正；法令傍晚到，过错第二天早晨就能纠正，使矛盾和问题及时获得解决。韩非认为，这是关系国家强弱的问题。"行法曲（乡里）断（执行法令在基层断案），以五里（古代民众的居住单位，一里约五十户）断者王（五里以内能断案的国家，就能称王天下），以九里断者强，宿（隔夜，形容办事缓慢）治者削。"(《饬令》)这就是说，能够在基层及时果断地执行法令的国家就强大，能称王天下；而办事拖拉缓慢、不能及时断案的国家，就会削弱。因此，必须纠正有法不依，有令不行，雷声大雨点小、贯彻不力的情况。为了维护法律的权威性和严肃性，必须厉行赏罚，对执法有功者必赏，对怠惰失职乱法者必罚，这样才能保证法治的贯彻执行。

7. 必须把禁奸工作作为首要的任务，以保证法治的顺利推行。"夫至治之国，善以止奸为务。"(《制分》)在禁奸方面，他提出要贯彻"惩防并举、注重预防"的方针："禁奸之法，太上禁其心，其次禁其言，其次禁其事。"(《说疑》)首先，要加强思想教育，禁止奸邪的思想，其次才是用刑罚禁止违法的言行。同时，要从制度上设防，要"尽之以法（用法律使他们尽心竭力），质之以备（用各种措施使他们规规矩矩）"(《爱臣》)。如：大臣不准"借威城市"，在封域内搞独立王国；不准"臣士卒"，拥有私人武装；不准在国内另立"私朝"，结党营私；不准与其他国家有"私交"，借助于他国来增强自己的势力；不准把自己仓库里的财物"私贷"给民众，收买人心；等等。用这种办法以"禁其邪"，（《爱臣》）国家就容易治理了。

此外，必须实行"谒过赏，失过诛"（《八经》）。告发坏人就赏，不告发坏人就罚。"如此，则奸类发矣。"（《制分》）如果这样，各种各样的坏人坏事就被揭发出来了。

韩非认为，禁奸必须掌握法术，依靠狱吏（"典成之吏"）和民众，"因物以治物"，"因人以治人"，在全国结成一个"知奸"的天罗地网（"以天为之罗"）。有了这个大网，就可以"形体不劳而事治，智虑不用而奸得"。就像空中的麻雀，一个奸邪也逃不掉。（《难三》）

（四）完　法

所谓完法，就是完善法律。法律制定以后，并不是万事大吉了，还要不断研究新情况、发现新问题，及时对现行的法律进行修改和补充，以适应社会实际的需要。"法与时转则治（治理好），治（治理的措施）与世宜则有功。"（《心度》）但是，也要注意法律必须保持相对的稳定。"法莫如一而固（统一而固定），使民知之。"（《五蠹》）如果朝令夕改，就要造成混乱。"数变法，则民苦之。"（《解老》）

新法制定以后，必须"擅（专一）其法"，"一其宪令"

(《定法》),专一地推行新法,统一国家的法令。还要注意经常整顿法令,及时废除旧法旧令。防止奸人利用"故新(旧法和新法)相反、前后(前令和后令)相勃(通'悖',违背)"的矛盾,谋取私利。(《定法》)

四、小 结

韩非的"以法治国"的思想,是符合历史发展规律的,他对以法治国的设计和构想,也是全面而深入的。在今天,仍然有很大的现实意义,可以作为我国正在实行的"依法治国"的借鉴。

历代不少思想家,如汉武帝时的御史大夫桑弘羊,东汉后期的王符、仲长统、崔寔等人,都坚决维护和提倡韩非的法治思想。从汉末到三国时期,不少政治家,如刘备、诸葛亮,都提倡读韩非的书,并在境内厉行法治。汉代以后,不少思想家,如明代学者门无子,也坚决维护韩非的法治思想。[1]

但是,在过去两千多年中,也不断有人指责韩非,认为他的法治思想"惨刻寡恩","刻而不可用",使得韩非的法治思想蒙上一层"恐怖"的阴影,这显然是不公正的。但是,

---

[1] 谷方:《韩非与中国文化》,贵州人民出版社,1996年1月版,第120—124页。

时代是发展的，社会是进步的，历史是公正的。千年的是非，今天终于有了一个公正的结论。三十年来，我国实行"依法治国"的伟大实践所取得的史无前例、举世瞩目的辉煌成就，已使这种指责不攻自破。这是中国共产党正确总结历史经验，坚持解放思想、改革开放的结果，也是韩非的法治思想具有强大生命力、经受住了历史的考验而取得的胜利。

治国有术，可致帝王之功
——论韩非的术治思想

韩非认为，治国必有术。"国者，君之车也；势（权势）者，君之马也。无术以御之，身虽劳，犹不免乱；有术以御之，身处佚（通'逸'，安逸）乐之地，又致帝王之功也。"（《外储说右下》）治理国家和驾驭马车一样，必须有术。有术，才能"致帝王之功"。无术，尽管自己很劳苦，国家"犹不免乱"。"夫治法（治国方法）之至明（最高明）者，任（依靠）数（术）不任人（个人的智慧）。"（《制分》）

韩非把术比作车和船。他说：治国有术，"犹若陆行（走陆路）之有犀车（用犀牛皮蒙着的车，比喻坚固）良马也"，可以"犯（克服）阪（山坡）阻（险阻）之患（障碍）"；"犹若水行之有轻舟便楫（轻便的渡船；楫，船桨）也"，可以"绝（克服）江河之难"：" 乘之者遂得其成"。（《奸劫弑臣》）

在韩非的思想中，术同法和势，既有区别，又有密切的联系。他说：术和法同等重要，都是"人主之大物"（《难三》）——"帝王之具"，就跟人的衣和食都是"养生之具"一样，"不可一无"。有术无法，有法无术，都不能治理好国家。（《定法》）术和势也是分不开的。"有术之主，信赏以尽能，必罚以禁邪。"（《外储说左下》）用术必须实行赏罚，才能禁奸止邪，鼓励人们竭智尽能。术只有跟法和势相结合，才是治国的良策。

韩非的术治思想，内容丰富。本文就其要者，概述如下。

一、治国之术

（一）治国必须"以法为本"（《饰邪》），实行法治

"以事遇（合）于法则行，不遇于法则止。"（《难二》）"其于诸侯之求索也，法则听之，不法则距（拒）之。"（《八奸》）主释法，"虽有十黄帝不能治也"。（《五蠹》）

（二）治国方法必须与时俱进，大胆改革

"圣人"治国，"不期修古（远古），不法常可（永远不变的办法）"，而是从实际出发，"论（研究）世之事（当代的形势），因（从而）为之备（采取相应的措施）"。（《五

蠹》)"法（法度）与时转则治，治（治理的措施）与世（社会）宜（适应社会的情况）则有功。"（《心度》）

（三）必须"以道为常"（《饰邪》），按照客观规律办事

"缘道理（按照客观规律）以从事者，无不能成。""弃道理而妄举动者"，"则无成功"。（《解老》）"因道（依据自然法则）全法（全面地把握法度）"（《大体》），"道法"兼治，是治国的"万全"之道（《饰邪》）。

（四）必须做到两个"以德"

一是以德修身，坚守正确的趋舍标准和高尚的道德情操，不贪不腐。"虽见所好之物不能引（引诱）"，"虽有可欲之类神不为动"。二是以德治国，为民谋利，使千家万户"资（资财）有余"，天下"民之生莫不受其泽"。以此治国，"则万不失一"。（《解老》）

（五）必须"治吏不治民"

"吏者，民之本（树干）、纲（网上的总绳）者也。"（《外储说右下》）纲举目张。只有管好官吏，才能管好民众。

官正则国治民安，官不正则国必乱而民不安。管好官吏是治国安民的最大关键。

（六）国家权力必须依法行使

"上握度量（法制），所以擅（控制）生杀之柄（权柄）也。"（《诡使》）只有这样，权力才能造福国家和人民。如果权力被任性使用，就要变成少数人"养虎狼之心而成暴乱之事"（《难势》）的专制工具。

（七）必须明辨是非

"安危在是非，不在于强弱。"（《安危》）是非分明，赏罚公正，善恶有报，"君子乐而大奸止"（《大体》），"忠臣劝"而"邪臣止"（《饰邪》），"小人少而君子多"（《安危》），"善之生如春、恶之死如秋"（《守道》）；民安而国治。"无是非"，"赏于无功"，"诛于无罪"，国家必亡。（《安危》）

（八）必须按民意办事，虚心听取群臣的意见

"君人者，以（靠）群臣百姓为威强（形成强大威势）者也。群臣百姓之所善（赞成），则君善之；非群臣百姓之所善，则君不善之。"（《八奸》）有事要和群臣商量。"事至而结（集

中）智，一听而公会（一一听取意见，并把大家集合起来议论）"，然后"自取一"。（《八经》）对于臣下的逆耳忠言，尤要虚心听取，此乃"寿安之术（长治久安的办法）也"（《安危》）。

（九）必须集中力量，发展农业生产

国家要力争"外希（通'稀'）用甲兵（战争）"，"内有德泽于人民"，使民"务本"，"积力于田畴（农田）"，发展农业生产。（《解老》）同时鼓励开荒种地（《八说》），经营畜牧业，使"六畜遂（兴旺），五谷殖（增产）"（《难二》），保证人民的衣食财用的来源，同时为国家富强提供物质基础。

（十）必须以诚信为本

"有信而无诈"（《安危》），发布命令必须恪守信用，不搞欺骗。只有这样，才能取信于民，一呼百应，"使天下皆极智能于仪表（比喻国家法令），尽力于权衡（秤锤和秤杆，指代秤，比喻国家法令），以动（指打仗）则胜，以静（指治国）则安"（《安危》），建功立业，创造人间奇迹。

(十一)必须崇尚节俭

"俭于财用，节于衣食，宫室器械（器具）周（合）于资用（实用），不事玩好。"（《难二》）反对奢侈浪费，劳民伤财。"好宫室台榭（建在高土台上的敞屋）陂（bei）池，事（爱好）车服（车马的服饰）器玩"，"罢（通'疲'）露（疲劳）百姓，煎靡（榨取）货财"。这是亡国的征兆。（《亡征》）

(十二)必须做到"睦邻"（《解老》）和"坚内"（《安危》）并举

对外要做到"外无怨仇于邻敌"，"其遇诸侯也外（外交上）有礼仪"，争取"希（同'稀'）用甲兵（战争）"（《解老》）。对内要实行法治，发展生产，加强战备。"严其境内之治，明其法禁，必其赏罚，尽其地力以多其积（增加物资储备），致其民死（竭尽死力）以坚其城守（坚守城池）"，使别国来攻"其利少"而"其伤大"；就是"万乘之国"也不敢在此"坚城之下"把自己拖垮（"自顿"），"而使强敌裁（杀，攻击）其弊（利用这种疲困进行攻击）"。"此必不亡之术也"。（《五蠹》）

二、用人之术

用人之术,是治国之术中一个非常重要的部分。韩非说:"任人以事,存亡治乱之机(关键)也。无术以用人,无所任而不败。"(《八说》)有术以用人,则"智者不敢欺,愚者不得断(断事),则事无失矣"(《说疑》)。

在用人方面,韩非主张有以下几点。

(一)必须选拔"贤能之士"

"所举者必有贤,所用者必有能。"(《人主》)特别要"因任(才能)而授官"(《定法》),选拔有实际才能,能"举实事"(《显学》)的人。要重视从基层选拔有实践经验的人。官吏的提拔要"袭节(逐级)而进,以至大任"(《八经》)。还要不拘一格,广招人才。尽管出身卑贱,国别不同,但只要"可以明法,便国利民"(《说疑》),就要大胆任用,委以重任。

韩非特别指出:"官之失能者其国乱。"(《有度》)任用官吏不以才能为标准的,他的国家一定很混乱。因此,必须禁止"以誉进人(根据名声选拔人才)","以党举官(根据朋党关系推举官吏)"(《有度》),买官卖官、拉关系走后门等"亡国之风"(《八奸》)。

(二)必须明法以治臣

"尽之以法,质(正)之以备(措施)"(《爱臣》),使他们一律按法办事,并用各种措施使他们行为廉正。不得"作威(逞私威)",不得"作利(谋私利)",不得"作恶(为非作歹)"。(《有度》)这样,"群臣守职(各尽职责),百官有常(都受常法)"(《主道》),才能国治民安。

(三)对于臣下的言论或主张必须进行实际检验,以判明是非真伪

"决诚以参(检验),听无门户。"(《八说》)要用检验的方法判明事情的真相,不偏听偏信。"循名(言论)实(按照言论和事实是否相符)而定是非,因参验(根据对事实的检验证实)而审言辞(审察言论的真伪)。"(《奸劫弑臣》)这样,君主才不会受蒙蔽,才能"明于臣之所言",分清是非真假,识别贤愚忠奸,"明于所以任臣"。(《说疑》)

(四)对于官吏履职必须进行经常的考核

要"课(考核)群臣之能"(《定法》),"课其功伐(办

事的功效）"（《显学》），分清愚智、贤不肖，查明功过和是非，并实行赏罚。"有过者罪（给予处罚），有能者得（给予赏赐）。"（《八说》）"任事者知（智）不足以治职，则官收（罢官）。"（《八经》）

（五）必须加强对官吏的监督，以禁奸

"谒过（告发坏人）赏，失过（不揭发坏人）诛。上之于下，下之于上，亦然。"这样，"上下贵贱相畏以法，相诲（教诲）以利。"（《八经》），则"奸无所失（遗漏）"。（《八经》）

此外，韩非还提出以下几种方法。

1."一（逐一）听责下"，分别听取臣下的言论，督责他们的行动。"一听则愚智不纷（混乱），责下则人臣不参（无能者就不能混杂在有能者之中）。"（《内储说上七术》）

2."挟（xié，怀藏）知而问"。"挟智（通'知'，下同）而问，则不智者智；深智一物，众隐（不清楚的事情）皆变（通'辨'，分辨清楚）。"（《内储说上七术》）

3."倒言（说与本意相反的话）反事（做与实情相反的事）"，"以尝（试探）所疑，则奸情得（就能了解到奸邪的情况）。"（《内储说上七术》）

4."设谏以纲（纲纪，约束）独为"（《八经》），设

49

置谏官，来纠正大臣的专权独断。

5."阴使时循（通'巡'）以省（xǐng，明了）衷（忠诚）"，暗地派使者时时巡查各地官吏，了解他们是否忠诚。

6."渐更以离通比（通连勾结）"（《八经》），逐渐更换官吏，来拆散勾结在一起的奸党。

这些方法都是有益于识别群臣，使用群臣的。

三、禁奸之术

韩非认为："夫至治之国，善以止奸（禁止奸邪）为务（作为首要任务）。"（《制分》）韩非所说的"奸邪"，主要是指那些阴谋篡权夺位的大臣、侍臣、王公、太子等人，其次是指贪官污吏，再次是指盗贼以及其他。如何禁奸？韩非提出："禁奸之法，太上（最重要的）禁其心，其次禁其言，其次禁其事。"（《说疑》）

（一）禁其心

就是"禁奸于未萌"（《心度》），把奸邪的思想在萌芽之前就消灭掉，防患于未然。必须采取措施，加强思想道德教育，从思想上筑牢对奸邪行为的防线。

（二）禁其言

就是对于"言行而不轨（合）于法令者必禁。"（《问辩》）对于"成群"结党，"造言作辞（制造谣言和诡辩）"，"大者非（通'诽'）世，细者惑下（重则诽谤现实，轻则蛊惑人心）"，"不从法令，有二心务私学反逆世（反对现实社会，违背历史潮流）者"，必须"禁其行"，"破其群以散其党"。（《诡使》）对于颠倒是非，赞赏"私恶（为私利干坏事）当罪之民"，诋毁"公善（为国家做好事）宜赏之士"的错误舆论（《六反》）必须禁止。

（三）禁其事

就是对一切违法，害国伤民的事，必须严刑重罚加以禁止。只有严刑重罚，才能"困奸臣"，"禁其邪"，"止其奸"，"国安而暴乱不起"（《奸劫弑臣》）。对于一切享有法外特权的行为，必须加强法制建设加以禁止。只有这样，"境内之事皆如衡（衡器）石（量器）也"（《八说》），都像衡石一样公平公正了。

四、君主的防范术

韩非说:"人主者,利害之轺(yáo,古代一种轻巧的小型马车)毂(gǔ,车轮的中心)也,射者众,故人主共矣。"(《外储说右上》)君主好比利害集聚的车毂,众人追求利益的欲望都像辐条射向车毂一样投向他,所以君主就成了群臣共同对付的目标。君主的一言一行、一举一动,都是臣下探测的对象。韩非引用申不害的话说:"上明(明察)见(现,显露),人(人臣)备(防备)之;其不明(糊涂)见,人惑之。其知(通'智',智慧),人饰(美化)之;不知(愚蠢)见,人匿(蒙骗)之。其无欲(欲望)见,人伺(通'伺',探测)之;其有欲见,人饵(引诱)之。"(《外储说右上》)因此,君主应该采取"无为而无见(现)"(《外储说右上》)的方法,以静制动,以阴制阳,来窥测群臣,驾驭群臣。一方面更好地了解群臣,识别群臣,使用群臣;另一方面也可以避免自己的言行不慎被奸臣所利用,钻空子。

韩非特别提出,君主要"去好去恶"(《主道》)。"好恶见则下有因(凭借,利用)"(《外储说右上》)。奸臣就会投其所好,伪装自己。"君见(现)恶,则群臣匿端(隐藏这方面的事端);君见好,则群臣诬能(吹嘘有这方面的才能。""群臣之情(真情)不效(呈现),则人主无以异(分辨)其臣矣。"(《二柄》)甚至利用君主的好恶,"顺人主之心以取亲幸(亲信和宠爱)之势",而"毁誉进退群臣",树立自己的威势。(《奸劫弑臣》)君"所恶,则(臣)能得之其主而罪(惩罚)之";君"所爱,则(臣)能得之其主而赏之"。(《二柄》)这样,君主的赏罚大权就被臣下所篡夺,君主反而被臣下所控制了。

此外,韩非还提出:(1)"明君之于内(指君主的妻妾)也","不行其谒(陈述的意见),不使私请(为私人提出请求)"。(2)"其于左右也,使其身必责(责求,引申为考察)其言,不使益辞(夸大其辞)。"(3)"其于父兄大臣也,听其言也必使以罚任于后(用受罚承担后果),不使妄举(推举,建议)。"(4)"其于观乐(观赏娱乐的东西)玩好(珍贵的玩物)也,必令之有所出","不使群臣虞(猜度,引申为迎合)其(自己)意",等等。(《八奸》)这都是有益的防范措施。

五、小 结

在韩非看来,用术,不单纯是个方法的问题,而是一个人的世界观、人生观、价值观的体现，是思想道德修养、为人处事态度、工作生活作风、知识经验水平的体现。不同的人，不同的立场，不同的利益关系会采用不同的术。

因此，术有安危之分。"安术"是以法、道、德为本，分清是非的术："赏罚""祸福""死生"都根据"是非""善恶"和"法度"来决定。对一个人的"愚智""贤不肖"都根据他的实际表现和对他的实际考核来评定，而不凭自己的"爱恶"和别人的"非（通'诽'）誉"。衡量事物都掌握"尺寸"，根据客观标准而不凭主观"意度（猜测）"。办事都"有信而无诈"，恪守信用，不搞欺骗。"危道（术）"则是背离了法、道、德的根本，不分是非的术：对于"绳之内（守法的人）"乱加"斫（zhuó）削（比喻杀戮）"。对于"法之外（不违法的人）"乱加"断割（比喻制裁）"。"利人之所害"，损人利己。"乐人之所祸"，幸灾乐祸。"危人之所安"，在别人平安时去危害他。"所爱（敬重）不亲，所恶不疏"，无是无非，善恶不分。（《安危》）

"安术"，"使人乐生于为是（在做好事中生活下去），爱身于为非（爱惜自身，不做坏事），小人少而君子多，故社稷长立，国家久安。""危道"，"则人失其所以乐生（失去乐于生存的愿望），而忘其所以重死（没有怕死的想法）。

治国有术，可致帝王之功
——论韩非的术治思想

人不乐生，则人主不尊；不重死，则令不行也。"这样的办法不改变，国家就要乱亡。（《安危》）

韩非认为，用术有明暗之分。有些术必须公开，使"境内贱贵莫不闻知也"。有些术则必须秘密掌握。"藏之于胸中，以偶（会合）众端（多方面的事实，对官吏的言行加以验证）而潜（在暗中）御（驾驭）群臣"。虽"亲爱近习莫之得闻也"。（《难三》）如：君主要"去好去恶"（《主道》），"挟（xié）知而问"，"倒言反事"（《内储说上七术》），等等。这些术如果公开了，就起不到应有的作用了。有人认为，这些术都是"暗中控制和对付群臣的方法或手段"，是"阴谋权术"[①]，似可商榷。

阴谋权术不仅是秘密的，更重要的，是以害人为目的的。但是，韩非提出的君主必须秘密掌握的术，都不是以害人为目的的，而是为了识别群臣，防奸禁奸、治国安民的需要采取的必要措施，很难说是阴谋权术。

韩非的术治思想和他的法治思想一样，是建立在辩证唯物主义的思想基础之上的，是符合历史的发展和社会实际需要的。特别是提出"治吏不治民"的治国之术，是最有价值的。

[①] 谷方：《韩非与中国文化》，148 页。

官吏在国家中处于特殊重要的地位。他上承君主，下治人民。君主制定的大政方针、政策措施，能不能落地生根；人民能不能从君主的大政方针、政策措施中得到实惠，完全掌握在官吏手中。可见，实际决定国家和人民的命运和前途的还是官吏。治好官吏，这是治理国家最最重要的关键。只有官吏都能忠于国家，忠于人民，忠于职守，清正廉明，这个国家才能强大，人民才能有幸福、美好的今天和明天。

韩非的术治思想是有强大的生命力的。不仅在历史上有重大意义，在今天仍有重要的意义。我们应该继承和发扬韩非的术治思想，推动我国特色社会主义的伟大事业向着伟大的目标，胜利前进。

善任势者国安
——论韩非的势治思想

一、治国必任势

按照韩非的法治理论，治国不仅要用法和术，而且还要用势。势就是权势、权力。他用了一个很形象的比喻说："国者，君之车也；势者，君之马也。（《外储说右上》）拉车必须有马，治国必须用势。不过，这个"势"，不是指君主世袭的地位和权势，即"自然之势"，"生而在上位"之势，"非人之所得设"之势（《难势》）；而是指"人之所得设"之势（《难势》），即根据人性和法治的需要设立的"赏罚"之势，即决定"生杀""予夺"之势，"祸福""利害"之势。但为了避免和"自然之势"相混淆,在韩非的著作中,这个"势"，一般都直言"赏罚"，而不言"势"。

在韩非看来，设立赏罚是符合"趋利避害"的人性特点的。"布帛寻常（古代八尺为寻，两寻为常，这里比喻很少），庸人不释（都要捡起来）；铄（shuò，熔化）金百镒（一镒二十四两，百镒，比喻很多），盗跖不掇（拾取）。"（《五蠹》）又说："喜利畏罪（罚），人莫不然。"（《难二》）"民者，好利禄而恶刑罚。"（《制分》）"为人臣者，畏诛罚而利庆赏"。（《二柄》）这是人的本性，不可改变，但也不可放纵，必须采用赏罚之法，因势利导。因此，君主"设民所欲（即赏）以求其功，故为爵禄以劝之；设其所恶（即罚）以禁其奸，故为刑罚以威（威慑）之"。（《难一》）这就把人们引向立功受赏的大道，而避开作奸受罚的邪路，既有利于国家，也有利于个人。这是对人性的最好引导。这样，君主就能"举功于臣（在臣子中选拔有功之人）而奸不用于上"（《难一》），国家就能治理好。

韩非主张："治国必任势。""明主之治国也，任其势。"（《难三》）这是关系实行法治、富国强兵、成就霸王之业的大事。实行法治，不仅要有法和术，而且要任势。法、术、势是紧密联系在一起的。"法者，宪令著于官府，刑罚必于民心，赏存乎慎法，而罚加乎奸（通"干"，触犯）令者也。""术者，因任（能力）而授官，循名（名位）而责实，操杀生之柄（权力），课（考核）群臣之能者也。"（《定法》）。国有赏罚，才能令行禁止，劝善止恶，除暴安良，促使臣民尽力守法，治理好国家。这是成就霸王之业的关键。"治国之有法术赏罚，犹若陆行之有犀车（蒙上犀牛皮的车子，形容车子坚固）良马也，水行之有轻舟便楫（船桨）也，乘之者遂得其成。"君主"可以致（成就）霸王之功"。（《奸劫弑臣》）如果不实行赏罚，"无庆赏之劝（鼓励）、刑罚之威，释势委（放弃）法，尧舜户说而人辨（通"辩"，辩解）之（挨家逐户，向每个人进行说服和辩解），不能治三家"。（《难势》）所以，"设刑""设赏"，乃是"治国用人之道"；"不设刑""不设赏""则治国用人之道失矣"。（《忠孝》）。

对君主而言，赏罚尤为重要，是关系君主安危、国家存亡的大事。"赏罚者，邦之利器也。在君则制臣，在臣则制君。"（《喻老》）赏罚好比老虎的爪牙，"虎之所以能服狗者，爪牙也，使虎释其爪牙而使狗用之，则虎反制于狗矣。人主者，以刑德制臣者也，今（如果）君人者释其刑德使臣用之，则君反制于臣矣。"（《二柄》）所以，君主必须"谨执其柄而固握之"（《主道》），把赏罚这两种权柄牢牢地抓在自己的手中，不能分势于臣。否则，大权旁落，就要像齐简公、宋桓侯那样，有身死国亡之患。（《二柄》）所以，"毋失其要（指赏罚的权柄），乃为圣人"。（《扬权》）

对官吏而言，赏罚也是绝不可少的。韩非说得很清楚："任人者，使有势也。"（《八说》）"国家必有文武，官治（官府办事）必有赏罚。"（《解老》）可见赏罚也是群臣百官的大事，是推行法治必不可少的手段。

二、善任势者国安

韩非特别指出：治国不仅要用势，而且要善用势。"善（正确）任势者国安，不知因其势者国危。"（《奸劫弑臣》）韩非提出"善任势"非常重要，意义深远。"不知因其势"的，是糊涂的君主。有势而滥用的，是暴虐无道的君主。只有"善任势"的，才是英明的君主。怎样才是"善任势"，善于运用赏罚呢？韩非的回答如下。

（一）设立赏罚必须遵守客观规律，不能根据个人意志或好恶来决定

正如韩非所说，"势有不可得，事有不可成。"（《观行》）客观条件总有不具备的，事情总有不能办成的。因此，设立赏罚，不能超越现实可能的范围，提出不切实际的要求。赏，不能让人望洋兴叹，可望而不可即；罚，不能"吹毛而求小疵"，"洗垢而察难知"（《大体》），让人不知所措。这样，

君臣才能同心协力，治理好国家。所以，"明主立可为之赏，设可避之刑"，使"贤者劝赏而不见子胥之祸（贤者勉励立功得赏而不会遇到伍子胥因屡谏吴王夫差而被迫自杀那样的灾祸），不肖者少罪而不见伛剖背（不肖的人只要不犯罪就不会像驼背人被剖背那样无辜受刑）"。这样，就能"上下之恩结"。如果"立难为而罪不及（树立难以达到的标准而去怪罪臣下没有做到），则私怨生；人臣失所长而奉难给（使臣下丢掉自己的特长而去从事难以胜任的事情），则伏怨结"。臣下就有"叛主"的危险。（《用人》）

（二）赏罚必须公正无私，不分贵贱亲疏

他提出了一个响亮的口号："刑过不避大臣，赏善不遗匹夫。"（《有度》）"诚有功，则虽疏贱必赏；诚有过，则虽近爱必诛。"（《主道》）只要"害国伤民败法"，尽管和君王有"父兄子弟之亲"，也要"杀亡其身，残破其家"，决不姑息。（《说疑》）"明主之行制（行使生杀大权）也天（像天一样公正无私）"，"天则不非（不会遭到反对）"。（《八经》）韩非的这个主张，彻底改变了过去"刑不上大夫"的不平等的旧传统，开辟了在法律面前人人平等的新纪元，对于消除特权、保障平民的合法权益，具有重大而深远的意义。

（三）赏罚必须以法律为准绳

韩非说："上握度量（法制），所以擅（控制）生杀之柄也。"（《诡使》）赏罚必须受法律的监督和制约："遇（合）于法则行，不遇于法则止。"（《难二》）"慎法"（谨守法令）者，必"赏"；"奸（通'干'，触犯）令（违犯法令）"者，必"罚"。（《定法》）只有"抱法处势"（《难势》），才能发挥赏罚的积极作用。韩非特别指出：赏罚不能根据个人的喜怒。"有赏罚而无喜怒"（根据法制实行赏罚而不凭个人的喜怒），"有刑法死而无螫（shì，一种有毒腺的虫子，用尾部毒刺刺人）毒（比喻逞私威害人）"，这才是"至治之国"。（《用人》）如果"喜则誉小人"，"怒则毁君子"，甚至"释法制而妄怒"，妄罚、妄杀（《用人》），赏罚就要变成"养虎狼之心而成暴乱之事"的工具，"此天下之大患也"。（《难势》）韩非强调势必须受制于法，这是对慎到的势治学说的重要发展。

（四）赏罚必须以事实为依据

"赏罚随是非"，"祸福随善恶"。（《安危》）只要事实清楚，证据确凿，就应该"见功而赏，见罪而罚"（《八经》）。"力尽于事归利于上者"，"必赏"；"污秽为私者"，"必罚"。（《难三》）只有做到"见知不悖（错误）于前（君主事前对臣子的功罪了解得清楚）"，才能"赏罚不弊（通'蔽'）于后（事后实行赏罚不会受蒙蔽）"。（《难一》）因此，执行赏罚，必须坚持调查研究，对事情的真伪必须检验核实。不能"以誉为赏，以毁为罚"（《有度》）。对于"称誉者所善，毁疵者所恶，必实其能，察其过"，防止群臣互相吹捧或诽谤。（《八奸》）对于难以识破的"虚功"和难于发现的"微奸"，要注意识别真伪，防止他们以假冒真，骗取赏赐，逃避处罚。（《制分》）此外，还要注意，赏罚不能以错误的世俗舆论为根据。当时，社会上存在各种颠倒是非的反常现象，耕战守法有益之民反而受到诽谤，奸伪违法无益之人反而受到赞扬。韩非指出，如果根据这种错误的社会舆论，而不考虑实际情况如何，就实行赏罚，那么就要"名赏在乎私恶（违法作恶）当罪之民，而毁害在乎公善（守法为善）宜赏之士"，"索国之富强"，是不可能的。（《六反》）

（五）赏罚必须实事求是

特别是执行刑罚，不能简单按条文办事。韩非认为，做臣子的必须做到忠诚老实，言行一致。"功当其言则赏（功效和说的话相符就赏），不当则诛。"（《难二》）但对于

"不当则诛",韩非有一个补充说明:"无故而不当为诬(欺骗),诬而罪(惩罚)臣。"(《八经》)这就是说,对"不当"的情况,要做具体分析。如果不是主观故意,就不能作欺骗论处。这表现了韩非主张对问题必须作具体分析的实事求是的精神,对于正确执行赏罚具有重要意义。

(六)赏罚必须严格把好关,分清刑赏的界限

用韩非的话来说,就是"治乱之理,宜务分刑赏为急(应把致力于区分刑赏作为最迫切的任务)"(《制分》)。按照法令和功过,"以赏者赏,以罚者罚"(《扬权》)。"杀必当,罪不赦。"(《备内》)"有的放矢,赏罚当符"(《用人》),经得起实践和历史的检验。如此,才能取信于民,法令才有权威性和公信力,国家才有可能达到没有内忧外患、长治久安的理想境界。为了防止"刑赏不分"(《制分》),韩非提出五个"不可":不可"赏无功","不诛过"。(《难二》)不可把无罪的拉到有罪的一边("不引绳之外"),把有罪的推到无罪的一边("不推绳之内")。(《大体》)不可对法禁以外的事情从严("不急法之外"),对法禁以内的事情从宽("不缓法之内")。(《大体》)不可"罪生甲,祸归乙"(《用人》),株连无辜。不可对遵守法令的人乱

加诛杀("斫削于绳之内"),对不违法的人任意制裁("断割于法之外")。(《安危》)这五个"不可",有利于分清是非、正确实行赏罚。

(七)治国必须实行厚赏重罚

这是"明主治国"之道、"帝王之政"。(《六反》)好处是:收效快,有立竿见影的效果。"赏厚,则所欲之得也疾(快);罚重,则所恶之禁也急(快)。"他讲了这样一个故事:越王勾践在攻吴战争前,对厚赏重罚的作用做了一次试验,实际也是一次军事演习。他放火焚烧宫廷里的房屋,开始无人救火,于是就下令:"人之救火死者,比(按照)死敌之赏;救火而不死者,比胜敌之赏;不救火者,比降北之罪"。这样一来,人们就"涂其体(身上涂着防火的东西)、被(通'披')濡(湿)衣","左三千人,右三千人",赶来救火了。(《内储传说上七术》)这个故事,生动地表现了厚赏重罚在动员民众方面的快速作用。

(八)赏罚必须和毁誉相结合,加强思想工作,使赏罚发挥更大的作用

"赏誉同轨(一致),非(诽)诛俱行(并行)。"(《八经》）"赏莫如厚，使民利之；誉莫如美，使民荣之。诛莫如重，使民畏之；毁莫如恶，使民耻之。"（《八经》）使有功者不仅得利，而且美名远扬；有罪者不仅受罚，而且恶名在身。通过对有功之臣的表彰，对有罪之人的贬斥，使民众感到受赏不仅有利，而且光荣；受罚不仅可怕，而且可耻，从而增强法制意识和荣辱观念，自觉地去恶从善，为国效力。这就达到了赏罚一个人、教育一大片的目的。

韩非反复强调君主必须独掌赏罚大权，主要是从维护世袭君主的权势、防止奸臣篡夺君权这个角度来说的，并不是说，赏罚大权只能由君主一人掌握。"赏罚者，邦之利器也。"（《喻老》）不但君主要掌握，做臣子的也要掌握，否则法治难以推行。韩非说得很清楚："任人者，使有势也。"（《八说》）"国家必有文武，官治（官府办事）必有赏罚。"（《解老》）可见，赏罚也是群臣百官的大事，是推行法治的重要手段。因此，对群臣百官来说，同样有一个"善任势"的问题。这个问题，上面已有所说明，不再重复。

三、不善任势者国危

值得注意的是，赏罚不仅关系国家的治乱安危，而且直接关系到人民的生死祸福，也关系到君主、官吏本身的得失成败。韩非特别指出，能不能正确行使赏罚，对君主、官吏的思想素质和执政能力，是一个重要的检验。"善任势"者，任之以法，廉洁奉公，是非清楚，赏罚分明，不但造福国家和人民，自己也功成名就。不"善任势"者，不仅无益于国、无益于民，也无益自身，甚至害国伤民，还害了自己。以下这几种情况，是统治者必须防止的。

（一）是非不分，赏罚颠倒

最典型的例子是夏桀。他"无是非"：赏于无功，使谗谀以诈伪为贵；诛于无罪，使伛以"天性（天生的生理缺陷）剖背"。由于他"以诈伪为是，天性为非"，尽管他拥有广大领土，还是被封地很小的商汤灭掉了。（《安危》）

韩非明确指出，不分善恶，"斫（zhuó，砍）削于绳之内（诛杀守法的人）"，"断割于法之外（制裁没有触犯法令的人）"，人将"不永生""不重（怕）死"，"否则人主不尊"，"令不行也"，国家就要危亡。（《安危》）

（二）权大于法，有权就是王

这种人，凭借手中的权力，称王称霸，任意妄为。"无令而擅为（无视国家法令而胡作非为），亏（破坏）法以利私"（《孤愤》），无法无天。"虽有贤良，逆者必有祸，而顺者必有福。"（《三守》）"赏无功之人，罚不辜之民"。（《说疑》）由于"交众、与（党羽）多，外内朋党"，所以"虽有大过，其蔽（掩盖）多矣"。（《有度》）"是以其民绝望，无所告愬（没有地方申诉冤屈，愬：通'诉'）。"（《备内》）对于这种人，韩非主张，"擅为者诛"（《主道》），必须绳之以法，加以严惩，不能让他们逍遥于"绳（法）之外"（《孤愤》）。

（三）依附权贵，权不正用

这种人，有职也有权，但为了求得个人的"安利"，一心拜倒在豪门权贵的门下，"不顾君上之法"，也不顾人民的疾苦，"为奸私以适重人"（作奸行私以趋奉有权势的人），"欺主成私"，是为虎作伥也。韩非认为：对于这种人，必须"设利害之道（赏罚措施）以示"之，使他们知道行"诈伪""为奸利"，都"不可以得安"，只有老老实实"陈（表达）其忠"，"守其职"，不敢"以虚言惑主"，也不敢"以贪渔下"，这才是正道。（《奸劫弑臣》）

（四）玩忽职守，不负责任

这种人，有职有权，但无视国家和人民的利益，胆小怕事，遇到矛盾绕道走，"废明乱之罚""不诛昭昭之罪"（《难四》），对于公开作乱的人和明摆着的罪过也不予惩罚。该管的不管，该问的不问，视而不见，听而不闻，尸位素餐，不尽职责。对于这样的官吏，韩非主张，"任事者知（智）不足以治职，则官收"。（《八经》）担任公职的人，才智不能胜任的，就罢官。

（五）有法不依，执法不公，包庇坏人

这种人，就像铁锅（"釜鬵 xín"）隔开火和水，使水失去灭火的作用一样，隔开法和奸，使法"失其所以禁奸"的作用。结果，享有特权的"尊贵之臣"，尽管"犯法为逆以成大奸"，却逍遥法外，得不到法律的制裁；而地位"卑贱"的无辜平民却"常"受诛罚，哭诉无门。（《备内》）韩非指出："法不用，而刑罚不加乎僇（lù，羞辱）人（该刑辱的罪人）"，这不是"秉法为善（掌握法度，使民众去恶从善）"的办法。"事乱（政事混乱，指'赏罚扰乱'）则邦危"（《制分》），刑赏搞得很乱，国家就要危亡。

六、经不住金钱、美女的诱惑，滥用职权，胡作非为

这种人，有些原先甚至还是很有作为的人，但是在金钱、美女面前，他们失去了自控，倒下了，做了这些"所好之物"、"可欲之类"（《解老》）的俘虏。结果，以权谋私，贪赃枉法，收贿索贿，享乐腐化，害国伤民，蜕化变质，而成为国法不容的罪人。韩非认为：这种人"上侵（侵害）弱（削弱）君而下伤人民"，已构成"大罪"（《解老》），"其罪当死亡也"（《孤愤》）。

权力就像一把双刃剑，既可以用来为国家人民造福，也可以用来使国家人民遭殃；既可以使自己功成名就，也可以使自己身败名裂。用之者岂能不慎之又慎？韩非提出的"善任势"的主张可谓是"金玉良言"，值得深思。

以道为常，无不能成

——论韩非的道治思想

一、道的本质和特点

关于"道"，韩非有十分精辟的论述。

其一，"道者，万物之所然也，万理（指事物的具体规律）之所稽（汇合）也。"（《解老》）道，是万物形成那个样子的东西，是万物所以构成的原因和根据。什么原因产生什么结果；什么根据产生什么结论，其间不仅具有必然性，而且具有同一性。这是一种决定生死成败的无形力量。例如："水，溺者多饮之即死，渴者适饮之即生。"（《解老》）由于饮水的方法不同，造成的结果也不同。这就是必然性。无论什么水，都是如此。这就是同一性。再如："剑戟（ji，古代长柄兵器），愚人以行忿（行凶泄愤）则祸生，圣人以诛暴（除暴去害）则福成。"（《解老》）也是这样。不管什么剑戟，由于使用的人不同，造成的结果就不同。这就是同一性。同样的剑戟，由于使用的人不同，结果就不同。这就是必然性。这种必然性和同一性就是规律，就是道。只有掌握了这些规律，行事才能正确，才能治理好国家。

其二，道，不是只表示一种固定的规律，它随着具体事物的变化而变化，而有不同的表现形式。"万物各有理（万物各有特殊的规律），而道尽稽（汇合）万物之理，故不得不化。不得不化，故无常（固定不变）操（操守，规则）。"（《解老》）例如："天得之（指规律）以高（天的规律就是至高无上），地得之以藏（包藏万物，广袤无边）。""日月得之以恒其光（发出永恒的光芒）。""道，与尧舜俱智（道在尧舜身上体现为智慧），与接舆俱狂（狂妄），与桀纣俱灭，与汤武俱昌。"（《解老》）因此，对不同的问题，必须用不同的方法来解决，不能一概而论。

其三，道，是"与天地之剖判（开辟）也具（同'俱'，一起）生，至天地之消散也不死不衰"的那个永恒不变的东西（《解老》），是客观存在，不以人们的意志为转移的。人们只能顺应它，不能违逆它。"得事理则必成功"，"动弃理则无成功"。(《解老》) 例如：农业生产，必须遵守天时。"得天时，则不务而自生。""非天时，虽十尧不能生一穗。"(《功名》) 按时耕种，不花气力，庄稼也能长得很好。违背天时，即使智慧再高，也要颗粒无收。因此，处理问题必须遵循客观规律，才能不败。

其四，道是无形的，但是可以认知和把握的。"道不同于万物。"(《扬权》) 客观规律同一切有形的事物是不相同的。它"宏大而无形"(《扬权》)，充满在天地之间。"以为近乎，游于四极（指极远的地方）；以为远乎，常在吾侧；以为暗乎，其光昭昭（明亮）；以为明乎，其物冥冥（昏暗）。"韩非认为，道虽"不可得闻见"，看不见，听不到，但可以"执（根据）其见（现）功以处（揣度）见其形"，根据它显现出来的功效推知它的形象。这就像根据"死象之骨（骨骼）"，"案（通'按'）其图（模样）以想其生（想象活象的模样）"一样。(《解老》) 这就是说，规律虽然虚无缥缈，但还是可以从各种事物的同一现象和必然现象中，把握它的存在，并不神秘。

其五，道在一定条件下，是可以改变的。例如："好利恶害，夫人之所有也。"(《难二》) 人人都有自利之心，"皆挟自为之心"(《外储说左上》)。这是人的本性。为了自利，就能做出害国伤民的事来。但这种本性是可以用赏罚的方法使之转化为积极、有利的力量的。韩非主张："赏莫如厚，使民利之；誉莫如美，使民荣之。诛莫如重，使民畏之；毁莫如恶，使民耻之。"（《八经》）对有功者不仅"重赏"，而且授予"美名"，使之感到"光荣"；对犯法者不仅"重罚"，而且加以"恶名"，使之感到"可耻"。这样，就能改变人的"自为之心"，去恶从善，为国效力了。

二、治国必须以道为常

韩非说："道者，万物之始（根源），是非之纪（准则）也。"（《主道》）道，是万物产生的根源，判断是非的准则。而判断是非又是关系国家安危的关键。"安危在是非，不在于强弱。"（《安危》）因此，韩非主张："夫能有（保有）其国、保其身者，必且体（践行）道（按客观规律办事）。"（《解老》）要保有国家和自身，必须按客观规律办事："以道为常"（《饰邪》），把客观规律作为治国、办事的常规。这样，办事才能分清是非善恶，利国利民。

韩非认为，是否按客观规律办事，关系国家的治乱存亡。例如："饥而食，寒而衣"，这是人的生活规律。君主如能

以道为常，无不能成
——论韩非的道治思想

顺应这个规律，及时解决人们的吃饭、穿衣的问题，这就是"是"。这样的治国方法就行得通，国家就安定，是"安国之法"。如果"废自然"，违反人们的自然要求，"使人去饥寒"，不吃饭，不穿衣，这就是"非"。这样的治国方法不仅行不通（"不立"），国家就要动乱，君主也"不能安"。（《安危》）

韩非还指出，是否按客观规律办事，也关系到个人事业的成败。他说："夫缘道理（道，指万物的总规律；理，之事物的具体规律；道理指事物的客观规律）以从事者，无不能成。无不能成者，大能成天子之势尊，而小易得卿相将军之赏禄。夫弃道理而妄举动者，虽上有天子诸侯之势尊，而下有猗（yī）顿（春秋末期鲁国人，经营盐业和畜牧业致富，财产相当于王公贵族）、陶朱（即范蠡lí），春秋末期楚国人，曾帮助越王勾践打败吴国，后改名换姓到了齐国，居住在陶，号称陶朱公，经营商业，财产多次达到千金）、卜祝（占卜吉凶的人和求神祝福的人）之富，犹失其民人而亡其财资也。"（《解老》）在这里，韩非特别指出，违背客观规律，轻举妄动，倒行逆施，即使拥有天下最大的权势和最多的财富，最后都要失去。

如何"以道为常"？韩非有许多论述，举例如下。

一是治理国家，必须正确对待自然，正确对待人性。"天有大命，人有大命。"（《扬权》）自然界有普遍法则，人类也有普遍法则。治国理政，必须遵循客观规律："不逆天理（自然法则），不伤情性（人的本性）"（《大体》）；尊重自然，尊重人性；不能破坏自然，暴虐人民。韩非指出，"使匠石（古代著名的石匠，以石为名）以千岁之寿操钩，视规矩（画圆和画方的工具），举绳墨（墨线），而正（整治）太山（即泰山）"，这是"败太山之体"；"使贲（bēn）、育（孟贲、夏育，著名的勇士）带干将（利剑，古代宝剑名）而齐（治理）万民"，这是"伤万民之性"：都是违反客观规律的错误举措。他们"虽极力于巧，极盛于寿（特别长寿）"，结果只能是事与愿违："太山不正，民不能齐"，以失败告终。（《大体》）所以，办事必须"循天（天道，自然法则）顺人（人的本性）"，才是正道。"循天，则用力寡而功立；顺人，则惩罚省而令行"，不劳而治。（《用人》）

二是处理问题，必须根据事实，而不凭主观臆断。韩非认为，人的认识产生于对客观事物的观察之后。客观事物是第一位，认识是第二位的。因此，判断真伪，必须以事实根据，不能凭个人的主观臆断。韩非讲了和氏献璧（玉器，扁平，圆形，中间有孔）的故事。楚国的和氏在山中得到一块璞玉（含在石中没有加工过的玉）。他捧着璞玉，先后献给了厉王和武王。

以道为常，无不能成
——论韩非的道治思想

厉王和武王都根据玉匠的鉴定，认为是石头，以欺君之罪，断了他的左足和右足。文王即位，和氏就抱着璞玉坐在楚山下哭。哭了三天三夜，眼泪哭干了，血都哭出来了。文王听说这件事，就派人问他为什么哭。他说："我不是为断足而悲伤，我是为宝玉被说成石头，忠贞之士被说成骗子而悲伤啊。"这块璞玉究竟是不是石头？和氏是不是骗子？都不能只看玉匠的鉴定、二王的判定，必须看事实。文王就叫玉匠把这块璞玉剖开来查看，发现里面果然是一块宝玉。为了纪念这件事，就把这块宝玉制成玉器，命名为"和氏之璧"。(《和氏》)这个故事告诉我们，判断真伪，必须以事实为根据。对于错误的判断，就应该像楚文王一样，哪怕是专家鉴定、君王决定，也要把它实事求是地纠正过来。这才是治国的正道。

三是用人必须重视实际经验，而不凭口才。实际经验里包含着丰富的客观规律。经验越丰富，掌握的客观规律就越多，办事能力就越强，成功率也越高。因此，韩非主张，用人必须重视实际经验，从基层逐级提拔。"宰相必起于州部（当时的一种基层行政机关），猛将必发于卒伍（军队的基层单位）。"(《显学》)这样的宰相和猛将，才能担当起治国强军的重任。韩非认为，官吏要逐级提拔，直到担任重大职务，这是明智的用人之法。"官袭（层层上加）节（等级）而进，以至大任，智也。"（《八经》）他反对"以言取人"（《显学》），只凭口才用人的方法。他说："魏任孟卯之辩，而有华下之患；赵任马服（即马服君，赵国名将赵奢的封号这里，指他的儿子赵括）之辩，而有长平之祸。"（《显学》）孟卯在魏国为相，赵括在赵国为将，都很有口才，能言善辩，但没有实战经验。让他们带兵打仗，都惨遭失败。在华下之战中，孟卯率领的魏赵联军死伤十五万。在长平之战中，赵括指挥赵军作战，士卒被坑杀四十五万，他本人也战死。韩非批评道："此二者，任辩之失也"（《显学》），都是只凭口才用人的错误。

四是处理事情，不能偏听偏信，必须加以验证。韩非说："观听不参（检验）则诚不闻，听有门户（偏听偏信）则臣壅塞。"（《内储说上七术》）对臣下的言行不加以验证，就不能了解真实情况。偏听偏信，就要被臣下蒙蔽。例如：对臣下"所善（赞誉）"或"所恶（诋毁）"的人，"必实（核实）其能，察（查明）其过"（《八奸》）。一方面"不使群臣相为语（互相吹捧或诽谤）"（《八奸》）；一方面君主也可以避免"以誉为赏，以毁为罚"（《有度》）的错误。验证，可以促使臣下讲真话，言行一致；也可以保证君主处理事情，实事求是，分清是非，赏罚得当，避免主观、片面的错误。

以道为常，无不能成
——论韩非的道治思想

五是必须用发展的眼光看问题，不能把事情看得一成不变。韩非说："古今异俗，新旧异备。"（《五蠹》）古代和现代的社会情况不一样，新旧时代的政治措施也是不同的。治国必须"论世之事，因为之备"（《五蠹》），研究当代的形势，从而采取相应的措施。"上古竞于道德"，所以用"仁义"治国；"当今争于气力"，互相争夺打压，必须以"法"治国。如果因循守旧，不知变通，仍然"以先王之政，治当世之民"，那就和守株待兔的人一样愚蠢可笑，不可能成功。（《五蠹》）

六是必须考虑事物之间的内在联系，不能孤立地看问题。他讲了这样一个故事：晋国准备了厚礼（宝马、美玉）向虞国借路攻打虢（guó）国。目的是先灭虢，再灭虞。虞国大夫宫子奇认为不能答应晋国的要求。他说："虞之有虢也，如车之有辅（绑在车子两边起保护作用的木棍）。辅依车，车亦依辅，虞虢之势正是也。若假之道，则虢先朝亡，而虞夕从之矣。"宫子奇所以能够识破晋国的阴谋，就是因为他能看到两国车辅相依、唇亡齿寒的关系，把握了事情的发展趋向和结果。但虞公目光短浅，贪图小利，又不听大臣的劝谏，还是同意借路了。结果，虢国被灭，虞国不久亦随之而亡。（《十过》）虞公的悲剧，就在于他孤立地看问题，不懂得唇齿相依的关系，背离了客观规律，结果贪小失大。

七是看问题必须全面,不能片面。也就是要两点论,不要一点论。韩非说:"凡上之虑(忧虑)必同其端(指事物的一个方面)。"(《扬权》)君主的祸患,就在于肯定和赞同片面的意见。因此,他主张,"并智"、"并视"(《喻老》),要全面地考虑和观察问题。例如:对"智士(有才智的人)",要考虑到"智士未必信(诚实可靠)",他们也能利用手中的权势"为其先急",做他们的私人要事。这样,"君必欺"。对修士(品德好的人),要考虑到"修士者未必智(有才智)"。由于他们缺乏才智,让他们"以愚人之所惛(糊涂)处治事之官(官位)而为其所然(认为对),则事必乱"。因此,必须采取相应的措施防止这两种情况。一是:采取"贱(地位低的人)得议(议论)贵,下必坐上(上级有罪,下级不告发则同罪不告发者与上者同罪);决诚以参(用检验的方法判明事情的真相),听无门户(不偏听偏信)"的方法,使"智者不得诈欺"。二是:采取"计功而行赏,程(衡量)能而授事,察(分析)端(指事情的起因)而观失;有过者罪,有能者得"的方法,使"愚者不任事"。(《八说》)这就是全面地看问题而采取的防范措施,是符合用人的规律的。

八是必须透过现象看本质,防止被假象所迷惑。韩非讲了这样一个故事:春秋末期,晋国的北边有一个狄族建立的国家叫仇由（位于今山西省太原市东北）。晋国的六卿之一智伯想攻打仇由，但道路艰险不通。于是，就铸造大钟送给仇由的国君，目的是让仇由为接受大钟而修通道路，为攻打仇由做好准备。仇由的国君非常高兴，就修筑道路准备接受大钟，但大臣赤章曼支看出其中有诈，就说：赠送大钟本是小国侍奉大国的做法，现在大国却拿大钟来赠送我们，它的军队必定会尾随而来，不能接受大钟。但是，仇由国君不听，还是接受了大钟。结果，几个月后，仇由就被晋国消灭了。（《说林下》）可以看出，赤章曼支能够透过现象看到事情的本质，而仇由国君则被现象蒙蔽了，以致失去了方向，结果身死国亡。

九是处理事情，既要重视内因，也不能忽略外因。如："木之折也必通（因）蠹，墙之坏也必通隙。""木虽蠹，无疾风不折；墙虽隙，无大雨不坏。"（《亡征》）"蠹"和"隙"是木折墙坏的内因。"疾风"和"大雨"，是木折墙坏的外因。事物的发展，内因是主要的。因此，治理国家，必须坚持"坚内"（《安危》）的方针："严（加紧）其境内之治，明（彰明）其法禁，必（坚决）其赏罚，尽（充分）其地力以多其积（储备），致（致力）其民死（竭尽死力）以坚其城守（坚守城池）"，使来攻者"其利少"，"其伤大"。即使大国来攻，也不敢在"坚城之下"把自己拖垮，而让它的"强敌"乘机

81

进行攻击。(《五蠹》)韩非认为,"此必不亡之术也。"(《五蠹》)但是,外因也是重要的。要结束分裂,实现国家统一,就不是靠内因,而是要靠外因。必须要有一个实行法治的大国君主作为暴风骤雨来兼并已有亡国之征的国家来完成。"万乘(有万辆战车)之主有服(行)术行法(运用法术)以为亡征之君风雨者,其兼(兼并)天下不难矣。"(《亡征》)"坚内"和"兼并"两者并不矛盾,都是符合当时的实际情况,和历史发展规律的。公元前221年,秦始皇终于按照韩非的主张,兼并六国,完成了中国统一的大业。

三、因道全法,治国之大体

韩非认为,治国不仅要"以法为本",而且要"以道为常"。(《饰邪》)道和法既有区别,又有联系。"道"是"法"在哲学上的依据,是"法"的思想基础。"法"是"道"在政治领域里的体现,是"道"的具体实践。"道法"兼治,才是"万全"之策。(《饰邪》)"因道全法",就能使"君子乐而大奸止",民安而国治。(《大体》)

韩非特别指出,治国不能依靠个人的智能,必须依靠道和法。"道法万全,智能多失。"(《饰邪》)凭借个人的智能往往失败。人的智能都有局限性。"智有所不能立(办成)","力有所不能举","强有所不能胜"。(《观行》)因此,办事不能只凭个人的智能,必须依靠道和法。

韩非关于"道"和"法"的论述,是对前期法家的法治思想的重大发展,也丰富了法治思想的内容,对顺利推行法治,治理好国家,具有重大而现实的意义。

以德为先，万不失一
——论韩非的德治思想

一、治理国家，必须实行德治

德治，就是按照思想道德规范办事。这是韩非三大治国理念之一：法治、道治、德治。对于韩非的德治主张，首先要防止误解。如：韩非说："为治者用众而舍寡，故不务德而务法。"（《显学》）乍一看，似乎只讲法治，而不讲德治。其实不然。他讲"不务德而务法"，是有前提的，这就是："务德"在一定时间内的收效，没有"务法"大。"务德"只能使少数人自觉为善，"境内不什数"；而"务法"却可以使多数人"不得为非，一国可使齐"。（《显学》）因此说，"用众而舍寡"，采用对多数人有效的方法，而舍弃对少数人有効的方法。这句话是有道理的，不能作为不讲德治的证据。韩非认为，道德在治国中的作用是不可或缺的。君主修身，齐家，治国，平天下，都离不开德。德，是修身、治国的根本，治国必须实行德治。

他以守信为例，说明德治的重要意义。他说："四封（国境）之内所以听从者，信与德也。"（《诡使》）人民是重视守信和道德的。君主必须守信，讲道德，人民才能听从他的召唤，支持他建功立业。例如：春秋时，晋文公勤王有功，周襄王就从自己的领土中让出四个城邑赏赐给晋文公。其中原邑是周大夫原伯贯的封国，不肯服从。晋文公就率兵攻原，约定十天内攻下原国。但到了第十天还未攻下。晋文公决定退兵。有人从城中出来说，城中已经"食竭力尽"，再有三天就可以攻下了。大夫们也主张再坚持三天。但晋文公说："得原失信，吾不为也。"还是退兵而回了。原国人听说晋文公如此守信，就开城投降了。卫国听说这件事，也归顺了晋文公。（《外储说左上》）这个故事说明，道德的感化力量是强大的。君主讲道德，人民就信从。用武力得不到的东西，凭借守信树立起来的威望，却能得到。所以，韩非主张："明主积于信。"（《外储说左上》）明智的君主应该在遵守信用上积累起声望。

二、以德治国，必先以德修身

修身是治国之本，治国是修身的目的。

如何以德修身？韩非认为，第一，必须"一建其趋舍（取舍）"，牢固确立对事物的取舍标准，树立正确的价值观。"虽见所好之物不能（被）引（引诱）"。第二，要"一于其情"，情性专一，坚守高尚的道德情操。"虽有可欲之类神不为动。"（《解老》）只要做到这两条，不贪，不腐，不谋私利，不纵私欲，虽见珍宝财物、美女声乐，一切可供享乐、玩赏的东西，都不动心，也不被引诱，就一定能治理好国家。

如何以德（恩德）治国？必须抓好三件大事。

一是必须利民，为民谋利，施德（恩惠）于民。使"资（资产）有余"的家庭愈来愈多，使天下"民之生莫不受其泽（恩惠）"。（《解老》）这样，就能得到人民的拥护和支持。一呼百应，言到事成。

二是必须按照利民的原则，"别（识别）君子小人"，分清是非，严明赏罚，使"群臣守职（各尽职责），百官有常（遵循常规办事）"（《主道》）。

三是必须按照利民的原则，"适（dí）观（对照观察）息耗（生长和损耗）"（《解老》），察知事物生长和损耗的规律，明白国家盛衰存亡的道理，吸取经验教训，治理好国家。

韩非认为，只要坚持以德修身，以德治国，并做好这三件大事，国家就能长治久安。这是治国"万不失一"的方法。"为人子孙者，体（践行）此道（原则）以守（守护）宗庙（天子、诸侯安置祖宗牌位以供祭祀的处所）"，则"宗庙不灭"，"祭祀不绝"，国家不会灭亡。（《解老》）

韩非特别指出，以德治国，必须正确处理个人利益和国家利益的关系：必须把国家利益放在第一位，个人利益必须服从国家利益。他举了两个例子：一个是：楚国的直躬告发了他父亲偷羊的事，楚国令尹认为他不孝，就把他杀了。另一个是：鲁国有个人随国君出去打仗。因为家有老父，无人奉养，"三战三北"，多次打仗，多次逃跑。孔子当时任鲁国的司寇，认为这个人很有孝心，就"举而上之"，提拔他做了官。这两件事，说明忠和孝有时是矛盾的。直躬的行为做到了忠君，却又违背了孝道。鲁人尽了孝道，却又违背了忠君的原则。但令尹和孔子都维护了孝道，而损害了忠君的原则。结果，正如韩非所批评的，"令尹诛而楚奸不上闻，仲尼（孔子名丘，字仲尼）赏而鲁人易降北（投降、逃跑）"。像这样，推崇个人利益，而谋求国家的利益，一定是没有希望的。"举匹夫之行（推崇个人谋取私利的行为），而求致社稷之福（而谋求国家的利益），必不几（希望）矣。"（《五蠹》）在韩非看来，维护孝道，不能违反忠君的原则。在忠孝不能两全时，应该把忠君放在第一位。个人利益不能损害国家利益；个人利益和国家利益发生矛盾时，个人利益必须服从国家利益。这是对忠孝之道的发展，也是对"百善孝为先"的儒家思想的批判，对实行德治具有深远的进步意义。

三、治理国家，必须以德为先

思想道德是指导行动的，行动是受思想道德支配的。治理国家，必须把思想道德教育放在第一位，提高人们的思想觉悟和道德水平。这是做好工作的根本保证。

韩非主张："国事务先而一民心。"（《心度》）治理国家，就是要把思想道德教育放在一切政事的前面，统一民众的思想和行动，保证事业的成功。他以"治民"和"用兵"为例，说："先治者强，先战者胜。"所谓"先治"，就是"禁先其本（指奸邪的思想）"，"禁奸于未萌"，禁奸要先禁止奸邪的思想，要把奸邪的思想萌芽禁止在尚未发生之时。所谓"先战"，就是"兵战其心"，"服战于民心"，要使民众树立起战争观念，使他们的思想适应于战争。（《心度》）只有民众的奸邪、错误的思想消除了，思想统一了，他们才能积极、勇敢地投入生产和打仗，国家才能实现安定、富强。

再如赏罚，也是这样。韩非认为：单纯的赏罚，作用是有限的。"赏有功，罚有罪，而不失其人（没有错赏错罚这个人），方在于人（作用仅仅局限在受赏受罚的人身上），非能生功止过（并不能产生新的功劳和禁止其他犯罪行为）者也。"（《说疑》）要能通过赏罚，要通过赏罚使民众建立新功、不再犯法，必须把赏罚和毁誉结合起来，把思想道德教育放在第一位。"誉辅其赏，毁（贬斥）随其罚。""赏莫如厚，使民利之；誉莫如美，使民荣之。诛莫如重，使民畏之；毁莫如恶（坏），使民耻之。"（《五蠹》）这样，就能扩大赏罚的影响，增强人们的荣辱感，提高民众争取立功受赏，避免犯罪受罚的自觉性，从而发挥赏罚的更大作用："重一奸之罪而止境内之邪"，"报（奖赏）一人之功而劝（鼓励）境内之众"。（《六反》）

四、德法兼治，治国之上策

在韩非看来，德治的作用是不可低估的。一种正确的思想道德观念，一旦被人们接受，就能变成巨大的物质力量：

坚不可摧，攻无不克；贫贱不能移，富贵不能淫（惑乱），威武不能屈；一身正气，无私无畏；为了信仰和理想，为了国家和人民，不惜献出自己的一切，以至生命。这是治理国家取之不尽、用之不竭的力量源泉。例如，齐景公到渤海边上游玩，玩得乐不思归了，就下令说："言归者死！"但是，有一个叫颜琢聚的大夫却劝他回国都，说：你在这里玩得很快乐。如果臣子中有图谋夺取国家政权的人，怎么办呢？到时候，你就不能再这样快乐了。齐景公很生气：你触犯了我的命令。说着，就"操戈将击（杀）之"。在这生死关头，颜琢聚毫不畏惧，说："臣言为国，非为身（自己）也。"说着，"延颈而前，'君亟之矣！'君乃释释戈趣（通'促'）驾而归"。到了第三天，就听到国都里有人图谋不让齐景公回来的了。（《十过》）这个故事说明，道德的力量是不可估量的。一个人只要树立了忠君爱国的思想信仰，就能产生无穷的力量，无私无畏，为国家作出杰出的贡献。

但是，治理国家是一个系统而复杂的工程，千头万绪，充满矛盾，单纯依靠德治是不够的。就治吏来说，当时，吏治的腐败非常严重。从王公大臣到群臣百官，以权谋私、贪污枉法、受贿索贿、买官卖官、鱼肉人民、争权夺利，以至里通外国、篡权夺位的现象，比比皆是。韩非认为，对于这些枉法谋私、害国伤民的种种乱象，单靠德治是无能为力的，必须加强法治，以法治臣，才能奏效。必须加强对臣下的考察和整治，做到"臣有奸者必知，知者必诛（罚）"从而"使臣毋或作威，毋或作利，毋或作恶"（《有度》），使"官不敢枉法，吏不敢为私利，货贿赂不行"（《八说》）。

在韩非看来，德治和法治是密切联系，不可分割的。德治是法治的思想指引；法治是德治的法律保证。德法兼治，双管齐下，相辅相成，才是国家富强的根本保证。

法治和民主，治国之双翼

——论韩非的民主思想

韩非不仅是一位杰出的法治思想家，而且也是一位杰出的民主思想家。他认为，要治理好国家，不仅要实行法治，而且要实行民主。二者是治国之双轮，缺一不可。没有民主，法治就要脱离人民，迷失方向，甚至成为专制的工具。没有法治，民主就要失去凭借，没有意义，甚至成为社会动乱的根源。这都不能治理好国家。

韩非的思想和专制思想是水火不相容的。他虽然主张"忠君""尊君"，但并不主张君主专制；相反地，他主张法治和民主。他称颂的是尧、舜那样的按法律和民意办事，"垂德于万世"的"明主"。（《安危》）反对的是桀、纣这样的"无是非"，"赏于无功""诛于无罪"（《安危》）；"为肉圃（即肉林，悬挂肉的地方），设炮烙（烤肉用的铜格，也是杀人的刑具），登糟丘（酒糟堆成的小山），临酒池"（《喻老》），让男女裸体相逐其间，暴虐无道、荒淫无度的专制暴君。在韩非看来，民主是法治的基础，法治是民主的体现，是为民主服务的。二者的结合，是反对专制、治国安民的强大武器。

韩非的民主思想是对历史的巨大贡献。作为反对专制的创造性思维，它冠盖整个封建时代，光芒万丈。

遗憾的是，几千年来，韩非的民主思想却被埋没了。韩非被认为"是中国古代封建专制主义国家学说的主要奠基人"[①]，他的"政治理论"也被"断定"为"是专制主义的理论"[②]。这是不公平的，也是不符合实际的。

韩非的民主思想是全面而系统的，是一个完整而辩证的思想体系。具体表现在以下七个方面。

一、人民是历史的创造者

韩非的民主思想，植根于对历史的正确认识。在韩非看来，推动历史前进的，不是鬼神，也不是英雄豪杰，而是人民。"富

---

① 谷方：《韩非与中国文化·各章内容提要》，第3页。
② 同上，第171页。

国以农，距（通'拒'）敌恃卒。"（《五蠹》）富国强兵、生产和战争，都要依靠人民；离开了人民，一事无成。不仅如此，改朝换代，政权更替，都必须依靠人民。"商、武之所以王，齐、晋（指赵）之所以立"，都是因为有人民的支持才成功的。（《难四》）社会发展的历史，就是人民生产实践和政治实践的历史。人民是历史的创造者。这是韩非的民主思想的哲学基础。

二、人民是国家主人

韩非用商汤推翻夏桀的史实，明确指出："臣能夺君者，以得相踦（qī，不平衡）也。"（《难四》）国家的得失存亡，都决定于人心的向背。得人心者得天下，失人心者失天下。这就是历史。这个观点，说明了一个真理：天下是人民的天下，不是君主一人的天下。决定国家命运的是人民，人民才是国家的主人。君主必须依靠人民，按照人民的意志办事，才能治理好国家。这是对孟子"民为贵，社稷次之，君为轻"（《孟子·尽心下》）的民本思想的发展，是韩非民主思想的核心，也是现代民主思想的基础。

在韩非看来，夺取政权要有人民的拥护和支持，巩固政权也要有人民的拥护和支持。只有得到天下民众"一力同心"的爱戴和推举,君主才能"长立太山之功","久著日月之名",江山永固。如果得了天下,有了权力,却脱离了人民,"位不载(通'戴')于世,则功不立,名不遂",国家仍有得而复失的危险。(《功名》)他以夏桀、商纣为例,指出:这两个专制暴君就是得了天下,因脱离人民,而又失去天下的典型。

在这里,韩非向统治者传递了一个信息:对人民要有敬畏之心。水能载舟,水能覆舟,统治者一定要牢记这个真理。

三、治国必须问计于民

春秋时期著名的政治家子产就提出了这个主张。当时,郑国人经常聚集在乡校里议论国政。有人就主张毁掉乡校,子产不同意。他说:"其所善者,吾则行之;其所恶者,吾则改之,是(这些人是)吾师也。"(《左传·襄公三十一年》)韩非继承并发展了子产以民为师的思想,明确主张:"君人者,以群臣百姓为威势者也。群臣百姓之所善(赞成),则君善之;非群臣百姓之所善,则君不善之。"(《八奸》)君主决策断事,必须问计于民;按照民意,汲取民智,来治理国家。他认为，一个人的力量和智慧是有限的。"力不敌（胜过）众，智不尽物（尽知万物）。"（《八经》）因此，君主"与其用一人，不如用一国"（《八经》）。君主不能只靠个人的智慧和力量，必须用全国人的智慧和力量，"尽人之智"，"尽人之力"（《八经》），来治理国家。这样，君主才能"不穷于智"，"不穷于能"（《主道》），建功立业，治理好国家。在君主专制的时代，韩非能提出，不要"用一人"、要"用一国"的主张，是难能可贵的。对于约束君主专制、推动民主制度的建设，有重大而现实的意义。值得注意的是，韩非的"用一国"的主张在当时是难以实现的，但在今天已变成了现实。我国现行的两大民主制度——全国人民代表大会制度和全国政治协商会议制度，不正是韩非"用一国"的民主思想，在新的历史条件下，发展创新的成果吗？

从大的方面看，韩非主张，治国要"用一国"；从小的方面看，则要用群臣。他明确提出：君主遇事，要和群臣商量。"事至而结（集中）智，一听而公会"，"博论以内（通'纳'）一"（《八经》），让大家出谋划策，从大家的广泛、自由的议论中，采纳一种有益的意见。这是最早的民主集中制，对于发扬民主、克服君主个人独断专行，有积极意义。

韩非反复告诫君主，不可独断专行。不能"矜而好能（自大逞能）"（《扬权》）；不能"大心（狂妄自大）"，"自多（自以为了不起）"；更不能"很（通'狠'）刚而不和（凶狠暴戾而不和善），愎谏而好胜（固执己见，不听劝谏而自以为高明），不顾社稷而轻为自信（不顾国家安危而自以为是）"（《亡征》）。并指出，刚愎自用，"过而不听于忠臣，而独行其意（按照主观意志独断专行）"，这将有"灭国""亡身""绝世"之祸。（《十过》）

四、为政者必须树立人民的权力观

韩非说："国者，君之车也；势者，君之马也。"（《外储说右下》）驾车必须有马，治国必须有权。那么，君主的权力哪里来？韩非列举事实，明确回答：君主的权力是人民赋予的，是"众之所夺也""民之所予也"（《难四》）。这个观点，意义深刻。它彻底推翻了"君权神授"的观点，也给君权的运用指明了方向：权力必须为民所用，受民监督。

治理国家，不但君主要掌握权力，官吏也要掌握权力。"任人者，使有势也。"（《八说》）官吏是君主任命的，官吏的权力，从根本上来说，也是人民赋予的，也必须为民所用，受民监督。

权力怎样为民所用？韩非认为：一是必须"抱法处势"（《难势》），依法行使权力。一切按法办事，利国利民。二是必须分清是非，严明赏罚，促进社会的公平正义：使"忠臣劝"而"邪臣止"（《饰邪》），"小人少而君子多"（《守道》），"善之生如春、恶之死如秋"（《守道》），使人乐于"为是（做好事）"，而不"为非"（《安危》）。三是必须"积力于田畴"（《解老》），大力发展农业生产，改善民生，使"耆老得遂，幼孤得长"（《奸劫弑臣》），"民之生（生存）莫不受其泽"（《解老》）。四是必须扶贫济困。"振（救济）贫穷而恤（抚恤）孤寡，行恩惠而给（资助）不足"。（《外储说右上》）五是必须关心人民疾苦。韩非以齐桓公微服私访的故事为例，说明君主要接近民众，体恤民情，为民众排忧解难。（《外储说右下》）六是必须坚决纠正冤假错案。韩非以和氏献璧的故事为例，说明君主对人民所受的冤苦，要负责调查清楚，不管什么人做出的错误决定，包括前代国君做出的错误决定，都要实事求是，予以纠正。（《和氏》）这样的权力才能得到人民的拥护，永远牢固地掌握在手中，不会丢失。

但是，权力有两面性，既能造福人民，也能危害人民。权力如果没有制约和监督，就能成为"养虎狼之心而成暴乱之事"（《难势》）的工具。专制的暴君就能用来不辨忠奸，

法治和民主，治国之双翼
——论韩非的民主思想

颠倒是非，滥杀无辜。大臣就能用来培植私党，耗国便家，篡权夺位。贪官污吏就能用来无法无天，胡作非为，鱼肉人民。这些，韩非都看得清清楚楚。所以，他主张：对权力必须加强制约和监督。

一是必须从制度着手，对权力加以限制。例如：君主必须严守法治的原则，不能"释法术而心治（按主观意志处理政事）"（《用人》），不能"舍常法而从私意（按个人的好恶办事）"（《饰邪》），不能"释法制而妄怒（滥施淫威，妄杀、妄罚"（《用人》），不能"释法禁而听请谒（接受私人的请求）"（《饰邪》）。大臣必须"循法而从事，案（通'按'）法而治官（履行职责）"（《孤愤》），不得在国内另立"私朝"，结党营私；不得"借威城市"，在封邑内搞独立王国；不得"臣士卒"，拥有私人武装；不得与他国有"私交"，借助于他国来增强自己的势力。（《爱臣》）官吏必须遵从"先王（指理想中实行法治的君主）之法"，不得"作威"，不得"作利"，不得"作恶"（《有度》）。"虽有智能，不得背法而专制（专权）；虽有贤行，不得逾功（在立功之前）而先劳（得赏）；虽有忠信，不得释法而不禁（不受约束）。"（《南面》）如此等等，对权力都是一种制约。

二是必须鼓励"贱得议贵"（《八说》），下得告上，加强对权力的监督。对君主的错误，要从国家利益出发，善言进谏，提出批评，使君主明"是非"，以"饰（通'饬'）其身（端正自己的言行）"；晓"利害"，以"致其功（建立功业）"。（《说难》）对官吏要自下而上、自上而下逐层逐级互相进行监督。臣下可以告发"当涂（当权）之失，用事（执政）之过，举臣（众臣）之情（隐情）"（《三守》）。使官吏"动无非法"（《有度》），"居官无私"（《饰邪》），"循法而治"（《用人》）。

韩非提出的这些办法，虽然还不够完善，但对整肃吏治，遏制权力的滥用和恶用，仍有重要而深远的意义。

历史证明，权力能否正确行使，能否接受法制的制约和臣民的监督，不仅关系国家的存亡和人民的祸福，也关系君主和官吏本人的成败和安危。"善任势"（《难势》）者，不但造福国家和人民，自己也功成名就。滥用势者，不仅有害于国家和人民，还会害了自己，身败名裂，成为历史的罪人。

五、为政者必须树立人民法治观

实行法治，不仅要有法，而且要有刑。法是规定人们必须做什么，刑是告诉人们不能做什么，这是一个问题的两面，

法治和民主，治国之双翼
——论韩非的民主思想

是法治的根本。无论是法，还是刑，韩非认为，都必须利民。他明确表示：他之所以不避"死亡之害"，坚决主张"废先王之教"，实行法治，就是为了"利民萌，便众庶"，有利于民。（《问田》）有利于民，这是韩非法治思想的根本出发点和落脚点，是法治必须遵守的最高原则。

为了有利于民，韩非有以下主张：第一，法律必须是"安国之法"。安国，必先安民。安国之法必须"忠（通'中'）心"，符合民心，符合人民"饥而食，寒而衣"（饿了有饭吃，冷了有衣穿）的要求，保障人民的生存权利。（《安危》）这个要求，现在看来，似乎太低了。其实不然。在战国时期，战乱连年不断，人民流离失所，在水深火热之中，无以聊生的情况下，这个要求已经不低了。它代表了最广大人民最关心、最直接、最现实的切身利益。

第二，实施刑罚，必须以"爱民""利民"为出发点。（《心度》）他认为，实施刑罚，并不是单纯为了惩罚人（"非为罪人也"《六反》），而是为了罚一儆百，使人们"不从（通'纵'）其欲"，遵守法律，不做坏事，"期于利民而已"（《心度》）。官吏执法，要把仁爱之心和严格执法结合起来，尽量先做无罪推定，实在不行，就坚决按法治罪。执法者应做一个"树德不树怨"的"善为吏者"（《外储说左下》）。

定罪量刑必须以法律为准绳，以事实为根据。执法者"以法行刑"（《五蠹》），受罚者"以罪受诛"（《外储说左下》）。执法必须公正无私。既不把无罪的拉到有罪的一边，也不有罪的推到无罪的一边（"不引绳之外，不推绳之内"《大体》）。他反对"释法制而妄怒"（《用人》），滥施淫威，乱杀、乱罚。他明确指出，乱杀，"而奸人不恐"（《用人》），"民将背叛"（《八说》）。乱罚，"罪生甲，祸归乙，伏怨乃生"（《用人》）。这些主张都是有利于民的。

第三，实行法治要建立"至厚之功"，为人民谋求最大的利益。他说："圣人治国也，正明法，陈（设）严刑，将以救群生之祸，去天下之乱（这两句中"救"和"去"同义，"群生之乱"和"天下之祸"互文。两句含起来意思就是：解除天下民众遭受的战争带来的祸乱），使强不凌（欺侮）弱，众不暴（伤害）寡，耆老得遂，幼孤得长，君臣相亲，父子相保，而无死亡系虏之患，此亦功之至厚者也。"（《奸劫弑臣》）这就是说，实行法治要建立一个没有内乱外患，没有压迫和欺凌，富强、和谐、安定的法治国家。这是法治的最大功绩，也是人民的最大利益。这是韩非的崇高理想和他终生追求的伟大目标。

第四，实行法治，不仅人民要守法，君主也要守法。君主要"自刻以尧"(《安危》),严格按法律和民意办事。他告诫君主,主释法,"虽有十黄帝不能治也"(《五蠹》)。他还反复用夏桀、商纣专制妄行,以至国亡身死的历史教训,提醒君主不要重蹈历史覆辙。

可见,韩非的法治思想是建立在他的民主思想的基础之上的,是人民的法治观。有利于民,这是他主张的法治的本质特点,是区别于专制的根本标志。

六、必须做到法律面前人人平等

韩非认为,要求平等,是人的本性。官吏执法必须以平等的态度对人,不能做那种"带干将(古代宝剑名)而齐(治理)万民"的蠢事。这是"尽威以伤万民之性(指人的本性)"的错误行为,结果只能是事与愿违,"民不能齐"。(《大体》)执行刑罚,必须一视同仁,不分贵贱亲疏。他反对"犯法为逆以成大奸"的"尊贵之臣"却受不到法律的制裁,而地位"卑贱"的平民百姓却"常"受"诛罚"。(《备内》)他明确主张:"法不阿贵"(《有度》),在法律面前人人平等。"刑过不避大臣,赏善不遗匹夫。"(《有度》)"诚有功,虽疏贱必赏;诚有过,虽近爱必诛。"(《主道》)只要是"害国伤民败法",虽和君王有"父兄子弟之亲",也要"杀亡其身""残破其家",绝不姑息。(《说疑》)韩非的这个主张,对于彰明法制,消除特权、保障平民利益,有重要意义。

但是,由于封建专制的统治和"刑不上大夫"思想的影响,官员犯法,得不到法律的制裁,在我国历史上已是社会的常态。但是,这种情况在今天,已开始有了根本的改变。官员犯法,与民同罪,已成为现实。在党中央正确而坚强的领导下,为了加强党风廉政的建设,一方面狠抓反腐败、纠"四风"的斗争,一方面开通各种渠道,鼓励人民群众检举揭发。对违法违纪、有贪腐问题和"四风"问题的干部,一经查实,不论职位高低、权力大小,一律按党纪国法严惩不贷,无一例外。近年来,大批有问题的干部,包括省部级、地市级、县处级的领导干部,纷纷落马,就是证明。

七、必须给人民言论的自由

韩非认为,人的本性和猿猴一样,都是爱好自由的。"置猿于柙(xiá,木笼)中,则与豚同。"(《说林下》)把猿关在木笼中,就跟小猪一样。人也是这样。"势不便(指没有自由),非所以逞能也(是不能施展才能的)。"(《说林下》）他主张，要发挥人民的聪明才智，必须给人民以自由，特别是思想、言论的自由。君主要有天地一样的广阔胸襟，要有海纳百川的伟大气魄，接纳各种人才，听取各种意见。不仅听取"轨（符合）于法令"（《问辩》）的意见，而且也能听取虽"无法令（的根据）"，但"可以接诈（对付诈骗）、应变（适应事变）、生利（获得利益）、揣事（推测事理）"（《问辩》），有实用价值、能解决实际问题的意见。他还指出，君主与群臣商量事情，应该鼓励群臣"直议于下"，自由地发表不同的意见。可以说"知"，也可以说"不知"，可以赞成，也可以反对。不能要求群臣说话都和某个权臣"一辞同轨"（同一论调，同一口径）。这样，虽"与群臣虑之"，也无益于治，国家"犹不免于乱"。（《内储说上七术》）

但是，自由不是绝对的，不是自己想怎么说就能怎么说的。韩非认为，言论自由必须遵守三条原则：一是必须"轨（符合）于法令"（《五蠹》），反对"乱法"（《诡使》）。二是必须"周（切合）于用"（《五蠹》），反对"无用之辩"（《八说》）。三是必须说真话，"所言者贞（真实）"（《二柄》），反对"虚言"（《奸劫弑臣》）、"妄言"（《外储说左上》），反对造谣诽谤，"大者非（诽）世（重则诽谤现实）"，"细者惑下（轻则蛊惑人心）"（《诡使》）。这些主张，对于正确行使言论自由有积极的指导意义。

　　韩非也看到,在君主专制下,要做到言论自由是很困难的。臣下对君主进言,经常受到曲解和诬蔑甚至迫害。"小者以为毁訾诽谤,大者患祸灾害死亡及其身。"商纣就是一个专制的典型。大臣向他进谏,他就把大臣们或囚禁,或烤死,或做成肉干,或剁成肉酱。他的叔父比干也被他剖心而死。(《难言》)而他自己也因此身死国亡。韩非告诫君主,要吸取历史教训,听取忠言,采纳"仁贤忠良有道术(本领)之士"(《难言》)的主张。

　　没有言论自由,不仅在韩非的那个时代是这样,在以后几千年的历史上也是如此。以言定罪,大兴文字狱,使持有不同意见或反对意见的人身陷囹圄、身首异处、家破人亡的事例,屡见不鲜。但在今天,这种情况已开始有了根本的改变。近年,我国"两高"对诽谤罪又作出了严格而具体的界定。除"情节严重"和"严重危害社会秩序和国家利益"这两种情形以外,虽有诽谤行为(当然是错误的),也不能以"诽谤罪"论处。并且,全国纪检监察系统、司法系统、信访系统以及党政部门都采取多种办法,开通多种渠道,鼓励群众自由、便捷地对政府工作提意见和建议,对干部的违法违纪的行为进行举报和投诉。这不仅划清了诽谤"有罪"和"非罪"的界限，而且从法律上充分保障了人民言论自由的权利，也杜绝了干部滥用"诽谤罪"的罪名，打压群众的正当批评，而且促进了言论自由健康、有序的开展。这是对韩非主张言论自由的思想的发展。

八、小　结

韩非的民主思想，虽然只是一个起步，但意义重大，是君主专制下的一次思想革命。对于君主专制而言，是彻底的反对和否定。对于法治而言，它既丰富了法治的人民性，也增强了法治对君主专制的约束力。对于现代民主而言，它是现代民主思想构成的重要基础，也是外来的民主思想能在中国生根的必要土壤。

民主，自由、平等，是人类本性的共同要求。但其具体内涵和形式，各国不尽相同，也不可能完全相同。这是正常现象。长期以来，一提到民主，都认为是从西方进口的舶来品。其实，在我们民族文化中就有丰富的民主思想。韩非的民主思想就是杰出的代表。尽管因为在几千年的封建专制的统治下，韩非的民主思想未能得到发展，但是仍不失为我们民族文化中的瑰宝，在今天仍然有很大的现实意义。

30年来，改革开放的伟大实践充分证明，我们面临的，不仅要弘扬韩非的法治思想，更要弘扬韩非的民主思想。法治和民主，治国之双翼，缺一不可。我们应该借助于这双轮，增强对我们民族文化的自尊和自信，同时借鉴外来的优秀文化，以加强我国的民主和法治的建设，把我国建设成为一个富强、民主、法治、文明、和谐的中国特色社会主义现代化国家。

法治和贤治，不可一无

——论韩非的贤治思想

韩非不仅主张法治，也主张贤治。韩非认为，治国必须"任贤"。"官职，所以任贤也。"（《难二》）只有任用贤臣良吏，君主才能"不穷于智"，"不穷于能"，建功立业，治理好国家。（《主道》）法治和贤治，两者相辅相成，不可一无。没有贤治，法治不可能顺利推行；没有法治，贤治就要失去准绳，就有可能偏离正确的轨道，走向反面。

韩非主张的贤治和儒家主张的贤治，有本质的区别。儒家的贤治，不是依靠法治，而是依靠贤人自身的贤行和表率作用来治理国家。"政者，正（端正）也，子帅（带头）以正，孰敢不正？"（《论语·颜渊》）儒家并不重视法律的建设，贤人治国的经验不能通过法律的形式保存下来。所以，儒家的贤治，是人治。人在政兴，人亡政息。后人无法可依，一切还要从头做起。而韩非的贤治，不仅要依靠贤人的贤行和表率作用，更重要的是依靠法治。贤人治国，必须在法治的约束之下，不能超越法律的范围行事。贤人的治国经验也能被上升到法律的层面，保留下来，继续发挥它的积极作用。所以，韩非的贤治，是人在政举，人亡政存。后人就不必一切从头做起，可以少走弯路。是否在法治的框架下实行贤治，是儒法两家贤治的分水岭。

一、贤臣良吏在治国中的重要作用

贤臣良吏是官吏中的精英，骨干中的骨干，都是"可以明法，便国利民"（《说疑》）之人。在他们的身上继承了我们民族传统中许多优良的品质。

（1）与时俱进，勇于改革。不"守株待兔"（《五蠹》），不怕"大臣苦法而细民恶治"（《和氏》），"不惮乱主暗上之祸患"（《问田》）。（2）循法而治，恪尽职守。"明刑辟（法），治官职，以事其君"。（《说疑》）"尽力守法，专心于事主"。（《忠孝》）。（3）兢兢业业，不辞劳苦。"夙兴夜寐，卑身贱体"（《说疑》）。（4）决策办事，顺应民心。"俗之所欲，因而予之；俗之所否，因而去之"。（管

法治和贤治，不可一无
——论韩非的贤治思想

仲语）"其所善者，吾则行之；其所恶者，吾则改之"。（子产语）（5）奉公守法，不徇私情。不"为故人行私"，不"枉法曲亲"。（《八说》）（6）品行端正，廉洁自律。他们"坚中（品德坚贞）而廉外（行为廉正），少欲（很少私欲）而多信（十分守信）"。（《十过》）（7）赏功罚罪，是非分明。不"赏无功之人"，不"罚不辜之民"。（《说疑》）"诚有功，虽疏贱必赏；诚有过，虽近爱必诛。"（《主道》）（8）谦虚谨慎，不居功自傲。"进善言、通道法而不敢矜（夸耀）其善，有成功立事而不敢伐（夸耀）其劳"。（《说疑》）（9）淡泊名位，不辞卑辱。一心帮助君主功成名就，而自己"不难受壑谷（山沟）鬴（通'釜'）洧（通'鍑'）之卑"（《说疑》）。（洧与鬴同为大口小腹的古代量器，与壑谷地形相似，形容卑下。）（10）为了国家可以牺牲自己的一切。"不难破家以便国，杀身以安主"。（《说疑》）韩非称赞他们是"霸王之佐"（《说疑》）、"足贵之臣"（《奸劫弑臣》）。

对于贤臣良吏的重要作用，韩非强调以下两点。

一是帮助君主富国强兵，成就霸王之业。商汤所以能灭掉夏桀，建立商朝而称王，是因为得到了伊尹的帮助；齐桓公所以能"九合诸侯，一匡天下"而称霸，是因为得到了管仲的帮助；秦孝公所以能改变"国乱兵弱而主卑"，达到"国治而兵强,地广而主尊",主要是因为得到了商鞅的帮助。而伊尹、管仲、商鞅这三个人,都是敢于"变古"(《南面》)、敢于改革之士,都是"明于霸王之术,察于治强之数"的"足贵(值得尊重)之臣"。(《奸劫弑臣》)没有他们的帮助,商汤不能称王,齐桓公不能称霸,秦孝公也不能使国家由乱弱变治强。

二是帮助君主禁奸止邪,治国安民。贤臣良吏"上明主法,下困奸臣"(《奸劫弑臣》)。他们"远见而明察",足以"烛私";"刚毅而劲直",足以"矫奸"。(《孤愤》)只要任用他们,就能使"大臣不得制断(专断),近习不敢卖重(卖弄权势)"(《人主》);"官不敢枉法,吏不敢为私利,贿赂不行"(《八说》);而那些"无令而擅为,亏法以利私,耗国以便家,力能得(控制)其君"的奸臣"必在绳之外矣(必定要受到法制的制裁)"。(《孤愤》)。禁止奸邪,保护国家和人民的利益,贤臣良吏是一支主力军。

二、怎样选任贤臣良吏

怎样才能获得贤臣良吏的帮助呢?韩非认为,君主必须解决好以下两个问题。

法治和贤治，不可一无
——论韩非的贤治思想

一是选贤的问题。韩非认为，选拔贤臣良吏，必须遵守三条原则：（1）"使法择人，不自举也；使法量功，不自度（duó，猜测）也。"（《有度》）要根据法制的要求选拔贤臣，而不凭主观推举；要根据法制的要求考核他的政绩，而不凭主观揣测。（2）不仅"听其言"，更要"观其行"。（《六反》）要在实践中看他能不能按法制的要求做好本职工作，完成交给他的任务。还要看他的主张和办法能不能给国家、人民带来实际的利益。（3）要重视选拔有基层实践经验的人。"宰相必起于州部（当时的一种基层行政机关），猛将必发于卒伍（军队的基层单位）。"（《显学》）官员要"袭节（逐级）而进，以至大任"（《八经》）。这是很有远见的看法。坚持这三条原则，任何想依靠"虚言""浮术""华名""伪事"，取得一官半职的人，都不可能得逞。

韩非特别指出，选贤不能从个人喜爱出发，"选其心之所谓贤者"（《难三》）。从个人喜爱出发，"所贤不必贤也"。"非贤而贤用之"，"则必危矣"。（《难四》）他以燕王子哙（kuài）和吴王夫差（chāi）为例，指出："燕子哙贤子之（子之，燕王子哙的相）而非（否定）孙卿（即荀况，杰出的思想家，韩非的老师），故身死为戮（自己被杀，遭到羞辱）；夫差智太宰嚭（pǐ）而愚子胥，故灭于越。"（《难

113

三》）这都说明，从主观好恶出发，就会贤不肖颠倒、愚智不分，对于君主来讲，是一大祸患。

二是任贤的问题。如何使用贤臣良吏，韩非认为有以下几点。

首先，不能让他们享有法外的特权，必须用法制对他们加强制约。要"尽之以法，质（正）之以备（措施）"（《爱臣》），用法制使他们尽心竭力，用各种措施使他们行为廉正。"人臣虽有智能，不得背法而专制；虽有贤行，不得逾功（在立功之前）而先劳（获得奖赏）；虽有忠信，不得释法而不禁（不受约束）。"（《南面》）只有这样，贤臣良吏才能沿着正确的轨道，依法行使权力，为国家和人民作出应有的贡献。如果不用法制加以制约，贤臣良吏也有可能以权谋私，背叛君主而制造祸乱，危害国家和人民。他列举历史上齐国的田氏（指田成子）篡夺吕氏（指齐简公）的政权，宋国的戴氏（指皇喜）篡夺子氏（指宋桓侯）的政权的事实，明确指出：田成子和皇喜都不是"愚且不肖"之人，而是"贤且智"之士，为什么却干出这种大逆不道的事？主要是因为君主"废常（常道）上（通'尚'，崇尚）贤""舍法任智"，任用他们而放弃了法治原则的缘故。（《忠孝》）

其次，还要对他们加强教育，提高他们廉洁自律的自觉性。

有了这种廉洁自律的自觉性，才能拒腐防变，奉公守法，保持高尚情操，不以权谋私，不以贪渔下，永葆利国利民的高尚品质。他特别讲述了三个贤臣廉洁自律的故事，说明这个问题。

第一个故事是鲁国国相公仪休喜欢吃鱼。全城百姓都争着买鱼送给他，但他一律不受。他认为，收了人家的鱼，就有"下人之色"，就要违背法令为人家办事；违背法令，就要免去相位，结果反而没有鱼吃了。不收人家的鱼，就不会徇私枉法，不会免去相位，还能经常吃到鱼。（《外储说右下》）他不仅对法律有敬畏之心，自觉用法律约束自己，而且很明智，善于权衡得失利弊，不为小失大。

第二个故事是宋国六卿之一子罕是当时所谓的贤人。有人送他一块宝玉。他不肯接受。他说："尔以玉为宝，我以不欲玉为宝。"他看重的不是财宝的价值，而是自己人格的价值。韩非引用老子的话："欲不欲，不贵难得之货"，赞扬了子罕不看重难得之物、不为外物所引的高尚情操。（《喻老》）

第三个故事是赵武是晋国执政的卿。他推荐人才完全出于公心，唯才是举。"外举不避仇，内举不避子。"他一生举荐四十六人，"皆得（符合）其意，而公家甚赖之"。这些被他举荐的人后来都成了国家所倚重的官吏。但他"生也不利于家，死不托于孤"。在世时不用他们为自家谋取利益，死时也不把孤儿托付给他们照顾。他就是这样的公私分明，清廉一生！韩非借用晋国一个大臣的话，称赞他是晋国群臣中最贤能的大夫。(《外储说左下》)

他还从人性的角度，对贤臣必须加强教育的必要性，作了深刻的分析。他说：人都有一种欲望，就是喜欢"五色""声乐""玩好""淫丽"这些"可欲之类"，能够引起欲望的东西。如果放纵这种欲望，就要产生"邪心"，行事就要失去"纲纪"，"祸难"就要发生。"进则教良民为奸，退则令善人有祸。"而奸起祸至，就要"上侵弱君而下伤人民"，犯下"大罪"。(《解老》)这不仅揭示了贤臣也会犯罪的内因，而且也揭示了一条人性由善变恶的重要规律。正是看到了这一点，韩非主张，贤臣良吏要从自身着手，不纵其欲，不生邪心，遵守纲纪，加强自律。要心有"纲纪"，心有所畏。虽见"可欲之类"，也不为"动"，也不为"引"。(《解老》)这是拒腐防变的唯一正确的途径。

韩非揭示的这一条人性由善变恶的规律，在今天仍然适用。我们有许多干部，包括久经考验的老干部和政绩斐然的年轻干部，为什么老来不能保持晚节，正在有为之时却又落马呢？不就是因为在"可欲之类"的引诱面前，不能自律，私欲膨胀，而失去"纲纪"，堕入权钱交易、权色交易的泥潭，不能自拔，而蜕化变质，成了国家和人民的罪人吗？这个教训在今天同样不能忽视。只有根据法治的原则，对干部加强教育和制约，这才是明智之举，也是爱护干部、防止有人腐败堕落、蜕化变质的根本措施，利国利民，意义重大。

除此之外，任用贤臣良吏，还要注意以下几点。

一是必须重用厚赏。"贤材（通'才'）者处厚禄，任大官；功大者有尊爵，受重赏。"这样，"贤者不诬（欺骗，隐瞒）能以事其主，有功者乐进其业，故事成功立"。（《八奸》）

二是既要放手让他们施展才智和抱负，又不能放任不管。君臣应该"各守其职"（《外储说左上》）。君主不应越俎代庖，包揽臣子应做的事。必须放手让臣子去处理政事，充分发挥他们的才智，把国家治理好。但是，又不能放任不管。有些事情，大臣没有处理好，君主还得过问，并依法作出决断。如果君主不闻不问，"不上断于法（不在上面按法制决断事情），而信下为之（一切听信臣下随便去处理）"，"则上下不别矣"，君臣之间就没有区别了。（《有度》）这也不能治理好国家。

三是必须虚心纳谏，听取忠言。韩非认为，贤臣良吏都是正直之士。他们对君主的进言和批评都是"为国，非为身（自己）也"（《十过》）；都是为了"振（救）世（为社会兴利除弊）"（《说难》）、"救危国（挽救濒临危亡的国家）"（《安危》）的。尽管这些批评听起来"小逆在心"，但"久福在国"（《安危》）。君主应"明于臣之所言"（《说疑》），"以福拂耳（为了国家长久的利益听取逆耳忠言）"（《安危》）。这样，才不会失去忠直之士的帮助，而治理好国家。韩非指出，讳疾忌医（《喻老》），"过而不听于忠臣，而独行其意"，十个要有十个要带来"穷身""亡国""杀身"之祸。（《十过》）君主要以此为鉴，免蹈历史覆辙。

　　四是要明辨忠奸，保护忠臣。韩非认为，忠臣和奸臣本是"不可两存之仇"（《孤愤》）。贤臣良吏"清廉事上"，"守法不朋党治官"（《奸劫弑臣》）；"不以货赂事人"，"不以枉法为治"，"不事左右，不听请谒"。（《孤愤》），不"为奸利以弊（通'蔽'）人主"，不"行财货以事贵重之臣"。忠臣"之为人，固左右奸臣之所害"。他们"被众口之谮（zèn，诬陷）"、"群臣之毁言（毁谤）"，是必然的事。（《奸劫弑臣》）因此，君主对这些诬陷和毁谤，必须"众端以参观"（《备内》），多方面地加强检验、验证，以查明事实真相，分清真假是非。这样，才不会伤害忠臣，而让奸臣的阴谋得逞。历史上，"忠臣危死于非罪，奸邪之臣安利于无功。""良臣伏（隐退）"而"奸臣进"，而导致国家"乱弱"的事例，不可胜数。(《有度》)韩非还特别提出"三人成虎"的故事(《内储说上七术》),告诫君主不可轻信流言蜚语,以免冤枉好人。

三、治国不仅要有贤臣,更要有贤君

要治理好国家,韩非认为,不仅要有贤臣,还必须有贤君。只有贤君和贤臣上下一致,戮力同心,国家才能治理好。当时,对齐桓公称霸有两种说法:一种认为,是靠"臣之力";一种认为,是靠"君之力"。韩非明确指出,这两种说法都是片面之词,"皆偏辞也"。齐桓公称霸,既"非专(只,下同)君之力也,又非专臣之力也"。"凡五霸所以能成功名于天下者,必君臣俱有力焉。"(《难二》)他又以尧为例,明确指出:尧所以能把国家治理好,做到"道行"而"德结","临之而治,去之而思"(《安危》),一是因为尧能按照法治原则和民意办事。"明君之道忠(通'中')法,其法忠心。"(《安危》)二是因为得到贤臣舜的帮助。所以,尧才能有"太山(即泰山)之功长立于国家,而日月之名久著于天地"(《功名》)。这是君臣共建的成果。

在贤君和贤臣之间,韩非认为,贤君占主导地位,起决定性作用。贤臣能不能有所作为,还要取决于有没有贤君。

只有君主贤明，贤臣才能有所作为。韩非特别讲述了楚庄王不顾亲情，坚决支持执法官公正执法的故事。当时，楚国有条法令，无论何人马车不能到达宫室的第二道大门；否则执法官有权斩断车辕，击杀驾车的马。有一天，太子应楚庄王急召进朝。因庭院内有积水，无法下走，就把马车一直赶到第二道大门。执法官加以劝阻，太子不听。执法官就击杀了他的马，毁了他的车。太子要求楚庄王杀了这个执法官。楚庄王不仅不杀这个执法官，反而称赞他"真吾守法之臣也"，并把他的爵位提升两级。对太子则严加批评，让他从后门出去，告诫他："勿复过！"（《外储说右上》）这个执法官幸亏遇到楚庄王，如果碰上一个昏君，他早就人头落地了。

不过，贤臣遇到昏君而遭杀身之祸的事例，在历史上是屡见不鲜的。韩非指出："昔关龙逄（páng）说（shuì，劝谏）桀而伤其四肢，王子比干谏纣而剖其心，子胥忠直夫差（chāi）而诛于属镂（zhǔlòu，剑名）。此三子者，为人臣非不忠，而说非不当也，然不免于死亡之患者，主不察贤智之言，而蔽于愚不肖之患也。"（《人主》）

可见，要治理好国家，不仅要有法治，也要有贤治；不仅要有贤臣，还要有贤君。只有法治和贤治相结合，贤君和贤臣相结合，才能团结人民，聚合成坚无不摧、攻无不克的强大力量，使国家富强，长治久安。

四、打造一支现代贤臣良吏的干部队伍

现在，历史虽然已经过去两千多年，已经进入了民主、法治的新时代。但是，韩非的贤治思想并没有过时，仍然有很大的现实意义。

我们面临的形势是：四十多年来，在党中央正确、坚强的领导下，我国在改革开放、建设中国特色社会主义事业中，已取得了史无前例、举世瞩目的伟大成就。综合国力大大加强，国际地位也大大提高。全党、全国人民都在为实现"两个100年"的奋斗目标和中华民族伟大复兴的中国梦奋力拼搏，艰苦奋斗。现在，道路、方向、路线都已决定了，干部就是决定的因素。但是，现在的吏治情况并不能令人满意。干部中以权谋私、贪污受贿、买官卖官、违法违纪、损害国家和人民利益的现象还严重存在，已经到了令人切齿的地步。干部中形式主义、官僚主义、享乐主义、奢靡之风这"四风"也严重存在，背离了党的根本宗旨和根本路线，辜负了人民群众的期望。这种现象已经严重影响到党的执政基础和执政地位。现在，急需有一支现代化的贤臣良吏的干部队伍：他

们忠于党、忠于国家、忠于人民。他们不墨守成规，不因循守旧，敢于改革，敢于创新。不仅有很强的宗旨意识、法治意识和民主意识，而且有很强的群众观点，思想、道德、作风过硬，执政能力强，执政水平高，服务态度好。不仅忠于职守，清正廉明，依法行政，执政为民，坚决保障人民群众的经济、政治、文化、社会等各项权益，而且一身正气，疾恶如仇，面对矛盾，是非分明，敢于碰硬，敢于担当，敢于同一切违法违纪、贪污腐败、害国伤民的行为和不正之风作坚决的斗争。只有这样的干部队伍，才能改变当前干部队伍的状况。因此，加强干部中贤臣良吏的培养、选拔和任用，加强干部队伍的教育、整治和整体建设，建造一支强大的高素质、高水平的干部队伍，是形势所需，当务之急，刻不容缓。只有把这项工作抓紧、抓好了，我们党才有希望，国家才有希望，人民才有希望，"两个100年"的奋斗目标和中华民族伟大复兴的中国梦，才能实现。

分清是非，国治民安
——论韩非的是非观

一、是非问题关系国家安危

韩非说："安危在是非，不在于强弱。"（《安危》）这就是说，国家的安危，取决于能否分清是非，而不在于国力的强弱。对一个国家来说，分清是非比国力强大更重要。这是历史经验的深刻总结，也是韩非的政治远见。

韩非以夏桀为例，指出：不分是非，赏罚颠倒，丧失人心，强大的国家也要被弱小者推翻。"夏桀，天子也，而无是非：赏于无功，使谗谀以诈伪为贵；诛于无罪，使伛以天性剖背。以诈伪为是，天性为非，小得胜大（所以封地很小的商汤，也能战胜拥有广大领土的夏桀）。"（《安危》）

韩非又以楚庄王为例，指出：分清是非，赏罚严明，国家就能强大，称霸天下。当时，楚国有条法令，无论何人，马车不能到达君主宫室的第二道门；否则，执法官有权斩断车辕，击杀驾车的马。有一天，太子应急召进朝。庭院中有积水，无法下走，就把马车赶到了第二道门。执法官劝阻不听，就拿起兵器"击其马，毁其驾"。太子就向楚庄王哭诉，要求杀了执法官。但楚庄王却说：这个执法官，不因前面有年老的君主而害怕，就越规办事；也不因后面有要接位的太子而畏惧，就去依附，"真吾守法之臣也"。不仅不杀这个执法官，反而把他的爵位提升两级，并告诫太子："勿复过。"不要再犯这样的错误。（《外储说右上》）由于他明辨是非，赏罚严明，对内兴利除弊，举贤锄奸，结果"邦大治"；对外战胜强敌，会合诸侯，"遂霸天下"。（《喻老》）

二、是非问题无处不在

对一个国家来说，是非问题是无处不在的。韩非列举了治国的七条"安术"和六条"危道"，实际都是是非问题。

七条"安术"："一曰赏罚随是非，二曰祸福随善恶，三曰生死随基本上法度，四曰有贤不肖（才德不好的人）而无爱恶，五曰有愚智而无非（通'诽'）誉，六曰有尺寸（比

分清是非，国治民安
——论韩非的是非观

喻衡量事物的客观标准）而无意度（duó，猜测），七曰有信而无诈。"（《安危》）这七条安术，就是分清是非之术。赏罚都以事实和法律为根据。对于一个人的"贤"或"不肖"，"愚"或"智"，都根据他的实际表现和对他的实际考核来评定，而不凭自己的"爱恶"和别人的"非（通'诽'）誉"来决定。衡量事物都有客观标准（"尺寸"），而不凭主观"意度"。发布命令都恪守信用，不搞欺骗（"有信而无诈"）。韩非认为，这就是"治世"。"治世使人乐生于为是（在做好事中生活下去），爱身为为非（爱惜自身，不做坏事），小人少而君子多，故社稷长立，国家久安。"（《安危》）

六条"危道"："一曰斫（zhuó，用刀斧砍）削（比喻诛杀）于绳之内（指守法的人），二曰断割（比喻制裁）于法之外（指没有犯法的人），三曰利人之所害，四曰乐人之所祸，五曰危人之所安，六曰所爱（敬重）不亲，所恶不疏。"（《安危》）这六条危道，都是是非不分之道。对守法的和不违法的人，乱加杀戮和制裁。从加祸于人中谋取利益，把别人的灾祸当作自己的快乐，在别人平安时去危害他。无是无非，善恶不分。韩非明确指出："如此，则人失其所以乐生（失去乐于生存的愿望），而忘其所以重死（没有怕死的想法）。人不乐生，则人主不尊；不重死，则令不行也。"（《安危》）这样的办法不改变，国家必然乱亡。

韩非还从政治、经济、文化、思想、军事、外交等方面，对历史上许多国家的兴衰存亡的事实进行了广泛的考察和总结，在《亡征》一文中，列举了四十七种可能导致亡国的征兆，进一步说明不分是非对治国安民的严重危害。列举数例如下：

1. 法禁松弛，荒于治内。"简法禁（轻视法律禁令）而务谋虑（致力于玩弄计谋），荒封内（荒废国内的治理）而恃交援（依赖国外的救援）。"

2. 只凭个人的智能——"辞辩（能说会道）"、"心智（头脑聪明）"，"多能（多才多艺）"——办事，"而不以法度从事"。

3. 吏治腐败，用人唯亲。"官职可以重（依靠权势）求"，"爵禄可以货（用钱财）得。""亲臣进（亲信的臣子被进用）而故人退（原来的臣子被辞退），不肖用事（德才不好的人执掌政事）而贤良伏（德才好的人被埋没）。"

4. 赏罚不公。"私门之官用（豪门贵族的属吏被任用），马府（主管立功将士名册的机构，这里指立过军功的人）之世（后代）绌（通'黜'，不用，被排斥）；乡曲之善举（乡村里有善名的人被选拔），官职之劳废（在职官员的功劳被抹杀），贵（看重）私行（谋私利的行为）而贱（轻视）公功（为国家立功的人）。""无功贵（没有功劳的人地位显贵）而劳苦贱（劳苦有功的人地位低下）。"

5. 听言不用事实检验，偏听偏信。"听以爵（听取意见只根据爵位的高低）而不待参验（检验），用一人为门户（只通过一个人来听取意见）。"

6. 爱听浮夸、动听的言论，不考虑是否合法和实用。"喜淫辞（爱好浮夸的言辞）而不周于法（不求合乎法度），好辩说（喜欢好听的说辞）而不求其用（实用），滥于文丽（陶醉于华丽的文彩）而不顾其功（功效）。"

7. 贪图享乐，劳民伤财。"好宫室、台榭（建在高台上的敞屋）、陂池（池沼），事（爱好）车服（车马的服饰）器玩（供玩赏的器物），好罢露百姓（喜欢搞得百姓疲惫不堪），煎靡货财（挥霍浪费百姓的钱财）。"

8. 不听劝谏，刚愎自用。"很（通'狠'）刚（凶狠暴戾）而不和，愎谏（固执己见，不听劝谏）而好胜，不顾社稷（国家）而轻为自信（自以为高明）。"

9. 暴虐无道。"简侮大臣，无礼父兄，劳苦百姓，杀戮不辜。"

10. 狂妄自大，轻视敌国。"大心（狂妄自大）而无悔（悔悟），国乱而自多（自以为治理得很好），不料（估量）境内之资（实力）而易（轻视）其邻敌。"

11. 胆小怕事，优柔寡断。"怯慑（qiè shè，胆小怕事）而弱守（不能坚持自己的意见）"，问题"蚤（通'早'）见而心柔懦（内心柔弱不敢去解决）"，事情"知有（通'又'）谓可（知道了又说可以做），断（决定了）而不敢行。"

12. 思想松垮，胆小怕事，没有定见。"缓心而无成（思想松垮，不求有成），柔茹而寡断（软弱胆怯而优柔寡断），好恶无决而无所定立（好坏不能判断而又没有定见）。"

13. 大臣专权，结党营私。"大臣甚贵（地位很高）"，"偏党众强（党羽众多，势力强大）"，"壅塞主断而重擅国（能封锁君主的决定而又独揽国家大权的）"。

14. 特权膨胀，而人主不禁。大臣"禄秩（俸禄等级）过功，章服（旗章、车服）侈（超过）等，宫室（住房）供养大（通'太'）侈（奢侈），而人主弗禁"。

15. 官民皆贪，贪财贪势。"饕（tāo，极度贪欲）贪而无餍（yàn，满足），近（追求）利而好得（得势）。"

16. 迷信鬼神、占卜。"用时日（办事挑选吉日良辰），事（敬奉）鬼神，信卜筮〔shì，相信用龟甲和蓍（shī）草判断吉凶的迷信活动〕，而好祭祀（祭神祀祖）。"

17. 官吏争权夺利，危害百姓。"贵臣相妒，大臣隆盛（权势很大），外借（依靠）敌国（对等的国家），内困百姓，以攻怨仇（和自己有怨仇的人），而人主弗诛。"

18. 国家无守战之备，轻易攻打。"无地固（坚固的攻守地形），城郭（内城和外城的墙）恶（修筑得不好），无畜（通'蓄'）积，财物寡，无守战之备而轻攻伐。"

19. 大臣专断独行，无所请示报告。"出军命将（带兵在外的将军）太重（权势太大），边地任守（驻守边疆的长官）太尊（地位太高），专制擅命（专断独行），径（直接）为而无所请。"

20. 贫富不均等。"公家虚而大臣实，正户（有固定户籍的人）贫而寄寓（无固定户籍而客居的人）富，耕战之士困，末作（从事工商业的人）利。"

如此等等，无一不是不分是非的问题。正确的事，合理合法的事，便国利民的事不去做；错误的事，非法悖理的事，害国伤民的事却大行其道。韩非指出，这些现象都是亡国的征兆，真是发聋振聩。

三、分清是非的标准

分清是非不是一件简单的事。什么是"是"，什么是"非"？不同的立场，不同的观察角度，对同一个问题，会有不同的甚至相反的看法。所谓"仁者见仁，智者见智"，"公说公有理，婆说婆有理"，就是说的这种情况。是不是大千世界就无是无非了呢？当然不是。在韩非看来，分清是非是有客观、公正的标准的。

（一）必须坚定人民的立场，以国家、人民的利益为判断是非的最高标准

"便国利民"则为"是"；"害国伤民"则为"非"。(《说疑》)"群臣百姓之所善"，则为"是"；"非群臣百姓之所善"，则为"非"。(《八奸》)

（二）必须"以法为本"（《饰邪》），把法律作为判断是非的重要标准

"明法"则为"是"，"败法"则为"非"。(《说疑》)"慎法（遵守法令）"则为"是"，"奸（通'干'，触犯）令"则为"非"。(《定法》)韩非说得好：法如"镜"、"衡（秤）"。镜子只要保持明亮，"美恶（丑）"自行就在镜子中显示出来了。秤杆只要保持平正，"轻重"自行就在秤杆上衡量出来了。镜子和秤是最公正无私的。法律也是这样：只要公正执法，不管什么人、什么事，是非善恶都能分辨清楚。

（《饰邪》）所以。英明的君主都把法律作为治国的根本。

（三）必须坚持唯物的观点，一切从实际出发，以事实作为判断是非的唯一根据

韩非认为，"圣人"的认识（判断）都产生于对客观事物的反复、深入的"督（考察）参（检验）"之后，"未尝用己"，从来不用自己的主观臆断。（《扬权》）这就是说，客观存在是第一位的，认识（判断）是第二位的。认识（判断）事物必须以事实为唯一根据，不能凭主观臆断，但事实有真有假。篡改的、歪曲的、捏造的事实，常常蒙住了许多人的眼睛，做出了错误的判断，害了许多无辜的人。怎么办？韩非提出了一个极有价值的办法，就是：听言必须"众端参观"，从各方面加以检验，以判断事情的真相，不能"听有门户"，偏听偏信。他以和氏献璧，先后两次都被楚厉王、楚武王误认为是石头，而被以欺骗罪断了两足，后来楚文王经过实际检验，才证明是一块宝玉的故事为例，说明只有对事物进行实际的检验，才能辨明真假是非，不伤害好人。掌权者、执法者，岂能无视检验，任性判断是非？

（四）必须以客观规律作为判断是非的重要依据

韩非认为：客观规律是"万物之所然"，是客观事物本来面目的真实体现，不以人们意志为转移的。人们只能适应它，不能违拗它。所以，客观规律不仅是治理国家的根本方法，也是判断是非的准则。"道者，……是非之纪也。""缘道理以从事者"则为"是"，"无不能成"。"弃道理而妄举动者"则为"非"，"虽上有天子诸侯之势尊，而下有猗（yī）顿、陶朱、卜祝之富，犹失其民人而亡其财资也"。（《解老》）再如，遵守天时，是农作物生长的规律。遵守它，则为"是"。违反它，则为"非"。"得天时，则不务而有生。非天时，则十尧不能冬生一穗。"（《功名》）

（五）必须以道德规范作为判断是非的标准

韩非说："四封之内所以听从者，信与德也。"（《诡使》）这就是说，人民是否听从国家的法令，是以统治者是否守信、有德于民为判断的标准的。说话算数，说到做到，则为"是"，就能取信于民，"尽民能"（《八经》）。说话不算数，欺骗人民，则为"非"，就要失信于民，令不行，禁不止，国家就要乱亡。有德于民，"振（通'赈'，救济）贫穷而恤孤寡"（《外储说右上》），使天下"民之生莫不受其泽"

(《解老》),则为"是","民将归君"(《外储说右上》)。暴虐无道,贪图享乐,"劳苦百姓,杀戮不辜"(《亡征》),则为"非","伏怨乃结"(《用人》),"民将背叛"(《八说》)。

(六)必须运用辩证思维作为判断是非的利器

韩非认为:判断是非必须具体分析。

1. 必须用发展的眼光看问题。事物都是发展的,不是静止不变的。一件事情过去认为是对的,而今却变成错的了。反之亦然。这都是正常现象。例如,以仁义治国,在"竞于道德"的"上古"时代是对的。周文王"行仁义而怀(感召)西戎,遂王天下"。但是,到了"争于气力"的"当今"时代(春秋战国时代)就错了。徐偃王"行仁义割地而朝者三十有(通'又')六国"。但他不仅未能"王天下",而且一下子就被楚文王灭掉了。楚文王"惧其害己也,举兵伐徐,遂灭之"。可见,"仁义用于古不用于今也"。(《五蠹》)只有从发展上来看,以仁义治国的是非才能看清楚。

2. 必须用联系的观点看问题。事物不是孤立的,都是有联系的。判断一件事情的是非,必须和有关的情况联系起来看,才能作出正确的判断。例如,诈伪,孤立地看,这是人所不齿的行为。但是,联系它的对象来看,就不一定都是坏事。"诈其民"，当然是错误的，有害的。这将失信于民，危害国家。但是，"诈其敌"，则是正确的，有益的。特别是在战争中，在敌众我寡的情况下，以诈遇敌，是一种必不可少的战术。它可以迷惑敌人，打乱他的部署，乘其不备，"战而胜"之，使"国安而身定，兵强而威立"，其利"莫大于此"。（《难一》）

在判断是非的问题上，韩非特别指出，必须反对以下几种扰乱是非的错误言行：（1）"言行而不轨（合）于法令"的。（《问辩》）（2）"诬情"，"诬事"（《说疑》），隐瞒真情，歪曲事实的。（3）"言是如非、言非如是"（《说疑》），颠倒是非的。（4）"无参验而必之。"（《显学》）还没有对事实进行检验，就对它的是非做出判断的。（5）"弗能必而据之。"（《显学》）还没有对是非做出正确的判断，就引以为据的。（6）"造言作辞"，"非世""惑下"。制造谣言和怪论诽谤现实，蛊惑人心的。（《诡使》）（7）脱离实际，用诡辩（俗称讲歪理）的方法做出似是而非的错误推断的。例如，春秋时赵国的虞庆（即虞卿）造屋。他用潮湿的椽子（盖房顶时用来承载砖瓦和潮湿的泥土的木条）造屋。匠人说，椽子是潮的，上面的泥土又是湿的。湿的泥土是重的，椽子就要被压弯。时间长了房顶必然要变形坏裂。但虞庆不听，他认为："材（木料，指椽子）干则直，涂（泥土）干则轻。""虽久，必不坏。"事实上，木条被压弯以后，不会因为干燥了而自行变直的。匠人无话可说，就按照他的意思把房子造成了。"有间（不久），屋果坏。"韩非评论道：匠人的话，是切合实际，反映必然的"无易（不可改变）之言"。而虞庆的话则是"文辩辞胜而反事之情（实际）"（即文辞动听胜人却违反实际）的"无用之辩（诡辩）"。（《外储说左上》）办事以诡辩为根据，没有不失败的。

分清是非，就是要讲道理，分清什么是真善美、什么是假恶丑，什么是合理合法的、什么是悖理违法的，什么是符合道德人情的、什么是违反道德人情的，什么是符合国家人民利益的，什么是损害国家人民利益的。只有分清这些问题，才能叫做分清是非，才能使人民安居乐业，使国家富强稳定，永远立于不败之地。

四、小　结

分清是非绝不是小事，而是关系国家、人民的前途和命运的大事。分清是非，赏罚严明，是国家政治昌明、社会稳定的标志。不分是非，赏罚颠倒，是国家政治黑暗、社会混乱的表现。韩非特别强调，只有分清是非，赏罚严明，国家才有光明、美好的前途。"忠臣劝"而"邪臣止"(《饰邪》);"贤良遂进而奸邪并(通'摒',排除)退(斥退)"(《说疑》)。"小人少而君子多。"(《安危》)"功多者位尊,力极者赏厚,情尽(竭尽忠诚)者名立。"(《守道》)"善之生如春,恶之死如秋。"(《守道》)"人乐生于为是(做好事),爱身于为非(爱惜自身不做坏事)。"(《安危》)"天下皆极智能与仪表(标记,标准,比喻国家法令),尽力于权衡(权:秤锤;衡:秤杆。权衡:比喻国家法令)",在国家法令规定的范围内充分发挥自己的智慧、才能和力量;"以动(指打仗)则胜,以静(指治国)则安"(《安危》)。"外无敌国之患,内无乱臣之忧","长安于天下,而名垂后世"(《奸劫弑臣》)。

历史告诉我们,分清是非,国治民安。不分是非,祸国殃民。这个历史的经验教训,永远不能忘记。

韩非关于分清是非的思想主张,已经过去两千多年了。但在今天这个民主、法治的大时代,对一个国家来说,仍然有着十分重要的指导意义。分清是非,不仅是正确治国的先决条件,也是治国安民的根本保证。只有分清了是非,在上层才能有正确的民主、法治的决策措施;在基层才能有正确的民主、法治的落地生根。只有这样,民主法治,自由平等,

分清是非，国治民安
——论韩非的是非观

公平公正，和谐安定，国富兵强，才能成为光辉、灿烂、美好的社会现实，国家才能兴旺发达，长立于世界之林，人民才能幸福安康，永远生活在阳光之下。

尊重自然，尊重人性

——论韩非的"天有大命，人有大命"

韩非认为："天有大命，人有大命。"（《扬权》）自然界有普遍的法则；人类也有普遍的法则，人性就是人类普遍法则的体现。治理国家，不仅要实行法治，而且要遵重自然和遵重人性，"不逆天理（不违背自然法则），不伤情性（不伤害人的本性）"。这是治理好国家的最高原则和根本保证。治理国家，只要做到"因道全法"，遵循客观法则，全面把握国家的法度，才能建成"至安之世（最安定的社会）"："君子乐而大奸止。""人无离（通'罹'lí，触犯）法之罪，鱼无失水（脱离河水）之祸。如此，故天下少不可（天下的事情就很少有行不通的了）。"（《大体》）

自然界的普遍法则是不以人们意志为转移的。人类只能遵循，不能违背。遵循自然法则办事，就能得到自然的馈赠；

尊重自然，尊重人性
——论韩非的"天有大命，人有大命"

违背自然法则办事，就要受到自然的惩罚。例如农业生产，"得天时，则不务而自生。""非天时，虽十尧不能冬生一穗。"(《功名》)按时耕种，就有收获；违背天时，就要颗粒无收。

韩非认为，治理国家，必须观察和了解自然，遵循自然的普遍法则办事。"望天地（瞭望天地的变化），观江海（观察江海的水流），因（凭借）山谷（顺应山谷的高低），（遵循）日月所照，四时所行，云布风动（等自然法则的变化）。"(《大体》)这样才能成功。例如，农业生产，必须"慎（通'顺'）阴阳（指气候的寒暖）之和（适合）"，"节四时（指春夏秋冬二十四个节气，如立春、惊蛰、清明等）之适"，"察于土地之宜（合适）"，顺应气候的变化，按照时令节气，选择适合的土地，适时耕种。经营畜牧业，必须"务于畜养之理"，掌握牲畜的饲养规律。这样才能"六畜遂（兴旺），五谷殖（增产）"，获得丰成。(《难二》)

自然界不仅给人类提供了生活资料的来源和生产资料的来源，而且给人类提供了清新、美丽、舒适的生态环境，如空气、阳光和水，山川平原，江河湖泊，鸟兽虫鱼，花草树木等。自然是生命之母，人与自然是生命共同体。人类必须敬畏自然，尊重自然，顺应自然，保护自然。韩非特别提出，对生态环境，人类必须保护，不能随意破坏。他指出，让臣下操（拿着）

钩，视规矩（瞄准规矩画圆、画方；规矩，画圆、画方的工具），举绳墨（弹起墨线），而正（整治）太（泰）山"的事，是违背自然，"败太山之体（整体）"的愚蠢行为。结果只能失败，事与愿违。"虽（即使）尽力（用尽气力）于巧（在技巧上），极盛于寿（特别长寿），太山不正（仍不能得到整治）。"（《大体》）两千多年前，韩非就提出了要保护生态环境的主张，是难能可贵的。

韩非认为，大自然虽不能随意破坏，但可以合理开发利用。例如，开荒种地，这是增产粮食，富国富民的措施，是必要而有益的。韩非是积极主张的。对于不重视开荒种地的现象，他批评道："不能辟草（指荒地）生粟，……不能为富民者也。"（《八说》）

关于人类的普遍法则，在韩非看来，人有两种属性：（1）自然属性。（2）社会属性。这两种属性既有联系，又有区别，构成人类的普遍法则。

人的自然属性是天生就有的，不以人们意志为转移的。只能顺应，不能违抗。例如"饥而食，寒而衣"，这是人类生存必不可少的自然条件。治理国家，能顺应人民的这个自然要求，解决人们吃饭、穿衣的问题，它的治国方法，就会不令而行，"不令而自然也"。如果强迫人们去掉饥寒的自

尊重自然，尊重人性
——论韩非的"天有大命，人有大命"

然要求，不衣不食，即使沿用古代圣王的治国方法，也行不通。君主也"不能安（安宁）"。（《安危》）

再如，人智慧和力量都是有局限性的，不是什么事都能成功的。韩非认为："天下有信数（定数，必然的道理）三：一曰（是，下同）智有所不能立，二曰力有所不能举，三曰强有所不能胜。"（《观行》）这就是说，人不是万能的。人的智慧再高，总有不能办成的事；力气再大，总有不能举起的东西；人再强悍，总有不能打败的对手。"故势有不可得，事有不可成。"（《观行》）客观形势总有不具备的，事情总有不能办成的。这种人性是不可改变的，只能顺应，不能违背。顺应这种人性，用人从实际出发，考虑客观可能性，就能成功。"明主立可为之赏，设可避之罚。"（《用人》）这样就能调动臣下的积极性，"尽人之智"，"尽人之力"（《八经》），把国家治理好。如果脱离实际，超出客观可能的范围，要求人去办无法办到的事，则没有不失败的。"人主立难为而罪不及，则私怨生；人臣失所长而奉难给，则伏怨结。"（《用人》）君主树立难以达到的标准，而去怪罪臣下没有达到，臣下就会产生私怨；让臣下丢掉自己的特长而去从事难以做到的事情，臣下心里就积下怨恨。不仅事情不能办成，而且招徕天怒人怨。

对于君主来说，也是为此。"力不敌众，智不尽物。"（《八经》）必须依靠众人的帮助。要听取忠言，以"饰（通'饬'chì）其身"，而"致其功"（《说难》），端正自己的言行，建立自己的功业。韩非指出，君主"过而不听于忠言，独行其意"，就有乱亡之祸。（《十过》）

人的社会属性是后天产生的，和自然属性既有联系，也有区别。有些社会属性虽然也是本性难移，但在一定的条件下，却可以转化。例如"好利恶害，夫（任何）人之所有也。"这是人人都有的本性。（《难二》）平民有，做官的也有。"民者，好利禄而恶刑罚。"（《制分》）"为人臣者，畏诛罚而利庆赏。"（《二柄》）这种本性不可改变，但可以因势利导，用赏罚之法把它向有利于国家和人民的方向引导。"设民之所欲（即爵禄）以求其功，故为爵禄以劝（鼓励）之；设民之所恶（即刑罚）以禁其奸，故为刑罚以威（威慑）之。"（《难一》）这就是说，可以用"爵禄"鼓励人们立功受奖；用"刑罚"使人害怕，不敢犯法而避害。这就把坏事变成好事，使人们避开作奸受罚的邪路，把人们引向立功受赏的大道。既有利于国家和人民，也有利于个人。

但是，这种"好利恶害"的本性，如不加以正确引导，放任自流，就要做出损人利己，甚至危害国家和人民的坏事。

尊重自然，尊重人性
——论韩非的"天有大命，人有大命"

如："利人之所害"，"乐人之所祸"，"危人于所安"。（《安危》）韩非指出，这种行为不仅害人，也危害国家的安定，是治国之"看道（术）"（《安危》），必须加以制止，严重的还要加以法律的制裁。

再如，人都有自利之心，"皆挟（有）自为心（为自己打算的想法）"（《外储说左上》）。这也是不可改变的。但这种"自为心"有两重性。既可以做"害人"的坏事，也可以做"利人"的好事，关键就看用什么方法来利己。"以利之为心（以对人有利为出发点），则越人（比喻关系疏远的人）易和（和好）；以害之为心，则父子（比喻关系亲密的人）离且怨（埋怨）。"例如：雇主为了使自己的土地耕得深，田里的杂草锄得细，就给雇工较好的饭食和工钱。雇工为了吃得好一些，工钱拿得多一点，就出力快速地耘田耕地，使劲整理好沟槽田埂。尽管各自的出发点都是为了利己，但都是以利人的办法达到利己的目的。结果促进了和谐，实现了互利双赢。（《外储说左上》）

韩非认为，以利人的方法达到利己的目的，这是互利双赢，不是自私。只利己不利人，甚至害人，这才是自私。自私是万恶之源，必须坚决反对。对于采取种种害国伤民的办法来满足个人私欲、私利的贪官污吏、乱臣贼子以及盗贼奸邪之人，韩非认为，必须绳之以法，用严刑重罚，加以制止，决不宽恕。

在韩非看来，每个人都有个人利益。韩非并不否认个人利益，但主张个人利益必须合法，取之有道。个人利益不能损害国家利益。对于只考虑个人利益，不顾国家利益的行为，韩非是坚决反对的。他举例说，鲁国有个人跟随国君去打仗，"三战三北"，多次打仗，多次败逃。孔子当时任鲁国司寇（相当于相），就问他为什么多次败逃，他说"吾有老父，身死莫之养也。"孔子认为他很有孝心，就"举而上之"，提拔他做了官。韩非认为，鲁人虽有孝心，但行为是违法的。孔子提拔了鲁人是错误的，造成的结果是打仗时"鲁人易降北"。像孔子这样"举匹夫之行（推崇个人谋私利的行为），而求致社稷之福（却去谋求国家的利益），必不几矣（一定没有希望了）"（《五蠹》）。

韩非主张，在个人利益和国家利益之间，应把国家利益放在第一位。"欲利而（你，下同）身，先利而君；欲富而家，先富而国。"（《外储说右下》）这是正确处理个人利益的做法。

韩非认为，人的本性中都有一种不受欺凌、暴虐和侵害的反抗性和自尊心。这种人性也必须受到尊重。他反对高人一等，蔑视民众，粗暴执法的行为。他指出，让臣下"带干将（古代利剑名）而齐（治理）万民"，手持利剑强迫民众

办事的行为，不仅违法，也是"伤万民之性（本性）"的愚蠢行为。结果"民不能齐"，事情也没有办好。(《大体》)

　　韩非关于人和自然的论述，在全面推行法治的今天，仍有现实意义。可以借鉴，结合法治，"因道全法"(《大体》)为中国的强大和中华民族的复兴，作出新的贡献。

战争的目的：抵御外侮和完成统一
——论韩非的战争观

韩非认为，战争的主要目的有两个：一是抵御外侮，打败来犯的侵略者；二是消灭封建割据，建立统一的国家。二者是既有区别，也有联系，都是为了国家和人民的安全。

一、须有备而战

在抵御外侮方面，韩非强调要"治内以裁外（制裁天下）。"（《忠孝》）"严（加强）其境内之治，明其法禁，必（坚决）其赏罚，尽其地力以多其积，致其民死（竭尽死力）以坚其守"，使别国来攻，"其利少"而"其伤大"。即使"万乘之国"也不敢在如此"坚城之下"把自己拖垮，而让其"强敌"钻它的空子。韩非认为，只有加强了战备，这才是国家的"不亡之术"。（《五蠹》）

战争的目的：抵御外侮和完成统一
——论韩非的战争观

为了国家的安全，韩非主张，"外无怨仇于邻敌，而内有德泽于人民"。此外，必须实行睦邻友好的政策。"其遇诸侯也外有礼义（在外交上讲究礼仪）"，争取"希（同'稀'）甲兵"。（《解老》）但是对于"诸侯之求索"，必须坚持原则依法对待。"法则听之，不法则距（通"拒"）之"（《八奸》），不能损害国家的根本利益。

在战争中，面对来犯的强大敌人，弱者怎么办？韩非认为，只有联系起来，共同御敌，才有生路。他举例说，春秋时期，晋国的智伯是四之一，势力最强，贪得无厌。他共灭了两家，接着就又向韩、赵、魏三家要地。韩、魏势弱，都给了他一个万户之邑，赵氏坚决不予。智伯就联合韩、魏出兵围攻赵氏。三月不下，就挖渠用水灌城。一直灌了三年，眼看城要守不住了。智伯非常得意，哈哈大笑说：原来水也可以灭掉别人的国家。我也可以用水灭掉韩、魏。智伯的贪欲和骄横终于激起三家的公愤。他们联合起来，里应外合，灭掉智氏。在韩非看来，弱者只要联合起来，勠力同心，也能打败强者。

战争不仅是抵御外敌的重要手段，也是结束分裂、完成国家统一的重要手段。韩非生活在一个封建割据，兼并战争不断的"大争之世"（《八说》）。人民遭受巨大的战争灾难，生活在水深火热之中。为了"救群生之乱，去天下之祸"

（《奸劫弑臣》），解除天下民众遭受的战争带来的祸乱，韩非明确而坚定地主张，实行法治，富国强兵，消灭封建割据，建立统一的国家。他说："木之折也必通蠹，墙之坏也必通隙。然木虽蠹，无疾风不折；墙虽隙，无大雨不坏。万乘（拥有万乘兵车）之主，有能服术行法，以为亡征之君风雨者，其兼（统一）天下不难矣。"（《亡征》）他号召有强大军事实力的大国君主，运用法术，作为摧毁朽木、坏墙的疾风、大雨，去消灭已有亡国征兆的国家，结束分裂，完成统一的大业。

无论哪一种战争，要取得胜利，都必须有强大的实力和丰富的物资储备，包括粮食、战备做后盾。韩非指出：不具备这个条件的国家，在战争中是危险的。"简（轻视）法禁而务（致力于玩弄）谋虑（计谋），荒（荒废）封内（国内的治理）而恃（依赖）交援（国外的救援）"的国家；"无地固，城郭（外城）恶（坏），无畜（通'蓄'）积，财物寡，无守战之备而轻攻伐"的国家，皆"可亡也"，都可能灭亡。（《亡征》）

二、必须从严治军

军队是国家的支柱、战争的主力。国家的安危、战争的胜负，主要系于军队战斗力的强弱。韩非认为，必须建立一

战争的目的：抵御外侮和完成统一
——论韩非的战争观

支敢打能胜的军队。为此，必须从严治军。

（一）必须加强政治治军，把思想教育放在治军的第一位

韩非强调："国事务先而一民心。""务先"就是要做好"先治"，"先战"。所谓"先治"，就是要做到"禁先其本"，即"禁奸于未萌"，在他们本性表现出来之前就禁止，在奸邪的思想还未萌芽时就把它消灭掉。所谓"先战"，就是要做到"兵战其心"，即"服战于民心"，使民众心里树立战争观念，从思想上适应于战争。（《心度》）只有思想统一了，军队才有强大的战斗力，消灭敌人，夺取胜利。

（二）必须依法治军，做到"信赏必罚"，有功必赏，有罪必罚

特别是对有罪者执行刑罚，必须一视同仁。"不避亲贵，法行所爱。"不管他与自己的关系如何亲近，地位如何显贵，又如何受到爱重，都必须依法治罪。只有这样，才能动员民众，取得战争的胜利。晋文公正是依靠这种办法，挥泪斩马谡，腰斩了违反军令、跟随自己流亡十九年的有功之臣，才动员了民众，取得了一个又一个胜利，成为继齐桓公之后，春秋

第二个霸主的。(《外储说右上》)

(三)选拔将领,必须重视有实战经验的人

韩非认为:"官袭级而进(官吏要逐级提拔),以至大任,智(明智)也。"(《八经》)他主张:军队的将领必须从军队基层选拔,选拔有实战经验的人担当。"猛将必发于卒伍(古代军队的基层单位)。"(《显学》)只有这样的人,才能正确指挥军队,夺取战争的胜利。韩非反对以言取人,任用只有辩才,但没有实战经验的人带兵打仗。他列举了两个历史上著名的例子:"魏任孟卯之辩,而有华下之患;赵任马服(即马服君,赵国名将赵奢的封号,这里指他的儿子赵括)之辩,而有长平之祸。"孟卯和赵括都很有口才,纸上谈兵,但没有实战经验,用他们带兵打仗,都惨遭失败。华下之战中魏赵联军死伤十五万。长平之战中,赵军被坑杀四十五万,赵括战死。韩非指出:皆"任辩(凭口才用人)之失(错误)也"。(《显学》)

(四)必须建立良好的官兵关系

为将者必须关爱士兵,体恤士兵的疾苦,帮助他们排忧解难。吴起就是一个典型。他在魏国为将时,有个士兵患了一种毒疮,他就跪着为他吮吸脓液。士兵的母亲听说后,就

哭了起来。有人问她：将军对你的儿子这么爱护，你为什么还哭呢？她说：往年吴起为他的父亲吮吸伤口，他父亲后来就战死了。如今我这个儿子看来也要死了，所以我才哭。（《外储说左上》）这个故事说明了一个重要的道理：为将者只有关爱士兵，体恤他们的疾苦，才能得到士兵的拥护，才能使他们戮力同心，誓死奋战。

（五）要发扬一不怕苦、二不怕死的精神

为将者要以身作则。这对鼓励士气有极大的作用。赵简子是春秋末期晋国的卿。他曾带兵攻打卫国。在围攻卫的外城时，他用坚固的盾牌作防护工具，站在敌人的箭和滚石达不到的地方，击鼓进攻而士兵不动。后来他听取了下属的意见，丢掉盾牌，站在敌人的箭和滚石能达到的地方，再击鼓进攻，士兵们就勇往直前，取得了很大的胜利。（《难二》）这个故事说明，为将者以身作则的带头作用是巨大的。但韩非认为，简子不可以这样做。要士兵们奋勇作战，只要实行赏罚就行了："好利恶害，夫（fú）人（哪一个人，任何一个人）之所有（都有的本性）也。赏厚而信（对勇敢作战的必给重赏），人轻（不怕）敌矣；罚重而必（对怕死逃跑者必给重罚），夫（那些）人不北（败逃）矣。"其实这两种做法都是对的，并不矛盾，是相辅相成的。简子的做法并不错。

三、必须有正确灵活的战术

韩非认为，要取得战争的胜利，在战术上必须具备下列条件。

（一）首先要做到知己知彼

这样才能根据实际情况作出正确的攻守部署，指挥部队不失时机地夺取胜利。韩非举了宋、楚争霸的故事："荆（楚国）伐陈，吴（吴国）救之，军间三十里。"由于一连下了十天雨，两军互无行动。第十天晚上。天气晴朗，吴军主动出击。楚军方面由于事先估计到这一点，已摆好阵势。吴军见状，就退回去了。楚军分析：吴军往返六十里回到驻地，必然是"君子（指长官）必休，小人（指士兵）必食"。于是就抓住这个有利时机，追击三十里，打败了吴军。（《说林下》）楚军之所以取得胜利，主要是因为它既知彼，又知己，对吴军的动向掌握得清清楚楚，而自己都采取了相应的攻守措施。这是胜利的主要原因。

韩非认为，知彼和知己，二者同等重要，缺一不可。如果只知彼，不知己，没有自知之明，就贸然发动战争，是危险的。楚怀王时，国势已经衰弱。顷襄王继位后，很想恢复楚国往昔的地位。但他不是修明政治，发展生产，而是希望通过对外战争来提高威望。他看到越国"政乱兵弱"，就想出兵攻打越国。有个大臣认为，楚国的乱弱"非越之下也"。就用"智如目"的比喻，说明顷襄王的想法，只看到越国的乱弱，却看不到自己的乱弱，是不可取的，从而劝阻了顷襄王，避免了一场战争的灾难。韩非特别指出："大心（自大）而无悔，国乱而自多（自以为治理得很好），不料境内之资（实力）而易（轻视）其邻敌（邻近的敌国）者，可亡（可能灭亡）也"。（《亡征》）

（二）情报信息、军事命令，都必须准确无误

李悝（kuī），战国时法家，曾任魏文侯的相，主持变法。他曾多次警告他的左右两军，说：敌人早晚要来袭击你们。但每次敌人都没有来。两军将士就放松了戒备，也不相信李悝的话了。这样过了一段时间，秦军真的来袭击了。由于毫无准备，左右两军几乎全军覆没。（《外储说左上》）这个故事说明，军令不信实，就要失去将士的信任，指挥就要失灵，军队必然要打败仗。

(三)战场上,情况不断变化

为将者必须根据实际情况,随机应变,抓住有利时机,指挥作战。抓住有利时机非常重要。否则就要变主动为被动,吃大亏。春秋时,宋、楚两军在宋国的泓水附近发生大战。宋襄公本来可以利用楚军正在渡河,尚未摆好阵势的时机,击垮楚军。但他认为这样做不符合"仁义"的原则,死守"不鼓(击鼓进攻)不成列(没有摆好阵势的军队)"的腐朽教条,不肯派兵出击。等楚军全部渡过河,摆好阵势,他才击鼓进攻,结果兵败身亡。(《外储说左上》)这个故事告诉我们,对敌人讲仁义,就是对人民的残忍,不仅害人,还要害己。战争的原则,从来就是消灭敌人,保存自己。在战场上,应该利用一切有利时机,打击敌人。宋襄公本可以取胜,但由于他思想僵化,结果兵败身亡。正如韩非所说,"此乃慕(追求)自亲(亲自实行)仁义之祸也"(《外储说左上》)。毛泽东在《论持久战》中也严厉批评了宋襄公的"仁义",不是真正的仁义,而是"蠢猪式的仁义道德"。

(四)"战阵之间,不厌诈伪"

在作战的时候,应当尽量用欺诈伪装迷惑敌人,争取胜利。有人认为,这是"诈民",是不对的。韩非说:"所谓不厌诈伪者,不谓诈其民,谓诈其敌也。"对敌人不厌诈伪,不仅必要,而且是有益的。有人又认为,这是"一时之权(一时的权宜之计)",非"万世之利(长远的利益)"。韩非说:用诈伪的方法取得一时的胜利,是符合长远利益的。"战而胜,则国安而身(君主的地位)定,兵强而威立(兵力强盛,威望树立),万世之利奚患不至?"韩非认为,不厌诈伪,这是"军旅(战争)之计(计谋)也",应当尽量运用,对战争有利无害。(《难一》)

四、小　结

韩非主张,实行法治,富国强兵,用战争结束封建割据,建立一个统一的国家是进步的,是顺应时代发展和历史潮流的。但他并不认为,战争是治国的常用手段,它只是在某种特定的历史条件下才需要一种手段。战争是残酷的,毁灭性的;但也是可以造福国家和人民的一种重要的手段。韩非认为,贤君圣主应该"因道全法",用战争消灭战争,创造一个无战争、无死亡,国家无事、人民安乐的"至安之世(最安定的社会)":"法如朝露(早晨的露水),纯朴不散(纯洁质朴而不纷乱),心无结怨(积聚的怨恨),口无烦言(愤愤不平的言论)。故车马不疲弊于远路(没有在远路上奔跑的劳累），旌旗（战旗）不乱于大泽（不因战败而乱于水泽之中），万民不失命于寇戎（不因外敌侵犯而丧命），雄骏（勇士，骏：通'俊'）不创寿（夭折）于旗幢（指将军的战旗之下）；豪杰不著名（留名）于图书，不录功于盘盂（青铜器皿，古代常在上面记录功名），记年之牒（国家的编年史册）空虚（无事可记）。"（《大体》）这就是以战争消灭战争得来的太平盛世。

治国必须从小事做起

治理国家千头万绪，在大政方针已经确定的情况下，如何具体贯彻实施？韩非总结了历史的经验，明确指出：不仅要抓大事，也不能忽略小事，必须从小事做起。"欲制物者于其细也。"(《喻老》)要控制事物的发展，必须在它细小的时候着手。

韩非认为，"有形之物，大必起（发展）于小；行久（经历很久）之物，族（多）必起（积累）于少。"并引用《老子》上所说，"天下之难事必作（开始）于易（简易），天下之大事必作于细（微细）。"(《喻老》)可见，治理国家要从小事做起，是符合事物发展的客观规律的。按客观规律办事，则"事无不事，功无不功"(《解老》)，事情没有做不好的，功业没有不能建立的。

英明的君主都是不忽略小事，从小事做起的。战国时，卫国有一个服劳役的囚犯逃到魏国，并做了王后的医生。卫嗣君为了治理好国家，坚决实行法治，他就派人带了五十镒（一镒，二十四两）黄金去魏国要买回这个逃犯。但没有成功，他就决定拿一个大的城邑去交换这个逃犯。大臣都认为，逃走一个轻罪的囚犯不是什么大事，这样做不值得。卫嗣君却说："治无小而乱无大。"要治理好国家，不能忽略小事；祸乱的发生也不一定起于大事。法治不能坚决实行，即使有十个大的城邑也无益。如果法治坚决实行，即使失去十个大的城邑也无害。魏王听说这件事，很受感动，什么也不要，就用囚车把这个逃犯送回了卫国。（《内储说上七术》）

卫嗣君的"治无小而乱无大"的治国理念，言简意赅，振聋发聩，使人们一下子就明白了治理国家的一个大道理。外逃一个轻罪的囚犯，看似小事，实质是件大事。它关系到法治是否坚决实行的问题。放任不管，"刑罚不必，则禁令不行"（《内储说上七术》）。只有把这个逃犯追回归案，才能维护法律的尊严，做到令行禁止，治理好国家。

再如，春秋时，晋文公与大夫们约定，十日内攻下原国。但原国人坚守城邑，不肯投降。到了第十天还未攻下，晋文公就决定退兵。这时，有人从原城中出来说，城中已食竭力尽，再有三天就可以攻下了。群臣都主张再坚持三天。但晋文公

治国必须从小事做起

不听。他说：我与士兵们约定十天，现在不退兵，这就失掉我的信用。"得原失信，吾不为也。"还是罢兵而回了。原国人听说晋文公如此守信，就开城投降了。卫国人听说这件事，也归降了晋文公。（《外储说左上》）

在攻原战争中，群臣认为，攻下原国是大事，失信是小事。只要能攻下原国，失信也没有什么不对。但晋文公认为，失信是大事。它关系人心向背的问题。失信就要失去人心。因此，他宁可失原，也不失信。事实证明，晋文公是英明的。用武力没有得到的东西，凭借守信树立起来的声望却得到了。不仅得到了原国，也得到了卫国，还获得了人心，这是最大的胜利。

韩非认为，错误的思想苗头，虽然微小，也不能忽视。忽视它，任其发展，后果不堪设想。他说：人都有个人的欲望。如果放纵这种欲望，就要产生错误的思想（"奸邪之心"），考虑谋划问题就要混乱（"计会（kuài）乱"），做事就要失去纲纪（"事经（纲纪，准则）绝"），从而"教良民为奸"，"令善人有祸"。"奸起，则上欺弱君；祸至，则民人多伤。"此"大罪也"。（《解老》）这就是错误的思想，由小而大，造成的祸害。因此，韩非主张，必须采取措施，加强思想道德教育，"禁奸于未萌（萌芽）"（《心度》），防患于未然。

还要注意抓苗头，"蚤（通'早'）绝奸之萌"（《外储说右上》），在错误的思想萌芽时就把它消灭掉，防止小过成大患。（《心度》）

他又讲了晋文公的一个故事。春秋时，晋文公结束了长达十九年的流亡生涯，在秦国的帮助下，回国夺取政权。秦晋两国以黄河为界，渡过黄河，就进入晋国。渡河之前，文公"命令"把流亡过程中用旧的食宿用具都扔掉，叫和他一起流亡的旧臣都退到后面去。看起来，这是一件心事，但他的舅父子犯却认为他把过去和自己供过患难的东西和"劳有功"的旧臣都忘了，不利于他将来的统治。晚上，就大哭起来，说文公的做法使他伤心，并向文公辞行。文公知道自己错了，就说："今子与我取之（夺取了国家），而不与我治之，焉可？"表示决不会忘记旧臣，一定和旧臣们一起治理国家，并举行隆重的仪式，向黄河的河神发了誓。（《外储说左上》）

文公的命令，表现了他在胜利时刻的骄矜之意，已把过去和自己共患难、劳而有功的旧臣淡忘了。这是一个错误的思想苗头，不利于他将来的统治。但他能够虚心听取臣下的意见，不因小过而原谅自己，及时改正了自己的错误，还是明智的。在回国以后，正是依靠了这班旧臣，进行了一系列的改革，终于成就霸业，成为世代公认的贤君圣主。

韩非认为，小事中也包括一些历史遗留的问题，如冤案、错案等。在现实中，这些问题往往不被重视，认为是陈旧老账，不愿去理。但是，英明的君主不因为是历史问题而忽视，仍然十分重视，而且着力解决。韩非讲了和氏献璧的故事：春秋时，楚国有个叫和氏（即卞和）的人，在山中得到一块璞玉（含在石中未经加工过的玉），先后献给楚厉王和楚武王。厉王和武王都根据玉匠的鉴定，认为是石头，就以欺君罪先后剁了他的左足和右足。楚文王即位，和氏就抱着璞玉在楚山中哭了三天三夜，都哭出血来了。楚文王就派人问他，他说："我不是为断足而悲伤。我是为宝玉被说成石头，贞士被当作骗子而悲伤。"文王听了，非常重视，就派人破璞查看，果然是一块宝玉，就命名为"和氏之璧"，还了和氏的清白。（《和氏》）

楚文王明知和氏的案子是上代君主厉王和武王定的。但他不管案子是谁定的，只要是搞错了，就要把它纠正过来。他这种实事求是、对民负责、敢于担当、有错必纠的精神是难能可贵的，应成为世代的楷模。这个故事也告诉我们，历史遗留问题，不是小事，也是现实问题。纠正这一类错误，不仅弥补了人们受到的伤痛，获得了人心，也让人们以史为鉴，吸取教训，免蹈覆辙，其意义是深远的。

如何做到治国不忽略小事，韩非认为以下几点。

第一，必须树立"大必起于小"的辩证思想，以发展的眼光看待问题，透过现象看本质，才能见微知著（看见一点苗头就能知道它的发展趋向或问题的实质），作出正确判断。韩非以箕子为例：箕子是商纣王的叔父。当时，社会生产力很低下，绝大多数人都过着用"土铏（盛汤用的陶制器皿）"，吃豆叶，穿"短褐（hé，粗毛编织的衣服）"，住"茅屋"的十分简陋、艰苦的生活。但是，商纣王却派人"为（做了）象箸（象牙筷子）"。箕子为此非常担忧。他认为，"为象箸"必不再用"土铏"，而要用"犀（犀牛角）玉之杯"；用了"象箸玉杯"，必不再吃"菽藿（豆叶做的羹）"，而要吃"旄（牦牛）象豹胎（珍贵的食物）"；吃了"旄象豹胎"，必不再穿"短褐"而住在"茅屋之下"，而要穿"锦衣（华丽的丝织品做的衣服）九重（九层，多套）"，住"广室"，登"高台"，尽情享乐，嗜欲无有止尽。他说："吾畏其卒（我害怕这件事将要导致的严重结果），故怖其始（所以它开始时就为之担忧）。"过了五年，商纣王又造"肉圃（即肉林，陈列大量肉类的地方）"，设"炮烙（烤肉用的铜格，也是杀人的刑具）"，登"糟丘（用酒糟堆成的小山）"游玩，到"酒池（盛酒的池子）"边喝酒，荒淫无度，暴虐无道，终于被周武王打败，自焚而死。（《喻老》）

治国必须从小事做起

　　韩非引用《老子》上的话——"见小曰明",称赞箕子"见微以知萌(苗头),见端以知末(结果)",是"圣人"之智。(《说林上》)

　　第二,必须以国家和人民的利益为准则,辨明事情的是非,分清利害,决定取舍。对国家人民有利的小事,必须扶助;对国家人民有害的小事,必须舍弃。正如习近平总书记所说,"有利于百姓的事再小也要做,危害百姓的事再小也要除。"这是对待小事必须遵循的唯一正确的原则。

　　韩非关于治国必须从小事做起的思想,在今天仍然有重要的现实意义,值得借鉴,值得记取。

治国就是治吏

——论韩非的"治吏不治民"

韩非有一句名言,叫做"治吏不治民"(《外储说右下》)。似乎只治吏,而不治民。其实不然。韩非说得很清楚,官吏是民众中的骨干:"吏者,民之本、纲者也。"(《外储说右下》)民众好比树和网,官吏就是树的主干、网的纲绳。摇树要摇树干,张网要拉纲绳,治民必须管好官吏。只有管好官吏,才能管好民众,收到纲举目张之效,使国家富强,"鸟惊而高,鱼恐而下"(《外储说右下》),威震四方。如果放弃对官吏的治理,而去直接治理民众,就会劳而无功。

就当时官吏的总体情况看,问题是很严重的。在韩非看来,主要表现在两个方面:一是只有"吏虽乱而有独善之民",却无"有乱民而有独治之吏"。(《外储说右下》)这就是说,吏乱胜于民乱。民众还有不乱之时,但官吏却一直存在作乱

治国就是治吏
——论韩非的"治吏不治民"

的情况。二是只有官害民,而无民害官。官吏可以用手中的权力,"收利侵渔于民"(《孤愤》),"以贪渔下"(《奸劫弑臣》),"收利于民"(《外储说右上》),而民众却没有这种权力可以去伤害官吏。因此,治吏更具有必要性和紧迫性。不治理好这一类官吏,他们就要祸国殃民,"民安而国治"只能是一句空话。

历史就是这样:官正则国治民安,官不正则国必乱民不安。官吏的廉正与不廉正,是决定国家的治乱存亡和民众的生死祸福的关键。从这个意义上讲,治国就是治吏。韩非对这个问题的认识是深刻的。

毛泽东谈他读《资治通鉴》的受益时,说:"如书里论曰:'礼义廉耻,国之四维(纲);四维不张,国乃灭亡。'清朝的雍正皇帝看了很赞赏,并据此得出了结论,治国就是治吏。如果臣下个个寡廉鲜耻,贪得无厌,而国家还无法治他们,那非天下大乱不可。"[①]可见,韩非的"治吏不治民"的主张,雍正皇帝和毛泽东主席都是赞同的。治不治吏,能不能治好吏,是关系国家治乱存亡、人民生死祸福的大事情。

[①] 郭金荣:《走进毛泽东的最后岁月》,中共党史出版社。

一、吏乱的表现

根据历史和现实,韩非对于当时民未乱而吏已乱的情况,作了充分的揭露。主要的有以下几个方面。

(一)大臣专权,劫弑(挟持或杀害)君主,篡权夺位

韩非认为,这是君主面临的最大危险。他说:"大臣太重","左右(君主身边的亲信)太信","此人主之公患也"。(《孤愤》)又说:"人主之所以身危国亡者,大臣太贵,左右太威也。"(《人主》)这是因为他们"官爵贵重,朋党又众"(《孤愤》),往往勾结地方势力或国外诸侯的势力,劫弑君主,篡权夺位。正如韩非所说,"内以党与劫弑其君,外以诸侯之权矫易(颠覆)其国,隐正道,持私曲(搞阴谋诡计),上禁(钳制)君,下挠治者,不可胜数也"。(《说疑》)他还引用史书上的记载,指出:"周宣王以来,亡国数十,其臣弑其君而取其国者众矣。"(《说疑》)"人主之疾死者不能处半。"(《备内》)有一半以上的君主,都是非正常死亡,或被毒死,或被缢死,或被杀死的。

（二）同室操戈，争权夺利

韩非指出：为了争权夺利，子杀父，弟杀兄，妻杀夫，人臣之间互相残杀的事，屡见不鲜。（《内储说下六微》）韩非对此深恶痛绝，他把争权夺利的人比作一种名叫虺（huǐ）的毒蛇。这种蛇，一身两口，为了争食，互相撕咬，最后咬死了自己。韩非愤慨地指出："人臣之争事（争权夺利）而亡其国者，皆虺类也。"（《说林下》）

（三）结党营私，朋比为奸

韩非说："党与之具（形成），臣之宝也。"（《扬权》）培植党羽，结党营私，这是奸臣须臾不可离开的法宝，也是国家的大害。表现在：（1）他们采取威逼利诱的办法，培植党羽，排除异己。"虽有贤良，逆者必有祸，而顺者必有福。"（《三守》）因此，"忠臣危死于非罪，奸邪之臣安利于无功"，"良臣伏"，而"奸臣进矣"。（《有度》）（2）上欺主，下掠民。"大臣（指控制大权的奸臣）挟愚污之人（即'愚污之吏'），上与之欺主，下与之收利侵渔，朋党比周，相与一口，惑主败法，以乱士民。"（《孤愤》）"人君之左右，出则为势重而收利于民，人则比周而蔽恶于君。内间主之情以告外，外内为重，诸臣百官以为富。"（《外储说右上》）

（3）君孤于上，臣重于下。"以私为重人（有权势的人）者众，而以法事君者少矣。"（《奸劫弑臣》）"群臣……数（shuò，屡次）至能人（指有权势的奸臣）之门，不一至主之廷；百虑私家（指能人之家）之便，不一图主之国。属（君主属下的官员）数虽多，非所以尊君也；百官虽具（齐备），非所以任国也。"君主徒"有人主之名，而实托于群臣之家"。（《有度》）（4）紧密勾结，谋取私利。"家（即私家）务相益，不务厚（利）国；大臣务相尊，而不务尊君；小臣奉（持）禄养交（私交），不以官（公事）为事。"（《有度》）（5）互相包庇，文过饰非。"交众，与多，外内朋党，虽有大过，其蔽多矣。"（《有度》）6. 更有甚者，奸臣"内构党与，外挕（shū，串通）巷族（指地方势力），观时发事，一举而取国家"。（《说疑》）这是奸臣结党营私制造的最大祸乱。

（四）贪赃枉法，损公肥私

韩非说了这样一个故事：卫国有个人在女儿出嫁时，教导她说：一定要给自己多积聚一些财物，并说：做人家的妻子而被休，是常有的事；能终生在一起的，是很少的。他的女儿出嫁后，就照他的话做了，因为私下积聚了很多财物，就被休了回家。她的父亲不仅不认为自己对女儿的教导是错误的,反而因为女儿增加了财富认为自己是聪明的。韩非借这个故事为喻,感慨地说:"今人臣之处官者,皆是类也。"(《说林上》)现在处在官位上的臣子,都是这一类贪得无厌、不以为耻的人。他们的人生哲学,就是人不为己,天诛地灭。做官的因贪污受贿而受到惩罚是常有的现象,不足为怪,能获得财富就是聪明。因此,有权势的大臣不仅"亏法以利私,耗国以便家"(《孤愤》),而且"下与之(指其党羽)收利侵渔"(《孤愤》)。人主之左右,内间主情,外结同党,"为势重而收利于民","诸臣百官以为富"。(《外储说右上》)结果是:"府库空虚于上,百姓贫饿于下,然而奸吏富矣。"(《外储说右下》)

韩非还讲了这样一个故事:齐宣王在年终时决定亲自听取一下地方官吏汇报全年的财政收入情况,想借此了解一下官吏中营私舞弊的情况。听了一天,茫无头绪,累得连晚饭也不想吃了。晚饭后,又继续听取汇报,不久就打瞌睡了。不料官吏们连忙抽出刀来,把竹简或木简上的账目和凭证都削去了,人人又捞了一把。官吏的贪污、舞弊,已经到了明目张胆、疯狂麻木的地步。(《外储说右下》)

（五）行贿、受贿、索贿

官吏中有向君主的妻妾、君主的左右近习（亲信和侍从）、侧室公子（指君主的叔伯兄弟）、大臣廷吏行贿的，使他们"惑其主"，"化（影响）其主"，"犯（干扰）其主"，以达到不可告人的目的。（《八奸》）官吏中也有受贿，为他人谋取私利的。因此，人们"行货赂而袭（依附）当涂者（涂：通'途'，当权者）则求得"。（《五蠹》）"行财货以事贵重之臣者，身尊家富。"（《奸劫弑臣》）"尽货赂（用财物行贿）而用重人（掌握权势的人）之谒"，则"退（逃避）汗马之劳（战争的劳苦）"。（《五蠹》）在受贿者中，有人就直接索贿；"求索不得，货赂不至"，就加以"毁诬"和打击。（《孤愤》）韩非明确指出："行赇赂（贿赂）以疑（动摇）法，……故君轻乎位而法乱乎官，此之谓无常（没有法度）之国。"（《八经》）

（六）买官卖官、拉关系走后门

韩非说："今世近习（君主左右的亲信）之请（请托）行（风行），则官爵可买。"（《五蠹》）"官职可以重（权势）求，爵禄可以货（钱财）得。"（《亡征》）结果，"士大夫不羞污泥丑辱（形容肮脏卑鄙的行为）而宦，女妹私义之门（指有裙带关系和私人交情的人家）不待次（不按照官阶次第）而宦"（《诡使》）。韩非指出："群臣卖官于上，取赏（偿）于下，是以……财货上流而巧说者用。若是，则有功者愈少。奸臣愈进而材臣退。"（《饰邪》）又说："财利多者买官以为贵，有左右之交者请谒以成重。是以吏偷官（轻慢职守）而外交（勾结国外诸侯），弃事（抛弃职务）而财亲（用财货结交君主的左右）；是以贤者懈怠而不劝（努力），有功者堕（huī，堕落）而简（不认真）其业，此亡国之风也。"（《八奸》）

（七）有法不依，执法不公

韩非指出："守法（执法）之臣"有法不依，就像"釜鬵"一样。"釜鬵"隔开"水"和"火"，就使水失去灭火的作用了。而"守法之臣"也"为釜鬵之行"，隔开"法"和"奸"，就使法"失其所以禁奸者矣"。（《备内》）因此，享有特权的"尊贵之臣"，尽管"犯法为逆以成大奸"，却逍遥法外，不受法律的制裁。而地位"卑贱"的人，却常常是"法令之所以备（防备），刑罚之所以诛（处罚）"的对象。因此，"其民绝望，无所告愬"（没有地方申诉冤屈，愬：通"诉"）。（《备内》）"臣无法则乱于下"（《定法》），不可不察。

（八）里通外国，以成奸谋

奸臣或"重赋敛，尽府库，虚其国以事大国，而用其威求诱（诱迫）其君；甚者举兵以聚边境而制敛（挟制）于内，薄者数（shuò，屡次）内（通'纳'，引进）大使以震其君，使之恐惧"。（《八奸》）或"召（招引）敌兵以内除（除掉国内的私敌）"，"以劫其主，以固其位"。或勾结别的国家叫他们攻打自己的国家，然后"请行和（讲和）以自重（抬高自己的地位）"。或把本国之"谋（谋略）"，"微告（密告）"别的国家。（《内储说下六微》）更有甚者，"援外以挠内"，"以诸侯之权矫易（改变）其国（颠覆自己的国家）"。（《说疑》）

在韩非看来，吏乱是国家的大敌，不仅败坏了法制，而且直接威胁到君主的安全，危害国家和人民的利益。他不止一次地把"内无乱臣之忧"（《奸劫弑臣》）、"内无群臣百官之乱"（《说疑》）作为治理国家要达到的主要目标。可见吏乱的严重性。治吏已是当务之急，刻不容缓。

二、治吏的办法

如何解决吏乱的问题,韩非提出如下一些办法。

(一)明法以制臣

韩非认为,"君无术则弊(通'蔽')于上,臣无法则乱于下。"(《定法》)为了制止臣下欺君作乱,君主必须运用法术制约群臣。对臣下必须"尽之以法,质(正)之以备"(《爱臣》),一律按法办事,用各种措施使他们规规矩矩:"居则修身"(《说疑》),"动无非法"(《有度》),"循法而治"(《用人》)。"人臣虽有智能,不得背法而专制;虽有贤行,不得逾功(在立功之前)而先劳(得到赏赐);虽有忠信,不得释法而不禁(不受约束),此之谓明法。"(《南面》)

(二)不可使大臣权势太大

韩非认为:"人臣太贵,必易其位。"(《爱臣》)"贵之富之,彼将代之。"(《扬权》)因此,必须像"数披其木"一样,经常采取措施,削弱他们的势力:"无使木枝扶疏(茂盛)","无使木枝外拒(向外扩张)","毋使枝大本小",

危害君主。(《扬权》) 必要时,要刨根断源,把他们彻底铲除:"散其党,收其余(余孽),闭其门,夺其辅(帮凶)"。(《主道》) 为了防止臣下朋比为奸,韩非提出"渐更以离通比"(《八经》),逐步更换官吏,来拆散臣下勾结成党,这也不失为一种有效的办法。

(三)坚持以贤能为用人的标准

"所举者必有贤,所用者必有能。"(《人主》)特别强调要用法术之士。法术之士能够"上明主法,下困奸臣"(《奸劫弑臣》),能"烛(洞察)重人(控制大权的人)之阴情";能"矫(矫正)重人之奸行"。法术之士"听用","则贵重之臣必在绳(木工用的墨线,比喻法律)之外矣"(《孤愤》),一定要受到法律的制裁。韩非特别强调,有两种错误倾向必须禁止:一种是"以誉进能"(根据名声选拔人才)、"以党举官"(根据朋党关系推举官吏),"此亡之本也"(《有度》);一种是买官卖官、拉关系走后门,"此亡国之风也"(《八奸》)。

(四)必须对官吏进行经常的考核

"循名实而定是非,因参验而审言辞。"(《奸劫弑臣》)

按照名位和实绩是否相符来判定是非,根据对办事的实际效果的检验来审察言论的真伪,从而根据考核的结果实行赏罚。"有功者受重禄,有能者处大官。"(《忠孝》)"任事者知(智)不足以治职(做好本职工作的),则官收(罢官)。""说大而夸则穷端(追根究底)",使"无用之辩不留朝"。(《八经》)

(五)对臣下的言论必须检验,不可偏听偏信

韩非说:"决诚以参,听无门户"。(《八说》)就是说,要用检验的方法判明事情的真相,不偏听偏信。对于臣下的"说议","称誉者所善(赞美),毁疵者所恶(诽谤),必实其能,察其过,不使群臣相为语(互相吹捧或诽谤)"。(《八奸》)这样,君主就不会被"壅劫",人臣也不能"道(由)成奸"。(《八奸》)

(六)提倡廉耻,反对贪污受贿、以权谋私

韩非主张:"立廉耻,以厉(通'励',劝勉)下。"(《诡使》)加强廉耻教育,使官吏树立廉洁奉公的观念,"以精洁固身"(用精纯廉洁来约束自己),"以治辩(通'办')进业(用办好政事来进献功业)"。既"不以货赂事人",

"更不以枉法为治","不事左右，不听请谒"。并明确提出：对官吏的权势、利禄必须限制。"任事者毋重，使其宠必在爵；处官者毋私，使其利必在禄。"（《八经》）这就是说，做官的权势不能太大，不得以权谋私，不能"以贪渔下"（《奸劫弑臣》），不可与民争利，在俸禄之外，不能再有法外的收入。

（七）提倡忠信，反对欺骗

这是因为弄虚作假，以虚言欺骗君主，是臣下篡权，劫弑君主的重要手段。韩非说："臣有大罪者，其行欺主也，其罪当死亡也。"（《孤愤》）可见欺主这种罪行的严重性。为了促使臣下讲真话，韩非提出"审合刑（通'形'，指事实）名（指言论）"（《二柄》）的办法，仔细考察臣下的进言跟事后的功效是否相符，"以知谩诚语"（《八经》）以此来判断进言是诚实的话还是欺骗的话。进言跟事功相符，就是诚实的，就一定奖赏；反之，就是欺骗，就一定惩罚。（《二柄》）这样，臣下"所言者贞也，则群臣不得朋党相为矣"。（《二柄》）臣下所说的话都很真实，群臣就不能朋党勾结，以虚言惑主了。

（八）必须严明赏罚

"有功者必赏，有罪者必诛。"（《饰邪》）赏罚面前必须人人平等。"诚有功，虽疏贱必赏；诚有过，虽近爱必诛。"（《主道》）为了扩大效果，赏罚必须和毁誉相结合。"誉辅其赏，毁随其罚。"（《五蠹》）立功者不仅"赏厚""誉美"，而且"使民利之""荣之"；犯法者不仅"诛重""毁恶"，而且"使民畏之""耻之"（《八经》），从而扩大效果，达到赏罚一个人、教育一大片的目的。用韩非的话说，就是："重一奸之罪而止境内之邪"，"报（赏）一人之功而劝境内之众"。（《六反》）

（九）禁奸工作必须抓紧抓好

他提出禁奸工作必须实行"惩防并举，注重预防"的方针。"太上禁其心，其次禁其言，其次禁其事。"（《说疑》）首先要加强思想道德教育，"禁奸于未萌"（《心度》），防患于未然。同时要从法制上预防："尽之以法（用法律使他们尽心竭力），质（正）之以备（用各种措施使他们规规矩矩）。"（《爱臣》）

他特别强调，要奖励告奸，加强对官吏的监督。"告过者免罪受赏，失奸者必诛连刑。"（《制分》）"贱得议贵

(《八说》),下得告上:臣下可以告发"当途(当权)之失、用事(执政)之过、举臣(众臣)之情(隐情)"(《三守》)。"廷臣"(在朝廷的臣子)可以告发"相室"(国相);"官属"(廷臣的下属官吏)可以告发"廷臣","兵士"可以告发"军吏"(中级军官);"行介"(随从人员)可以告发"遣使"(派到国外的使者);"辟吏"(县令直接任命的小官吏)可以告发"县令";"左右"(郎中的属员)可以告发"郎中"(君主的侍从官);等等。(《八经》)"如此,则奸类发矣"(《制分》),各种各样的坏人就被揭发出来了,国家就能治理好了。韩非特别指出:对臣下的告发,必须严格保密,不能"泄之近习能人"(左右亲信和善于钻营而受到重用的人)(《三守》)。否则,"言通事泄,则术不行"。(《八经》)"忠直日疏"(《三守》),君主就无法听到忠直之言了。这个主张,对保障告发者的人身安全、防止官吏的打击报复,也有重要意义。

  韩非提出的这些办法,虽然还不够完善,但他已经明确认识到要防止腐败,必须对权力实行监督的重要性和必要性,对于整肃吏治具有积极而深远的意义。

三、小　结

　　韩非的"治吏不治民",是符合当时社会的实际情况的,它抓住了治国的关键,是极有政治远见的主张。其目的,就是要清除奸邪之臣,重用贤能之士;惩治贪污腐败,树立廉洁风尚;建立一支高素质、高效率的官吏队伍:"群臣守职,百官有常(常法)"(《主道》);"竭力尽智以事主","清廉方正奉法"(《奸劫弑臣》);"群臣公政(正)而无私,不隐贤,不进不肖"(《难二》);"官不敢枉法,吏不敢为私利,货赂不行"(《八说》);百官之吏"守法不朋党治官"(《奸劫弑臣》),"效功于国","见(现)能于官","尽力于权衡(法度)"(《用人》)。有了这样一支高素质、高效率的官吏队伍,何愁民不能安、国不能治?

　　韩非的"治吏不治民"的主张,不仅符合当时的社会实际情况,而且在今天仍然有极大的现实意义。他揭露的官吏中存在的种种腐败现象,在今天对人们仍有警示作用;他提出的惩治腐败的办法,在今天仍然可以沿用和借鉴。

　　值得深思的是,两千多年前就已存在的官吏中的种种腐败现象,如争权夺利,无令擅为,朋党比周,营私舞弊,弄虚作假,惑主败法,欺上压下,害国伤民,贪赃枉法,鱼肉百姓，行贿、受贿、索贿，拉关系、走后门，买官卖官，以权谋私，执法不公，等等，为什么在两千多年后的今天仍然存在？（由于形势已有所变化，手段也更隐蔽、更狡猾了。）两千多年来，为什么屡禁不止，愈演愈烈？

我想不外有两个原因：一个是社会上还存在权势、财物、女色、名利这一类能够引起欲望的东西（即韩非所说的"所好之物""可欲之类"），对人有很大的诱惑力，这是外因。另一个是人类本身还存在自私和贪婪的劣根性，对权势、财物、女色、名利这一类东西很容易动心，被引诱，以至贪得无厌，无所不为，这是内因。外因是变化的条件，内因是变化的根本原因，外因只有通过内因才能起作用。正如韩非所说，"祸难生于邪心，邪心诱于可欲。可欲之类，进则教良民为奸，退则令善人有祸。"（《解老》）只要社会上还存在这种诱惑，人们对自身的劣根性还不能自控，上述这些腐败现象就不可避免，好人也会变坏，也会遭祸，事情就是这样的残酷。这种现象，古代有，现代也有。但是，好人变坏，并不是必然的，关键在于能否战胜自己，廉洁自律。能战胜自己，廉洁自律，时时刻刻以法律标准和道德标准来约束自己，就不会腐化堕落，走上蜕化变质、为人们所不齿的道路。

外因是变化的条件，内因是变化的根本原因，外因只有通过内因才能起作用。为官者，只有严于律己，不断加强自身的思想修养，树立正确的人生观、价值观，坚守高尚的道德情操，始终把国家、人民的利益放在第一位，才能战胜自身的劣根性，抵制权势、财物、女色、名利这一类外物的诱惑，廉洁奉公，造福人民，为国家建立功业，永远受到人民的尊敬和爱戴。

反腐倡廉，是一项艰巨的而长期的任务，必须天天抓，月月抓，年年抓，常抓不懈，永不收兵。在措施上，不仅要加强思想教育和廉耻教育，从思想上铲除滋生腐败的源头；而且要加强法制建设，从法制上堵塞滋生腐败的漏洞；还要发动民众参与监督、检举、揭发。没有监督和制约的权力，必然腐败。只有加强对权力的监督和制约，才是遏止腐败的唯一有效的方法。

官吏是国家的顶梁柱，民众的带头人。只有不断提高官吏的思想素质和执政能力，国家才能繁荣昌盛，社会才会有公平正义，人民才会有幸福安宁。这是治国安民的关键，也是社会发展的必然规律。

善用人者，要把好四关
——论韩非的用人主张

用人的问题，就是任用官吏的问题。官吏是国家的骨干力量，官吏素质的高低，能否尊主守法、便国利民，直接关系到国家的前途和命运。正如韩非所说，"任人以事，存亡治乱之机也"（《八说》），任用什么人办理政事，是国家存亡治乱的关键，不可不慎。

在用人方面，韩非主张，要把好四关：选才，使用，考核，赏罚。这是他术治思想中最重要、也是最有价值的部分。

一、选才关

在选拔人才方面，韩非主张：

（一）必须以才能作为选拔人才的标准

虽然他也主张任用"贤能之士"或"贤智之士"（《人主》），选拔德才兼备的人；但他更强调要选拔有才能、能"举实事"（《显学》）的人。他认为："官之失能者其国乱"（《有度》），任用官吏不以才能做标准的，他的国家一定很混乱。因此，他反复强调，要把才能作为用人的标准："因（依据）任（才能）而授官"（《定法》），"称（衡量）能而官事"（《人主》），"程（衡量）能而授事"（《八说》）。

（二）必须以法制为依据

"使法择人"，"使法量功"，选拔能够守法事君、有实际才能的人。既不凭主观选拔和揣测（"不自举""不自度"），也不凭别人的"非（诽谤）誉（吹捧）"。这样，有才能的人就不会埋没（"能者不可蔽"），没有才能的人也不能掩饰（"败者不可饰"）；徒有虚名的人不会得到任用（"誉者不能进"），被恶意诽谤的人也不会被排斥（"非者弗能退"）。这样，君臣之间都明辨是非，国家就容易治理了〔"君臣之间明辩（辨）而易治"〕。（《有度》）

183

(三) 必须进行实际的考察

韩非以选拔大力士为喻，说："听其自言"，有没有力气，无法判断；但是"授之以鼎俎"（偏义词，"俎"无义），拿一个鼎交给他们举一举，谁疲弱无力，谁强健有力，一看就分明了。选拔官吏也是这样："听其自言"，谁有才干，谁没有才干也不能区别；授之以"官职"，"任之以事"，把职事交给他们去做，谁愚蠢无能，谁聪明能干一下子就分辨出来了。（《六反》）他又以和氏献璧为喻，说：和氏在楚山中得到一块璞玉，先后献给厉王和武王，但都因为玉匠说是"石头"，就先后以欺君之罪被砍掉了左足和右足。后来，楚平王即位，听说此事，就叫人剖璞察看，才发现这确是一块宝玉。（《和氏》）选拔人才也是这样，不能单以"自言"或"人言"为依据。只有进行实际考察，才是辨别真伪的试金石。

韩非特别指出：不可"以言取人"。他说："魏任孟卯之辩，而有华下之患；赵任马服（即马服君，赵国名将赵奢的封号，这里指他的儿子赵括）之辩，而有长平之祸。"（《显学》）孟卯在魏国为相，赵括在赵国为将，都很有口才，能说会道。但他们带兵打仗，都惨遭失败。在华下之战中，孟卯率领的魏赵联军大败，死伤十五万。在长平之战中，赵括指挥赵军作战,结果士卒被坑杀四十五万,他本人也战死。韩非批评道:"此二者,任辩之失也"(《显学》),都是凭口才用人的错误。

(四)必须重视选拔有实践经验的人

韩非认为:"官袭级而进(官吏要逐级提拔),以至大任,智也。"(《八经》)"智"在何处?就在重视实践经验。他主张"宰相必起于州部(当时的一种基层行政机关),猛将必发于卒伍(军队的基层单位)"(《显学》),就是要求任用有基层工作经验的人,即使是高级的文武官员,都应如此。

(五)必须打破出身门第的限制

不拘一格任用贤能之士。他说:尽管有些人出身在山野之间["或在山林、薮泽(沼泽)、岩穴之间"],有些人还在监狱囚禁之中[或在囹圄(língyǔ,监狱)、绁(xiè,绳索)缠索(捆绑)之中],有些人还是奴隶("或在割烹、刍(chú)牧[割草放牧]、饭牛(喂牛)之事"],地位"卑贱",但因为他们有才能,"可以明法,便国利民","明主"还是举用了他们,从而"身安名尊"。(《说疑》)

还要注意不受国别限制，广招人才。秦穆公任用的蹇（jiǎn）叔、百里奚和由余，这三个人都不是秦国人。由余是晋国人，流亡到西戎，做了戎王的谋士。百里奚是虞国人，虞国大夫。虞亡被晋国俘虏，后来又作为陪嫁的奴隶送去秦国。途中又逃到楚国，为人放牛，当时已七十多岁。蹇叔也是虞国人，是百里奚的朋友，后来隐居在宋国。秦穆公听说他们都很有才能，就想方设法从西戎引来由余（《十过》），又派人用五张黑色公羊皮从楚国赎回百里奚，又用重礼从宋国迎来蹇叔，都委以重任（《说疑》）。后来，这三个人都成了秦穆公成就霸业的重要辅臣，为秦国的强盛做出了重要贡献。还有范蠡（lǐ），原是楚国人，后为越国大夫，帮助越王勾践灭掉吴国，建立了霸业。（《说疑》）

（六）选拔人才，贵在用其所长，不能求全责备

他讲了尧任用夔做乐官的故事，说：夔"无他异（没有别的特长），而独通于声（只精通音乐）"。但尧说："夔一而足矣。"夔只要有这一点就足够了。于是就任他为乐官。（《外储说左下》）韩非认为，选拔人才就应该像尧所说的那样："一而足矣。"

（七）选拔人才，必须公正无私

"内举不避亲，外举不避仇"，只要有才能，都选拔任用。这样，才能使"贤良（才德好的人）遂进（得到进用）而奸邪并（通'摒'，排除）退（斥退）"，从而"一举而能服诸侯"。（《说疑》）韩非讲了赵武的故事：赵武是晋国执政的卿，一生推荐的人才有四十六人，人人都合乎用人的标准，后来都成了国家所倚重的人。但他生时不用他们"利于家"，死时也不向他们"托于孤"。韩非赞扬他是推荐人才"无私德"（不培植个人恩德）的榜样。（《外储说左下》）

为了保证选才的质量，韩非认为，必须禁止违反法制的现象。

1. 必须禁止"以誉进能""以党（朋党）举官"（《有度》）。

他认为，如果根据个人名声选拔人才，"则臣离上而下比周"，群臣就要背离君主而在下面紧密勾结；如果根据朋党关系来举用官吏，则臣下就要"忘主外交，以进其与(党羽)"，为非作歹，互相包庇。"虽有大过，其蔽多矣。"结果，"良臣伏"而"奸臣进"，是非颠倒，邪气上升。韩非认为，这是"亡之本"，亡国的祸根。（《有度》）

2. 必须禁止买官卖官、拉关系走后门、行贿受贿索贿等腐败之风。

韩非严正指出："群臣卖官于上，取赏（偿）于下。"（《饰邪》）"财利多者买官以为贵，有左右之交者请谒以成重。"（《八奸》）"行财货以事贵重之臣者，身尊家富，父子被其泽。"（《奸劫弑臣》）"人主之左右……求索不得，贿赂不至，则精辩（通'办'）之功息（修智之士凭精纯廉洁和办好政事建立的功业就要被扼杀）而毁诬之言起矣。"（《孤愤》）这种种腐败现象带来的后果，就是"奸臣愈进而材臣退"（《饰邪》），"贤者懈怠而不劝，有功者隳而简其业"，韩非认为：这是"亡国之风"（《八奸》），必须禁止。

（八）推荐人才，必须禁止徇私妄举

韩非说：对于"父兄大臣"推荐人才，也要使他们"以罚任于后，不令妄举"（《八奸》），用受罚担保后果，不许他们胡乱地推荐。他还说：大臣推荐人合乎标准（"言程"），推荐者和被推荐者都必定得到赏赐（"俱必利"）；反之["不当（符合）"]，推荐者和被推荐者都必定受到处罚（"俱必害"）。这样，人就"不私（偏袒）父兄而进其仇雠（有才能的仇人）"了。（《八经》）

二、使用关

韩非说:"使人不佚(逸)"。(《难二》)如何使臣子竭力尽智,为国效力,又如何使君臣上下协调一致、合力同心,治理国家,这确实不是一件简单、安逸的事。这对君主的眼光、智慧和能力,都提出了更高的要求,君主必须付出更多的精力和艰辛,才能解决好问题。在这方面,韩非特别强调,用人要有术。"无术以用人,无所任而不败。""任智(指有智谋的人)则君欺,任修(指品行好的人)则君事乱,此无术之患也。"(《八说》)在这方面,他提出了一系列很有价值的意见。

(一)必须明法以制臣

韩非认为:"法禁明著,则官治。"(《六反》)因此,必须"尽之以法,质之以备"(《爱臣》),使他们一律按法办事,并用各种措施使他们行为廉正:"居官无私"(《饰邪》),"动无非法"(《有度》),"循法而治"(《用人》)。他主张:"人臣虽有智能,不得背法而专制;虽有贤行,不得逾功(在立功之前)而先劳(得到赏赐);虽有忠信,不得释法而不禁(不受约束):此之谓明法。"(《南面》)

（二）用人必须用势（指赏罚）

韩非认为："为人主而身（亲身）察（考察）百官，则日不足（时间不够），力不给（精力不足）。"再说，君主即使有才能，臣下也有办法对付。"上用目，则下饰观（掩饰真相）；上用耳，则下饰声（花言巧语）；上用虑（思虑），则下繁辞（夸夸其谈）。"所以，只有"舍已能而因法数（术），审赏罚（严明赏罚）"，才能"独制四海之内，聪智（机巧权变的人）不得用其诈，阴躁（阴险浮躁的人）不得关其佞（施展花言巧语妩媚人），奸邪无所依"。"远在千里外，不敢易其辞（随便乱谈）；势在郎中（君主的侍从近臣），不敢蔽善饰非；朝廷群下，直凑单微（都把个人微薄的力量直接奉献给君主），不敢相逾越（超越职守）。"这样，君主就"治不足（要处理的政事就很少了）而日（时间）有余"。韩非认为，这是"上之任势使然也"。（《有度》）

（三）必须按客观规律办事

韩非说："天有大命，人有大命。"（《扬权》）自然界和人类都有普遍法则，不以人的主观意志为转移。君主使用臣子，应该"守成理，因自然"（《大体》），不能违反客观法则。不能盲目蛮干，让臣下去干那种"操钩，视规矩，举绳墨,而正(校正)太山"的蠢事,也不能简单粗暴,让臣下去干那种"带干将(利剑名)而齐(治理)万民"的蠢事。韩非指出,这种"极巧以败太山之体"、"尽威以伤万民之性"的事情,结果只能是失败:"太山不正,民不能齐"。(《大体》)

此外,还要注意,不能超越客观可能的范围苛求臣下。他以人"不能自举(不能自己把自己举起来)"、"不能自见(不能自己看见自己的脸)"为例,说明:人的能力都有一定的局限性,不是想做什么就能做到的。"势有不可得,事有不可成。"(《观行》)君主不能凭自己的主观想象,苛求臣下做那种不可能办到的事。韩非指出:"立难为而罪不及,则私怨生;人臣失(丢掉)所长而奉难给(奉行难以胜任的事),则伏怨结。"(《用人》)

(四)君主必须"谨修所事"(《扬权》),谨慎地处理政事

韩非说:"君有道,则臣尽力而奸不生;君无道,则臣上塞主明而下成私。"(《难一》)韩非告诫君主,不可好逸恶劳,要亲理政事。"恶自治之劳惮"(厌恶亲理政事的劳苦,惮:通"瘅")(《三守》),就要受到奸臣的侵害。也不可贪图享乐。"好五音","耽(沉溺)于女乐","不

191

务听治","不顾国政",就有乱亡之祸。(《十过》)

(五)君臣有职,应该"各守其职"(《外储说左上》)

韩非说:"事在四方,要在中央。圣人执要,四方来效。"(《扬权》)君主应掌握权势,处理治国的大政、方针问题;不应越俎代庖,亲自操劳臣子该做的事,压抑臣子的积极性。具体的政事应放手让臣子去处理,使"智者尽其虑","贤者敕(chì,敕厉,亦作'饬厉',告诫劝勉)其材(才)"(《主道》),从而建立功名。他讲了子产相郑的故事:子产身为郑国的国相,但他该做的事,都被国君包揽去了。国君忙得焦头烂额,"饮酒不乐"。但"国家不定,百姓不治,耕战不辑睦(和睦)"。后来,改变了做法,把具体的政事交给子产去办,情况就改观了:"为政五年,国无盗贼,道不拾遗,桃枣荫(遮蔽)于街(四通八达的大路)者莫有援(伸手去摘)也,锥刀遗道三日可反(返)。三年不变,民无饥也。"(《外储说左上》)这个故事生动地说明了这个问题。

(六)必须广开言路,集思广益

韩非认为:君主一个人的智慧和能力是有限的:"力不敌众,智不尽物。"因此,"与其用一人,不如用一国"。

君主不能仅凭个人智力进行统治，必须利用臣下的智慧和力量："事至而结（集中）智，一听而公会（一一听取意见，然后把大家集合起来议论）"，让大家出谋划策，"尽人之智"，"尽人之力"，办好事情。（《八经》）

（七）必须听取逆耳之言

韩非认为，"忠言拂耳"，但"可以致功"。（《外储说左上》）拂耳之言虽"小逆在心"，但"久福在国"。君主应该"以福拂耳"，为了国家的长久利益，听取逆耳之言。（《安危》）并特别指出，"明过"者"无罪"，没有他们，"无以知迷惑"。君主应该闻过则喜，不能闻过则怒，"怨恨"或"加罪"他们。（《观行》）这样，才能不失忠直之士的帮助，治理好国家。

（八）必须给臣下提供必要的工作条件，并注意改善他们的生活环境

韩非引用惠子的话说，"置猿于柙中，则与豚同"。（《说林下》）猴子是聪明的，能学会人的许多动作，有表演的才能。但是，把它关在木笼里，它就跟小猪一样了，失去表演的才能了。人的才能也是受客观条件制约的。"势不便，非所以逞能也。"（《说林下》）客观条件不利，人的才能就无法表现。因此，君主用人，要给他们提供必要的工作条件，如"势足以行法，奉（俸）足以给事（让他们办好公事）"（《八经》）；同时，也要注意改善他们的生活环境，使他们无后顾之忧，一心一意地为国效力。他在《难二》一文中，讲了齐景公决定把晏子从旧房迁入新房、从集市区迁到风景区的故事，虽然晏子没有接受，但齐景公的这种做法，还是应该肯定的。

（九）必须关心臣下的疾苦和切身利益

韩非说：对臣下"劳苦不抚循（抚慰），忧悲不哀怜（同情）；喜则誉小人，贤不肖俱赏；怒则毁君子，使伯夷与盗跖俱辱"，这样，"则臣有叛主"。（《用人》）他在《外储说左上》一文中，讲了吴起在魏国为将时的一个故事：吴起带兵非常体恤士兵的疾苦。有个士兵身上患了一种叫痈疽的毒疮，流血流脓，非常痛苦。吴起就跪着为他吮吸伤口，赢得了士兵的拥护，都愿意为他拼死作战。这个故事说明，关心臣下的疾苦，这是对臣下最大的爱护和激励。只有这样，才能得到他们的衷心拥戴和全力支持。

善用人者，要把好四关
——论韩非的用人主张

（十）必须"知下"（《难三》），了解下情，了解臣下的思想行为

这样，才能"明于用臣"（《说疑》），治理好国家。如果"不知其臣之意行（思想行为），而任之以国"，则"小之名卑地削，大之国亡身死"。（《说疑》）因此，君主必须注意：（1）不现好恶。"君见（现）恶，则群臣匿端（把这方面的事情隐藏起来）；君见好，则群臣诬能（吹嘘有这方面的才能）。""群臣之情（真情）不效（呈现），则人主无以异（分辨）其臣（指臣下的好坏）矣"。（《二柄》）（2）"决诚以参，听无门户"（《八说》），用检验的方法判明事情的真相，不偏听偏信。要"循名实而定是非，因参验而审言辞"（《奸劫弑臣》），按照名实是否相符来判断是非，根据对办事的实际效果的检验来审查言论的真伪。这样，群臣百官就不敢"以虚言惑主"，不敢"以贪渔下"，就能"陈其忠而不弊（通'蔽'）"，"守其职（忠于职守）而不怨（没有怨言）"了。（《奸劫弑臣》）君主对臣下的思想言行、是非功罪都清楚了，国家就容易治理了。

（十一）必须"善以止奸为务"（《制分》）

首先，要加强思想教育，"禁奸于未萌"（《心度》），防患于未然。还要注意抓苗头,"蚤(通'早')绝奸之萌"(《外储说右上》),防止小过成大罪。同时要从法制上加以预防,"尽之以法(用法律使他们尽心竭力),质之以备(用多种措施使他们规规矩矩)"。此外,还要奖励告奸,"赏告而奸不生"(《心度》)。鉴于当时各诸侯国都存在"乱臣之忧"(《奸劫弑臣》)、"群臣百官之乱"(《说疑》),韩非反复指出:不可使"大臣太贵""左右太信"(《孤愤》),要限制他们的权势,防止他们篡权。对危害君主的势力,要"散其党,收其余(作孽),闭其门,夺其辅(帮凶)"(《主道》),彻底打击。对于群臣中以权谋私、卖官买官、受贿行贿索贿、拉关系走后门等腐败现象,韩非斥之为"亡国之风"(《八奸》),必须严加禁止。

三、考核关

韩非认为,君主使用官吏,必须进行经常的考核。这是进一步识别官吏、使用官吏的主要方法,也是决定官吏进退、赏罚的主要依据,对促使官吏提高思想素质和工作效率,有重要意义。

如何进行考核?韩非明确指出:考核必须以才能为重点:

"课群臣之能"。(《定法》)以功绩为标准:"试之官职,课其功伐(功绩)"。(《显学》)他特别指出,如果"不以功伐决智(才智)行(德行),不以参伍(用事实多方面地加以检验)审罪过,而听左右近习(亲信)之言",那么就要"无能之士在廷,而愚污之吏处官矣"。无能之士和品质不好的人就要在朝廷上占据要位了。(《孤愤》)具体考核,应从两个方面入手。

(一)循名责实,考察名位和实绩是否一致

韩非说:"循名实而定是非"(《奸劫弑臣》),按照名实是否相符判定是非功过,从而实施赏罚:"有功者受重禄,有能者处大官。"(《人主》)"知(智)不足以治职,则官收(罢官)。"(《八经》)这样,"所举者必有贤(品德好),所用者必有能,贤能之士进,则私人之请(走后门的现象)止矣"。(《人主》)

(二)言必责用,考察进言和事功是否相符

韩非说:"因参验而审言辞"(《奸劫弑臣》),根据对实际效果的检验来审查进言和事功是否相符。"功当(符合)其言,则赏;不当,则诛(罚)。"(《难二》)功当其言,

说明臣子的进言是诚实的，所以要赏；功不当其言，说明臣子的进言是欺骗君主的，所以要罚。分清诚实和欺骗，贤与不肖也就清楚了。所以，韩非说："为人主者诚明于臣之所言，则别贤不肖如黑白矣（辨别贤人和不肖的人就像黑白一样清楚了）。"（《说疑》）

考核官吏，是一项非常严肃的工作，必须慎而又慎，不能有半点马虎。韩非认为，最重要的有以下几点。

一是要坚持实事求是，具体问题具体分析。如：对于言论和实效不相符的，要查明它的原因，不能一概而论。只有"无故而不当（指言论和实效不相符）"，才为"诬（欺骗）"，才应该"罪臣"。（《八经》）否则，不能以欺骗论处。

二是必须重视调查核实，不能"听有门户"（《内储说上七术》），偏听偏信；也不能"三人成虎"（《内储说上七术》），轻信流言。凡是"称誉者所善（所赞美的人），毁疵者所恶（所憎恶的人），必实（核实）其能，察（查明）其过，不使群臣相为语（互相吹捧或诽谤）"。（《八奸》）这样，才不会误伤好人，错用了坏人。

四、赏罚关

韩非说:"赏罚者,邦之利器也。"(《喻老》)"人主者,以刑德制臣者也。"(《二柄》)因此,君主要管好官吏,必须牢固掌握赏罚大权。

(一)必须根据法制施行赏罚而不凭个人喜怒("有赏罚而无喜怒")

"喜则誉小人,贤不肖俱赏;怒则毁君子,使伯夷与盗跖俱辱;故臣有叛主。"(《用人》)必须根据刑法杀人而不逞私威害人("有刑法死而无蜇毒")。因此,君主不可"释(抛弃)法制而妄怒"(《用人》),乱杀,乱罚。"妄诛(杀),则民将背叛。"(《八说》)"罪生甲,祸归乙,伏怨乃结。"(《用人》)

(二)必须坚持赏功罚罪的原则,以事实为依据

"有功者必赏,有罪者必诛。"(《饰邪》)"赏不加于无功,罚不加于无罪。"(《难一》)因此,不可"以誉(虚假的名声)为赏,以毁(被诽谤的坏话)为罚";否则,"好赏恶罚之人",就要"比周以相为",紧密勾结,互相吹捧

或诽谤了。(《有度》)也不可赏罚颠倒,"名赏在乎私恶当罪之民,而毁害在乎公善宜赏之士,索国之富强,不可得也。"(《六反》)

(三)必须坚持公正的原则

"赏罚不阿。"(《六反》)"以赏者赏,以刑者刑。"(《扬权》)在赏罚面前人人平等,不分贵贱亲疏。"诚有功,则虽疏贱必赏;诚有过,则虽近爱必诛。"(《主道》)对于"害国伤民败法"的人,尽管和君主有"父兄子弟之亲",也要"杀亡其身,残破其家",决不姑息。(《说疑》)

(四)必须坚持赏罚和毁誉相结合的原则

"誉(赞誉)辅其赏,毁(贬斥)随其罚。"(《五蠹》)"赏誉同轨,非(诽)诛俱行。"(《八经》)"赏莫如厚,使民利之;誉莫如美,使民荣之;诛莫如重,使民畏之;毁莫如恶,使民耻之。"(《八经》)有功者不仅受赏,而且"美名"在外;有罪者不仅受罚,而且"恶名"在身。这样,就能扩大赏罚的影响,使更多的人受到教育,认识到受赏不仅有利而且光荣,受罚不仅可怕而且可耻,从而分清是非,去恶向善。

五、小　结

以上四个方面，既有区别又有联系，相辅相成，是一个完整的用人机制。充分发挥这个机制的作用，就能提高群臣百官的思想素质和工作效率，建立一支高素质、高效率的官吏队伍，并依靠这支队伍治国安民。

在韩非看来，这支官吏队伍应具备以下特点：

1. "尽力守法，专心于事主。"（《忠孝》）

2. "循令而从事，案（按）法而治官（履行职责）。"（《孤愤》）

3. "朝廷不敢辞贱（卑贱的职务），军旅不敢辞难（危险的战役）。"（《有度》）

4. "坚中（品德坚贞）而廉外（行为廉正），少欲（私欲很少）而多信（十分守信）。"（《十过》）

5. "群臣公政（正）而无私，不隐贤，不进不肖。"（《难三》）

6. "为臣尽力以致功，竭智以陈忠。"（《奸劫弑臣》）

7. "左右"不敢"以虚言惑主"，"百官"不敢"以贪渔下"。（《奸劫弑臣》）

8. "官不敢枉法，吏不敢为私利，货赂不行。"（《八说》）

9. "进善（好）言、通道法（法术）而不敢矜（夸耀）其善（高明）；有成功立事（成就和业绩）而不敢伐（炫耀）其劳。"（《说疑》）

10. "忧天下之害，趋一国之患，不避卑辱（不计较个人卑贱的地位和屈辱的待遇）。"（《难一》）

韩非认为，君主只要"明于所以任臣"（《说疑》），建立这样一支尊主守法、公正无私、清廉方正、竭力尽智、利国安民、不计较个人得失的官吏队伍，就能建立一个"群臣守职，百官有常"（《主道》）的法治国家，就能"明其法禁，察其谋计"，使国家"富强"，从而达到"内无变乱之患"，"外无死虏（指外来侵略）之祸"（《八说》）的理想境界。

明于臣之所言，才能明于所以任臣

——论韩非的"听言之道"

臣言君听，这是君臣关系中的一个重要方面。臣言中，必然有忠诚的、有欺骗的，有正确的、有错误的，还有别有用心的，诸如颠倒是非（"言是为非，言非为是"）、颂古非今（"称道往古，使良事沮"）、隐瞒真情（"诬情"）、歪曲事实（"诬事"），等等。（《说疑》）面对这些言论，君主应如何对待？

韩非认为，最重要的是，必须做到一个"明"字。"为人主者诚（如果）明（明察）于臣之所言，则别贤不肖如黑白矣。"（《说疑》）只有"明于臣之所言"，才能分清是非真假、贤愚忠奸，才能"明于所以任臣"（《说疑》），懂得如何正确地任用臣子。而"任人以事"，又是国家"存亡治乱之机（关键）"。（《八说》）所以，能不能做到"明于臣之所言"，就是关系国家治乱存亡的大事。"为人主者，诚明于臣之所言，则虽罼弋（打猎）驰骋（骑马），撞钟舞女（耽于女乐），国犹且存也；不明臣之所言，虽节俭勤劳，布衣恶食（粗食），国犹自亡也。"（《说疑》）这绝不是危言耸听，而是事物发展的必然。

一、听言的三个原则

韩非主张，听言必须掌握以下三个原则。

第一，"督（察看）其用"（《八经》），"以功用为的（dì，目的）"（《外储说左上》）。做臣子的，进言必须"轨（符合）于法""周（切合）于用"（《五蠹》），有符合法制，有利于国家的治强。"若其无法令（依据）"，但"可以接诈（对付诈骗）、应变（适应事变）、生利（获得利益）、揣事（推测事理）"，有实用价值，能解决实际问题的，也可以采用。（《问辩》）如果"喜淫辞（夸夸其谈）而不周于法，好辩说（动人的说辞）而不求于用，滥（沉醉）于文丽（华丽的文采）而不顾（考虑）其功"，这样的国家就可能灭亡（"可亡"）。（《亡征》）

第二，"课（考核）其功"（《八经》）。做臣子的必

明于臣之所言，才能明于所以任臣
——论韩非的"听言之道"

须言行一致，按照自己的言论、主张做出功效来。君主必须加以考核，"循名实而定是非，因参验而审言辞"（《奸劫弑臣》）。按照言论和事实是否相符来判断是非，根据事实的验证来审察言论的真伪。这是检验言论是否诚实可靠、切实有用的最好方法，也是识别臣下才智和德行的最好方法。这样，才能促使臣下讲真话，讲实话，讲有用的话。"虽知（通'智'）者犹畏失也，不敢妄言。"（《外储说左上》）韩非认为，这对于了解群臣、"明于任臣"，有重要意义。

第三，定赏罚，就是根据考核的结果决定赏罚。"功课而赏罚生焉。"（《八经》）"功当（相符）其言则赏，不当则诛。"（《难二》）言论和功效相符的，就赏；言论和功效不相符的，就罚。这样，才能使"无用之辩不留朝"，"朋党之言不上闻"（《八经》），"群臣莫敢饰言（用花言巧语）以惑主"（《南面》）。不过，对于功"不当"言是不是欺骗，韩非主张要实事求是，具体问题具体分析。"无故而不当（相符）为诬，诬而罪臣。"（《八经》）如果有特殊原因而不当，则不能以欺骗论处。对这个问题的处理，韩非是客观而慎重的。

二、听言最重要的方法

韩非的"听言之道"中,有一个非常重要又极有价值的观点,就是"众端参观"(《内储说上七术》),对于臣下的言行必须进行实际检验,而且要"众端以参观"(《备内》),根据多方面的情况加以检验、观察。必要时,要从地利、天时、物理、人情四个方面加以分析、验证,"揆(衡量)之以地,谋(思考)之以天,验(验证)之以物,参之以人",以了解言论的是非。(《八经》)这是了解真实情况、不被欺骗的最可靠的办法。检验,就能了解真实情况;不检验,就要受蒙蔽。所以,韩非强调说:"观听不参则诚不闻,听有门户(偏听偏信)则臣壅塞。"(《内储说上七术》)他特别指出:"奸臣得乘幸信之势以毁誉进退群臣","欺主成私",就是由于对他太信任,对他的话"非参验以审之"的缘故。(《奸劫弑臣》)因此,他坚决主张"言必有报(核实)"(《八经》),"审其情实(考察实情)"(《外储说左下》)。对于被称誉、被诋毁的,一定"实(核实)其能,察(查明)其过,不使群臣相为语"(《八奸》),防止他们互相吹捧或诽谤,"以虚言惑主"(《奸劫弑臣》)。

韩非认为:臣子中有忠直之士,也有奸佞之臣。奸佞之臣,

明于臣之所言，才能明于所以任臣
——论韩非的"听言之道"

巧言令色，阿谀奉承，一言一行皆"顺人主之心"（《奸劫弑臣》），"共（通'供'，迎合）其欲（欲望）"，以"得一悦于主"（《说疑》），从而"以取亲幸之势"，而"欺主成私"（《奸劫弑臣》）。他们心怀不善，但言辞动听，君主往往高兴。而忠直之士，为人忠诚耿直，心口如一，为了国家的利益，"明割利害以致其功（明白分析利害得失来帮助君主建功立业），直指是非以饰（通'饬'，修治）其身（直接指明是非功过来帮助君主端正言行）"（《说难》）。尽管一片忠心，但言辞刺耳，君主往往动怒。因此，韩非提醒君主，听到这一类言论，都要冷静分析。听到使自己高兴的话，要探求它的虚实["己喜，则求其所纳"（指赞誉自己的话）]；听到使自己发怒的话，要明察它的是非["己怒，则察其所构"（指批评自己的话）]，不能凭自己的喜怒就做结论。应该等到情绪转变之后，并取得是否诽谤和赞誉、是否为公还是为私的验证，再做结论（"论于已变之后，以得毁誉公私之征"）。（《八经》）这就是说，听言不能以自己的感觉和情绪为标准，必须抓住本质问题进行分析，分清是非真假、为公为私，才能作出正确的判断，避免忠奸不分的错误。

三、听言的四个误区

在听言方面，韩非认为，有四个误区必须避免。

（一）以言取人

看人、用人，以口才为标准。人的口才，谈话动听不动听，和人的品德、才智不都是一致的：有的成正比，有的成反比。因此，听人讲话一定要审慎，不可以言取人。韩非认为："呐（同'讷'）者言之疑，辩者言之信。"（《八经》）口才笨拙的人说的话，尽管是"无易之言（切合实际的话）"（《外储说左上》），也容易使人怀疑；能言善辩的人说的话，尽管是"不然之物（不真实的东西）"（《外储说左上》），也容易使人相信。因此，听人讲话，不可简单地以言取人。以言取人，轻则看错人，重则给国家带来严重的祸患。关于前者，他以宰予为例。宰予是孔子的学生，以善辩出名。说起话来，"雅（高雅）而文（有文采）也"。孔子认为他有智慧。但"与处久"，就发现他"智不充（不及）其辩（口才）"。孔子为此还检讨了自己"以言取人"的错误。（《显学》）关于后者，韩非举了孟卯和赵括的例子："魏任孟卯之辩，而有华下之患；赵任马服（指赵括，他是马服君赵奢之子）

之辩，而有长平之祸。"（《显学》）孟卯是战国时魏国的相，有口才。公元前273年，曾率魏赵联军攻打韩国，秦将白起来救，战于韩国的华下，魏赵联军大败，死伤十五万。赵括是赵国名将赵奢的儿子，熟读兵书，好纸上谈兵，毫无作战经验。公元前260年，秦将白起攻赵，与赵军相距于长平。赵王中了秦国的反间计，用赵括代廉颇为将。结果赵军大败，被坑杀四十五万，赵括战死。韩非指出：这两件事，都是"为悦其言，因任其身"，根据口才任用人造成的错误："任辩之失"。（《显学》）

韩非认为，看人、用人都不能以口才为标准，应该以实际才能为依据。他主张"宰相必起于州部，猛将必发于卒伍"（《显学》），表现了对基层工作经验和实际办事才能的高度重视，无疑是正确的。

（二）言以多为信

"三人成虎"（《内储说上七术》），这是一个寓言故事，是说：市上本无虎，但三个人都说有虎，听的人就信以为真了。韩非对此深有感触，他明确指出："言之为物也以多信（言语这东西，说的人多了，就以为可信），不然（不真实）之物，十人云疑（听十个人说还有点怀疑），百人然乎（听一百个人说就以为是真的了），千人不可解也（听一千个人说就确信无疑了）。"（《八经》）用现代的话来说，就是谎言说上百遍就成了真理。因此，君主听取言论，不能以说的人多为准。

同一件事，说的人多，不一定就是真的，有的就是假的。人臣中良莠不齐，有些坏人就是利用人多造谣诬陷，以达到打击他人的目的。君主如果失察，就要伤害好人，而帮助了坏人。韩非就讲了这样一个故事：魏国和赵国结盟后，魏王就派大臣庞恭陪同太子到赵国去做人质。庞恭很有才干，深得魏王信任，同时也遭到很多人的嫉恨。出发前，庞恭就和魏王演示了"三人成虎"的故事，希望魏王听到关于自己的非议，能够明察。但是，魏王还是听信了对庞恭的诽谤、中伤，不再信任他了。（《内储说上七术》）可见，魏王因为诽谤庞恭的人多，就信以为真了，结果误伤了好人。庞恭受到的伤害还算是轻的，因为诬蔑不实之词而被害得身首异处、妻离子散、家破人亡的，又何止一个、两个？

无数的事实告诉人们，对这一类流言，决不可轻信，应本着对人负责的态度，坚持调查核实，弄清事实真相，推翻一切诬蔑不实之词，保护好人，决不让坏人的阴谋得逞。

明于臣之所言，才能明于所以任臣
——论韩非的"听言之道"

（三）偏听所信之言

韩非说："所畏之求得，所爱之言听，此乱臣之所因（利用）也。"（《八经》）对所爱信的人的话，坚信不移，这也是很危险的。这些人虽被宠信，但说话不一定诚实。出于某种私利，他们也能编造谎言，蒙蔽君上，达到他们不可告人的目的。如果偏听他们的一面之词，就要成为被他们利用的工具。

韩非讲过几个这样的故事，这里列举两个。

一个是楚怀王偏听夫人郑袖的故事。有一次，魏王送给楚怀王一个美女。郑袖非常嫉妒。表面上，她装得比楚怀王还喜爱这个美女，暗中却设下一个圈套。她假惺惺地对美女说：大王非常喜欢你，但讨厌你的鼻子。你见到大王时，就把鼻子捂起来，大王就会长久地喜欢你了。美女就照着做了。郑袖又对楚怀王说，新来的这个人，见到大王就捂着鼻子，是讨厌大王身上的气味。楚怀王很生气，就下令把这个美女的鼻子割了。（《内储说下六微》）而楚怀王也落得了一个昏君的骂名。

另一个是鲁相叔孙偏听家臣名叫牛的故事。牛很受叔孙的宠爱。他和叔孙的两个儿子不和，就玩弄两面手法，制造他们父子间的矛盾，谋杀了他们。鲁君赐给叔孙的小儿子一个玉环，小儿子不敢佩戴。按礼制，这个玉环必须征得父亲同意后才能佩戴。牛就告诉他，我给你请示过了，你可以戴。小儿子就戴上了。之后，牛又把这件事告诉了叔孙，叔孙见了，很生气，就把小儿子杀了。不久，叔孙给大儿子造了一口钟。大儿子不敢敲。因为按礼制，这个钟必须得到父亲同意后才能敲。牛就说，我给你请示过了，你可以敲。大儿子就敲了。叔孙听到钟声以后，又很生气，就把大儿子赶走了。之后，牛又假惺惺地为大儿子向叔孙谢罪，叔孙就叫把他召回来。牛又假报，我已经召唤过他了，他不肯回来。叔孙又很生气，就派人把大儿子杀了。两个儿子都死了，叔孙得了病。牛就把他控制起来，不给饮食，把他饿死。接着，又把他家府库里的重宝洗劫一空，逃跑了。（《内储说上七术》）

这两个故事足以说明：偏听亲信的一面之词，不仅害人，也害自己，这都是听言"不参之患（不用事实加以验证的祸患）"（《内储说上七术》）

（四）憎恶逆耳之言

韩非认为："良药苦于口"，可以"已己疾"；"忠言拂于耳"，"可以致功"。这个道理，只有"明君圣主"才能理解："夫药酒忠言（的用途），明君圣主之以独知也。"

(《外储说左上》)

但是，一般的君主往往不能理解。"度量（原则）虽正，未必听也；义理（道理）虽全，未必用也。"甚至因为忠言逆耳，"以此不信"，认为这些话不可靠，"小者以为毁誉诽谤，大者患祸灾害死亡及其身（使进谏者遭到灾祸以至死亡）"。（《难言》）商纣就是一个坏典型。大臣们向他进谏，他就把他们或囚禁，或杀死后做成干肉，或剁成肉酱。他的叔父比干被他剖心而死。而他自己终于被周武王打败，自焚而死。（《难言》）

韩非认为，不听忠言，是为人君者常犯的错误，也是犯更大错误的根源。他在《十过》一文中，列举了历史上君主所犯的十种错误，其中八种都是因为"过而不听于忠臣"造成的"亡国""杀身""削国""绝世""穷身（指重病缠身）"之祸。他希望君主能吸取教训，免蹈历史覆辙。

四、小 结

韩非认为：只要"明于臣之所言"，分清是非忠奸，"因法数，审（严明）赏罚"（《有度》），就能使"贤良遂进（进用）而奸邪并（通'摒'）退（被斥退）"，就能"一举而

能服诸侯",成就霸王之业。(《说疑》)

韩非的"听言之道",是历史经验的深刻总结,体现了分清是非、赏功罚罪的法治精神,要求臣下忠诚老实、言行一致的精神,注重检验核实、求真务实的精神,对问题具体分析、实事求是的精神,用人不以口才而以实际才能为准的精神,鼓励臣下自由发表不同意见的精神,正确对待批评、虚心纳谏的精神。这些都是我们民族文化宝库中的瑰宝,在今天仍然是宝贵的精神财富,是推动我们事业汹涌向前的巨大动力。

不过,韩非有一个观点,认为君主听群臣发言时应该表现出醉昏昏的样子,却是不可取的。他说:"听言之道,溶(通'容',容貌)若甚醉。唇乎齿乎(群臣纷纷动嘴动舌),吾不为始乎(我始终不先开口);齿乎唇乎,愈惛(通'昏')惛乎(我越发要装出糊里糊涂的样子)。彼自离之(让臣下自己分析他们的意见),吾因以知之(我从而了解到他们的意图);是非辐凑(正确的和错误的意见都集中到这里),上不与构(君主都不要卷进去)。"(《扬权》)要了解群臣的意图,可以不先开口,也可以不参与议论,但故意装成这种醉昏昏的样子,实在没有必要。这种样子,是对群臣的不尊重,也是极不严肃的表现,既不能很好地了解群臣的意图,也与集思广益的初衷背道而驰。

虚心纳谏和善言进谏

做臣子的，应该怎样对待君主的过错？为人君的，应该怎样对待臣下的批评？这是君臣关系中一个非常敏感的问题。韩非的主张很清楚：君主应该虚心纳谏，臣下应该善言进谏。只有这样，君臣之间才能建立起和谐、合作的关系，同心协力，治理好国家。

韩非认为，臣下的批评，往往是不顺耳、不顺心的："忤于耳而逆于心。"（《难言》）但是，却可以明"是非"，以"饰〔通'饬'（chì）其身（帮助君主端正言行）〕"；晓"利害"，以"致其功"（帮助君主建立功业）。（《说难》）这是"小逆在心而久福在国"（《安危》），虽然在心里有些反感，但在国家却能获得长久的利益。所以，只有"猛毅之君"，坚强、自信而又勇于认错、改错的君主，才能"以福拂耳"（《安危》），为了国家的长远利益，听取逆耳的忠言。韩非认为：这样就不会失去忠贞之士的帮助，是国家长治久安的办法——"寿（长久）安之术也"（《安危》）。

韩非认为：听取忠言，对君主来说，进可以成功，退可以避祸。他以晋文公和楚庄王的事例说明了这个道理。

晋文公由于内乱，逃亡在外十九年。最后，在秦国的帮助下，终于结束了十九年的流亡生涯，回国夺取政权。渡过黄河，在进入晋国时，他命令把流亡过程中用旧了的食宿用具都扔掉，叫和他一起流亡、共过患难的旧臣都退到后面去。他的舅父子犯认为他这种做法是忘记过去苦难、忘记过去帮助过他的旧臣，不利于他将来的统治。晚上，就大哭起来，说文公的做法使他伤心，并向文公辞行。这件事，对晋文公来说，应该是件恼火的事。但晋文公很快就意识到自己错了，不仅没有责备他，而且说：现在你已帮我取得了国家，怎么能不和我一起治理它呢？就举行了隆重的仪式，向黄河河神发誓：不忘过去，不忘旧臣。由于他及时改正了错误，回国以后，这班旧臣仍然帮助他修明政务，施惠百姓，奖惩分明，实行了一系列的改革，终于建立了霸业。（《外储说左上》）

楚顷襄王，楚怀王之子。楚怀王时，楚国的国势已衰落了。顷襄王继位后，就想通过对外战争来恢复楚国往昔的地位。他看到越国"政乱兵弱"，就想出兵攻打越国。有个叫杜子的大臣就用"智如目"的比喻批评他,只看到别人的缺点,却看不到自己的缺点。他说:楚怀王时连败于秦、韩、魏等国,"丧地数百里,此兵之弱也"。庄蹻蹻发动了大规模的农民起义,"而吏不能禁,此政之乱也"。"王之乱弱,非越之下也,而欲伐越,此智之如目也"。这就是说,顷襄王的打算没有自知之明。这个批评是尖锐而刺耳的,但顷襄王还是接受了,就取消攻打越国的想法,从而使国家和人民免遭一场战争带来的灾祸。(《喻老》)

在韩非看来,做君主的有过错,并不可怕;改了就好,仍然会得到臣下的支持和拥戴。正如孔子的弟子子贡所说,"君子之过也,如日月之食(通'蚀')焉:过也,人皆见之;更也,人皆仰之。"(《论语·子张》)晋文公就是这样的一位君主。楚顷襄王虽不能和晋文公相比,但在这点上他还是明智的。

但是,一般君主常常不能理解臣下的批评,总觉得这些话刺耳,有失自己的面子,降低自己的威信,甚至怀疑对方别有用心,企图动摇自己的权位。因而对进谏者很反感,轻则疏远,重则横加罪名,加以迫害。比干,是商纣王的叔父,因多次进谏纣王而被剖心而死。伍子胥是吴国大夫,因劝谏吴王夫差拒绝越国求和,并停止攻齐,被逼自杀。历史证明,比干、伍子胥的劝谏是正确的，而商纣和吴王不听忠言而国灭身亡。

韩非认为，不听忠言、刚愎自用、讳疾忌医，是为人君者常犯的错误，也是为人君者犯更大错误的根源。这样的教训，历史上数不胜数。韩非在《十过》一文中，列举了历史上君主所犯的十种过错，其中八种都是因为"过而不听于忠臣"而造成的"亡国""削国""杀身""绝世"，"穷身"（指重病缠身）之祸。所以，韩非说："很（通'狠'）刚而不和（凶狠暴戾而不随和），愎谏而好胜（拒绝劝谏而自以为高明），不顾社稷而轻为自信（不顾国家安危而自以为是）者，可亡也。"（《亡征》）这样的国家就可能灭亡。

在韩非看来，对于臣下的批评，君主必须做到以下三点。

一是必须懂得"智如目"（《喻老》）的道理，正确对待自己。人非草木，孰能无过？没有缺点的人是不存在的，君主也不例外。只是因为"智如目"，能看清别人的缺点和错误，却看不到自己的缺点和错误，不等于自己没有缺点和错误。因此，为人君者听到批评，尽管言辞刺耳，但为了国家的利益，仍应该虚心听取，"以道正己"（《观行》），就像人的眼睛看不到自己的脸，必须"以镜观面"（《观行》）一样。这样，才不会失去忠直之士的帮助，才能不犯更大的错误。

二是必须正确对待批评者，做到"言者无罪"。"目失镜，则无以正须眉；身失道，无以知迷惑。""故镜无见疵之罪，道无明过之怨。""明过"者是"无罪"的，不应该遭到"怨恨"。（《观行》）。他们都是为了"振（救）世（为社会兴利除弊）"（《说难》）、"救危国（挽救濒临危亡的国家）"（《安危》），才进逆耳忠言的。没有他们，就"无以知迷惑"，不能因为忠言逆耳而"怨恨"他们，更不能像商纣和吴王夫差那样加害他们。

三是必须严格要求自己，知过必改。哪怕是一般的错误，也决不放过。改正了错误，就是正确的开始。他列举了西门豹和董安于的例子：西门豹因为性子急（"性急"），办事急躁，就佩戴柔韧的皮带来提醒自己办事要冷静沉着一些（"佩韦以缓己"）；董安于因为性子慢（"心缓"），办事拖拉，就佩戴绷紧的弓弦来督促自己办事敏捷果断一些（"佩弦以自急"）。（《观行》）性子急，性子慢，都不能算是大的错误，但它影响工作，他们还是非常严格认真地督促自己改正。这两个例子说明，改正缺点和错误，必须从严从紧要求自己，丝毫不能马虎放松，这样才能收到实际的效果。

韩非认为：做到了这三点，就能"以有余补不足，以长

续短",就可以称为"明主"了。(《观行》)

做臣子的应该怎样对待君主的错误?韩非认为:应该善言劝谏["善谏"(《难一》)],注意方式方法。他讲了这样一个故事:齐国国相靖郭君打算在自己的封地——薛这个地方筑一座城。这意味着地方势力的加强,对君主是严重威胁,犯了君主的大忌。很多门客劝阻他,他都不听,还叫传达官不要为这样的人通报。有一个人就来求见,说:我只说三个字,多一个,就把我烹死。靖郭君就接见了他,他见面后就说了"海大鱼"三个字,返身就走。靖郭君很奇怪,一定要他说说这三个字的道理。这个人就以大鱼和海的关系比喻他和齐国的关系。说:齐国也是你的大海。你只要永久担任齐相,要筑这个城干什么呢?如果你因筑城而失去齐国的相位,即使把城筑得和天一样高,也没有用。靖郭君觉得他说得有道理,就停止筑城了,免除了因君臣之间的矛盾和冲突带来的灾祸。(《说林下》)这个故事说明,对君主的过错,必须善言相谏,并采取适当的方法,才能收到预期的效果。

韩非反对对君主采取"疾(激烈)争强谏以胜(压倒)其君"的态度:"言听事行(他们的话君主听了照办了),则为师徒之势(就像师长教训徒弟一样);一言而不听,一事而不行(如果有一句话不听从,一件事不照办),则陵其君以语（他们就会用强硬的语言侵侮君主），待之以其身（豁出命来等待处理），虽身死家破，要（同'腰'）领（头颈）不属（身首分离，属：zhǔ，连接），手足异处，不难为也（也不畏惧）。"韩非认为，这种人，"先古圣王皆不能忍也，当今之时，将安用之？"（《说疑》）

韩非也反对对君主采取粗暴无礼的态度。他讲了盲人乐师师旷的故事：有一次，晋平公和群臣一起饮酒，饮得高兴时，就说："莫乐为人君（没有比做君主更快乐的了），惟其言而莫之违（因为他的话没有人敢违背）。"当时，师旷也在座，就用琴砸了过去。幸亏平公让得快，没有被砸到。平公问："太师谁撞（撞谁）？"师旷说："今者，有小人言于侧者，故撞之。"平公说："寡人也（是我说的）。"师旷很惊讶，就说："是非君人者之言也（这不是当君主的人应当讲的话）。"左右侍臣都要求惩罚师旷，但平公认为他不是故意的，就说："释之（免了吧），以为寡人戒。"（《难一》）韩非认为师旷"失臣礼"："不陈人臣之谏（不陈述臣子的忠告），而行人主之诛（而用君主才能使用的惩罚的办法）"，是"逆上下之位"的错误行为。（《难一》）这个批评是完全正确的。不用说是对君主，就是对"小人"，也不能用这种粗暴无礼的态度。用这种态度批评人，尽管意见是正确的，也难以使人接受。但他认为:"臣行大逆(指'援琴撞之'),平公喜而听之",这是"失君道"的行为。(《难一》)这就不对了。晋平公对师旷的态度是实事求是的,既念他是个盲人而原谅了他,又接受了他的批评,表示自己要以此为戒,这种宽容大度、虚心纳谏的精神,是难能可贵的。这对于君主防止肆意极欲,任意妄为,是有好处的。

韩非还提到"善谏不听"的问题。他认为,"谏不听则轻爵禄(辞去官职)以待之(等待君主的省悟)",或"远其身(离开君主)",出走以避祸。(《难一》)这种态度,看似消极,放弃了做臣子的责任,但在当时也是不得已的办法。如果"强谏",则有身首异处的危险,而这样做既避免了矛盾的激化,从某种意义上讲,也不失为一种继续进谏的方式,就看君主悟不悟了。

在韩非看来,虚心纳谏和善言进谏,是矛盾的两个方面,虚心纳谏是矛盾的主要方面。君主只有虚心纳谏,君臣关系才能和谐一致,做臣子的才能进善言,尽力守法以事主,否则,过而不听忠言,君臣之间就要离心离德,做君主的就要失去忠贞之士的帮助,是不可能治理好国家的。

韩非认为:"力不敌众,智不尽物。"(《八经》)一个人的力量不能胜过众人,一个人的智慧不能尽知万物。君

虚心纳谏和善言进谏

主"虽有尧之智而无众人之助，大功不立；有乌获（战国秦武王时的大力士）之劲而不得人助，不能自举；有贲（bēn）、育（指孟贲、夏育，都是战国时期著名的勇士）之强而无法术，不能长胜"。（《观行》）所以，君主必须以人之长补己之短，才能治理好国家。他以"天地"作比，希望君主的心胸应该像"天地"一样辽阔宽广，"遍覆毕载"，包容万物。又以"太（泰）山、江海"作比，说明泰山"不立好恶"，对土石没有好恶之心，都能容纳，所以能形成它的高大；江海"不择（剔除）小助"，对溪流也不拒绝，都能容纳，所以能形成它的浩瀚。君主对人对事（包括臣下的批评），应该像"太山、江海"一样，"不立好恶"，"不择小助"，一切从国家利益出发，只要是对国家有利的，都能容纳，都能接受。这样，就能做到"上下交朴（上下淳朴一致），以道为舍（都把遵循客观法则作为自己行为的归宿）"；就能做到"万物备"，"国家富"；君主就能"长利积，大功立；名成于前，德垂于后"，达到国家大治的最高境界。（《大体》）

韩非特别提出君主要"不立好恶"，"不择小助"，意义深刻，见解精辟。这是关系君主成败的关键。君主只有去除个人的好恶之心，对一切有利于国家的人和事，都能兼容并包，才能集天下之智，合天下之力，治国安民，成就霸王之业。

以有所不为，达到大有所为

——论韩非的无为而治的思想

"无为而无不为"，是道家创始人老子的一句名言，表现了一种朴素的辩证法思想。他认为：一切事物的生成变化都是"有"和"无"的统一（"有无相生"），强调"无"是最基本的："天下万物生于有，有生于无。"并认识到"无"和"有"这两个对立面的转化："无为"可以转化为有为（"无不为"）。因此，他主张以"无为"而治天下。他说："道常无为而无不为，侯王若能守之，万物将自化。"（《老子》）不过，他所说的"无为"，是指一切顺应自然，否定人的主观能动性的思想。就像庄子所说的："残（断开）朴（原木）以为器，工匠之罪也。"（《庄子·马蹄》）一切都要保持原始状态，反对变革创新。以这种"无为"的思想来治国，除非回到"鸡犬之声相闻，老死不相往来"的"小国寡民"

以有所不为，达到大有所为
——论韩非的无为而治的思想

(《老子》)的原始社会去，是不可能"有为"（"无不为"），而达到"无为而治"的目的的。但是，他的"无为而无不为"的思想，对后世有着深远的影响。

儒家也讲"无为而治"："无为而治者，其舜也与！夫何为者？恭己（克制自己的私欲，约束自己）正南面而已矣。"(《论语·卫灵公》)南宋朱熹认为："圣人德盛而民化，不待其有所作为也。"(《朱熹集注》)东汉王充则认为："舜禹承安继治，任贤使能，恭己无为而天下治。"(《论衡·自然》)君主不仅要"恭己"，还要"任贤使能"，才能"无为而治"，这是儒家的"德治"主张，和道家倡导的"无为而治"，实不相同。但在战国时代已经不相适应了。

作为法家的代表人物，韩非也主张"无为而治"，但"无为"的内涵，和道家、儒家已有本质的区别。韩非的"无为"是指：君主要"去好去恶"，"去旧（主观成见）去智（个人智巧）"(《主道》)，不要"矜而好能（自大逞能）"，"辩惠（通'慧'）好生（即好生辩惠，喜欢卖弄口才和智慧）"(《扬权》)；要抓大事，"不躬（指亲自办理）小事（指臣下该办的事）"(《外储说右下》)；应该按法治原则，充分发挥臣下的智慧、才能和力量，让臣下"尽其虑"，"敕（chì，敕厉，亦作'饬厉'，告诫劝勉）其材（通'才'）"，"尽其武"，做好各方面

225

的工作。《主道》只有这样,君主才能做到无为而又无不能为,而天下治。这是一切遵循道法,力求建功立业的积极进取的思想,是韩非"术治"思想的重要内容,也是符合时代要求的。

有人认为,韩非的"无为"主张是一种"阴谋权术"①,似可商榷。阴谋权术的特点,不仅是秘密的、暗中策划的,而且更重要的是以害人为目的的。但韩非的"无为"主张,还看不出有这样的特点。

那么,韩非的"无为"主张,究竟有些什么内容呢?它的目的又是什么呢?

(一)"明主不躬小事"(《外储说右下》)

韩非认为,"臣主同欲而异使"(《功名》),臣子和君主治理国家的目标是一致的,但各自所做的事情是不同的。臣有职,君亦有职,应该"各司其职"(《外储说左上》)。君主应该"谨修所事"(《扬权》),不"恶自治(亲理朝政)之劳惮(劳累,惮:通'瘅')"(《三守》),牢牢掌握治国的大政方针,处理好内政外交方面的大事,解决好带有全局性的问题。具体的政事,应该交给臣下去办,君主不可

---

① 谷方:《韩非与中国文化》,贵州人民出版社,1996年1月版,第148—152页。

越俎代庖，包揽臣下该做的事。对于君主来说，这就是"因事之理，则不劳而成"。(《外储说右下》)。韩非对君主"不明分（不明确君臣的名分），不责诚（不要求臣下真心实意地效力），而以躬亲位下（反而亲自去做下面的人该做的事）"提出了批评，说他们就像齐景公不用马车而下去奔跑（"下走"）、魏昭王为了参与官府的政务，阅读法律条文而昏昏睡去（"睡卧"）一样的愚蠢。(《外储说左上》)

韩非认为："臣事君，子事父，妻事夫。三者顺则天下治，三者逆则天下乱，此天下之常道（永恒不变的原则）也。"(《忠孝》)君主役使臣子，臣子必须竭力尽智为君主效力，这是天经地义的事。因此，"明君无为于上，群臣竦惧（畏惧，指谨慎从事）于下"。"臣有其劳，君有其成功"，这是符合君臣关系的常规的。如果"上下易用（君臣上下的地位和作用颠倒了），国故（乃，就）不治"。(《扬权》)

(二) "去其智，绝（不用）其能"（《主道》）

韩非认为："力不敌众，智不尽物。"(《八经》)一个人的力量不能胜过众人，一个人的智慧不能尽知万物。这是不可改易的自然法则。因此，君主"与其用一人，不如用一国"。(《八经》)君主不能仅凭个人的智力进行统治，

227

必须利用臣下的智慧和力量。他提出了一个极有价值的办法，这就是："事至而结（集中）智（遇事就集中众人的智慧），一听而公会（一一听取意见再把大家集合起来议论）"。最后"自取一"，君主应有主见地取其一种，责令臣下去完成。（《八经》）这实际上是现代民主集中制的雏形。两千多年前，韩非就已提出了这方面的构想，实属难能可贵。这是对术治学说的重要发展，在当时的政治生活中有积极意义。所以，他明确主张，遇事应该"虚静以待"，"有智而不以虑"，"有贤（才）而不以行"，"有勇而不以怒（逞威风）"（《主道》）；更不可"矜而好能（自大逞能）""辩惠（慧）好生（即好生辩惠，喜欢卖弄口才和智慧）"（《扬权》）。应该"使智者尽其虑"，"贤者敕（chì，敕厉，亦作'饬厉'，告诫劝勉）其材（通'才'）"，"群臣尽其武"（《主道》）。这样，君主不仅"去智而有明，去贤而有功，去勇而有强"，依靠群臣的帮助，明察是非，建立功绩，使国家强大，而且"不穷于智"，"不穷于能"，"不穷于名"，有用不尽的智慧和才能，名闻天下。（《主道》）

三、令"有言（臣下进言）者自为（提出）名（主张），有事（臣下办事）者自为（做出）形（功效）"（《主道》）

这就是说，遇事，让臣下提出主张，并办出相应的功效。然后，君主"审合刑（通'形'）名"（《二柄》），仔细考察形名是否相合，并决定赏罚。"功当（相符）其言，则赏；不当，则诛。"（《难二》）这就是韩非用人的"刑（通'形'）名"术。由于事前，君主没有提出意见或主张；事后检验"形名参（检验）同，君乃无事"（《主道》），所以，"刑名"术也是"无为"术的重要内容。

韩非的"刑名"术，把形名和法术、赏罚等内容结合起来，是对黄老刑名之学的继承和发展，在当时的政治生活中具有重要的、积极的意义。

1. 有利于充分发挥臣子的聪明才智，调动他们的积极性和创造性，为国家建功立业，而且有利于分清君臣的职权范围，有利于君臣关系的和谐一致。正如韩非所说，"君操其名，臣效其形，形名参同，上下和调也"。（《扬权》）

2. 有利于考察群臣在履行职责中的实际表现和功过是非。韩非把这种方法比作"从室视庭"（《扬权》），因为近在咫尺，臣下的表现是否忠诚、执法是否坚决、才智是否称职、人品是否端正，这一切都可以看得清清楚楚。这就为进一步识别和使用群臣，提供了可靠的依据。

3. 有利于严明赏罚，提高群臣的思想素质。群臣的功过是非都看清楚了，就可以做到"发矢中的，赏罚当符"(《用人》)，把赏罚建立在事实的基础上，避免主观随意性。韩非特别指出，赏罚都是"因其所为（根据臣下的所作所为），各以自成（都是由他们自己造成的）。善恶必及（善恶一定得到相应的赏罚），孰（哪个）敢不信（忠诚老实）？"(《扬权》)韩非认为，赏罚兑现了，臣下就会献出忠诚。

4. 有利于禁奸止乱。韩非说："人主将欲禁奸，则审合刑名。"(《二柄》)通过"审合刑名"，就可以发现并惩罚"功不当言"、言行不一、欺骗君主的奸臣。欺骗君主，是奸臣篡权、劫弑君主的惯用手段，这是绝对不能允许的。所以，"欺主"，在当时是"大罪"，"其罪当死亡也"。(《孤愤》)但韩非对"功不当言"是否欺骗，不是一概而论的。他主张对"不当"的原因要有分析，只有"无故而不当为诬（欺骗），诬而罪臣"。(《八经》)如果不是主观原因，而是其他原因造成的"功不当言"，则又当别论。在这里，韩非表现了对具体问题具体分析的实事求是的精神，是难能可贵的。

（四）"去好去恶"（《主道》）

人有所好，人有所恶，这本是人之常情。但对君主来说，可不是小事。君主轻易表露自己的爱憎，就要被臣下利用。臣下就会从其所欲，伪装自己，使君主看不到真相。"君见（现）恶，则群臣匿端（隐藏这方面的事端）；君见好，则群臣诬能（吹嘘有这方面的才能）。"（《二柄》）这样，"群臣之情（真情）不效（呈现），则人主无以异其臣矣（无法分辨臣下的好坏了）"。（《二柄》）"好恶见（现）则下有因（利用），而入主惑矣。"（《外储说右上》）奸臣还会利用君主的好恶，"顺人主之心以取亲幸（亲信和宠爱）之势"，为非作歹。（《奸劫弑臣》）。"所恶，则能得之其主而罪之；所爱，则能得之其主而赏之。"（《二柄》）甚至因为君主对自己的爱憎，而走上背主叛国的道路。"臣憎（被憎），则起外若眩（借助其他诸侯国的力量挟制君主、恐吓君主，使君主像得了头晕病一样不能支持）；臣爱（被爱），则起内若药（借助君主的左右亲信蒙蔽君主、探测君主，使君主像吃了暗中下的毒药一样危及生命）。"（《八经》）所以，韩非反复强调，君主必须"去好去恶"："去好去恶，群臣见（现）素（现出本色）。群臣见素，则大君不蔽矣。"（《二柄》）他认为君主不表露自己的爱憎，臣下就无法钻空子，君主就可以驾驭臣下，防止他们欺主成私。

以上所述，可以归纳为以下几点。

一是韩非所说的"无为"，并不是说君主不要有所为，而是说君主在"有所为"的同时，应该"有所不为"，而让群臣有所为。只有群臣有所为了，君主才能"大有所为"，治理好国家，建功立业。"有所不为"和"大有所为"（即"不为"和"有为"），是辩证的统一，这是以退为进的策略。以"有所不为"达到"大有所为"，这才是韩非所说的"无为"的实质和真谛。

二是"无为"的主张，是符合客观规律和法治原则的，有利于处理好君臣关系，充分调动群臣的积极性和创造性，充分发挥群臣的智慧和才能，治理好国家。正如韩非所说，君主"无为"，臣下就能有为："群臣守职，百官有常"，就能有国家的强大、人民的安定、君主的功名。（《主道》）

三是"无为"的主张是和法术、赏罚联系在一起的，有利于考察、识别和使用群臣，有利于防奸禁奸，杜绝奸臣篡权的阴谋，有利于守护好国家。正如韩非所指出的，"为（治）天下"，最重要的是，要能像守护粮仓（"为廪"）那样守护好国家。但如何守护，必须保密。如果暴露出自己防卫的意图，奸臣就会采取相应的对策。只有"虚静无为而无见（现）"，才能使奸臣无从下手，守护好这个国家（"为此廪"）。这

以有所不为，达到大有所为
——论韩非的无为而治的思想

是君主必须掌握的方法。（《外储说右上》）

可见，"无为"术（包括"刑名"术）既不是"阴谋权术"，也不是"消极无为"的思想，而是一种积极的治国用人的方法。用韩非的话来说，此乃"贤主之经也"（《主道》），这是贤明君主治国用人的法宝。

方法再好，到运用得当，还有一段距离。怎样才能做到无为而治，对君主来说，仍然是一门复杂而高深的学问，需要在实践中不断认识，不断加强，不断提高，才能取得预期的效果。

韩非有两句话，如何理解，也值得商榷。这两句话是："事成则君收其功，规（谋划）败则臣任其罪。"（《八经》）"有功则君有其贤（贤名），有过则臣任其罪"。（《主道》）有人认为这是"卸责夺功"的思想。[①] 从字面看，这样理解并无不可，但结合实际来看，就不然了。"君收其功"，"君有其贤"，这并没有什么不对。正如韩非所说，"凡五霸所以能成功名于天下者，必君臣俱有力焉"。（《难二》）功和名都是君臣共建、也是共享的。臣子立了功，君主固然有功有名，但臣子也得到了名和利："贤材（通'才'）者处

[①] 谷方：《韩非与中国文化》，贵州人民出版社，1996年1月版，第151页。

233

厚禄，任大官；功大者有尊爵，受重赏。"（《八奸》）这是两赢的事情。至于"规败""有过"，和上文谈到的刑名不合""功不当言"的性质是一样的，韩非是不会一概而论的。他主张要有具体分析。"无故"而"规败""有过"，则"臣任其罪"；如果是客观原因造成的"规败""有过"，就应该具体问题具体对待，不能一概以"罪"论处。这样看来，韩非的这两句话，和他的总体思想并无矛盾，也不存在"卸责夺功"的问题，倒是他的实事求是的精神更值得人们敬仰。

严刑重罚，可以治国

——论韩非的"严刑重罚"

严刑重罚，是韩非法治思想中一个极其重要的内容，也是他治国主张中一项极其重要的措施。他认为，这是"称俗而行"（《五蠹》），是符合时代的要求，符合社会实际和国家政事的需要的。

韩非生活在战国末期。这是一个"大争之世"（《八说》），争"权"，争"利"是这个时代的特点（《五蠹》）。"有争则乱"（《难二》），这也是一个"大乱"之世。不仅各诸侯国之间争夺土地、争夺霸权的战争连年不断，各诸侯国内部争权夺利的政治斗争和社会矛盾也十分尖锐、复杂。表现为：政局不稳、官场腐败、社会混乱、"奸人不绝于世"（《守道》）。例如：奸臣劫弑君主、篡权夺位的事"不可胜数"（《说疑》）；王室内部争权夺位、互相残杀的事也屡见不鲜；群臣百官以权谋私、贪赃枉法、鱼肉百姓、害国伤民败法的事比比皆是；盗贼横行，也不足为怪，如此等等。在这种情况下，韩非说，"虽倍赏累罚而不免于乱"（《五蠹》）。因此，他坚决主张，治国必须用严刑重罚。

韩非认为，实行严刑重罚有三大优越性：一是严刑重罚是贯彻法令、禁奸止乱、治国安民的有力武器。他明确指出："严刑，所以遂（贯彻）令惩下也。""厉（同'砺'）官威民，退淫（邪恶）殆（危险，不安），止诈伪，莫如刑。"（《有度》）这就是说，贯彻法令，整治官吏、使民众害怕而不敢犯法，消除邪恶、祸乱，制止奸诈、弄虚作假，没有比刑罚更好的了。"刑胜（严峻）而民静（安宁）。"（《心度》）只有实行严刑重罚，才能使"国安而暴乱不起"（《奸劫弑臣》）。二是严刑重罚在禁奸止乱方面有不可代替的作用：收效快，有立竿见影的效果。"罚重，则所恶之禁也急（所厌恶的祸乱就能很快禁止）。"（《六反》）这是"恶乱甚（强烈厌恶祸乱）"、"欲治甚（迫切要把国家治理好）"的办法。（《六反》）三是严刑重罚也是防奸的有力措施。它有警示作用，使人们害怕而不敢犯法。这样，"奸无所萌"（《心度》），国家就能治理好了。"罚，所以禁也（刑罚是用来禁止奸邪的），民畏所以禁（民众害怕刑罚而不敢犯法），则国治矣。"

严刑重罚，可以治国
——论韩非的"严刑重罚"

（《八经》）可见，严刑重罚是符合当时社会实际和国家政事的需要的。他以秦国为例，说："古秦之俗，君臣废法而服（用）私"，"有罪可以得免，无功可以得尊显"，"是以国乱兵弱而主卑"。及至商鞅辅助秦孝公"变法易俗"，"明公道（奉公为国的原则），赏告奸"，对"轻犯新法"者"其诛重而必"，对"告奸"者"其赏厚而信"，"是以国治而兵强，地广而主尊"。（《奸劫弑臣》）可见，秦国之所以治强，对犯法者"其诛重而必"是一个重要的原因。"严刑重罚之可以治国"（《奸劫弑臣》），是不容置疑的。

针对当时"学者"鼓吹的"轻刑"的主张，韩非给予了严厉的批评。他说，这种主张"不察当世之实事"（《六反》），对坏人"不忍诛罚，则暴乱者不止"（《奸劫弑臣》）。"此乱亡之术也。"（《六反》）他讲了春秋时著名的政治家子产的故事：子产是郑国执政的卿。临终时，他教导将接替他执政的游吉说：你一定要"以严莅（lì，临视，治理）人"，对坏人一定要严刑治理。并打了一个比喻："火形严（严酷），故人鲜灼（很少被烧伤）；水形懦（柔弱），人多溺（很多被淹死）。"你一定要严厉地执行刑罚，不要让人因为你的柔弱而触犯法令。但游吉不肯用严刑。结果，郑国的年青人"相率为盗（强盗）"，聚集在一个地方制造祸乱。游吉率领战车，

237

和他们作战了"一日一夜",才把他们平息。游吉很后悔,早先没有按子产的教导去做,才酿成眼前这一场灾祸。(《内储说上七术》)这个故事说明,轻刑不能治国。对犯法者一定要用严刑,不能心慈手软,否则,犯法者将有恃无恐,泛滥成灾。

韩非认为,严刑重罚不仅是治国的必要手段,而且是成就霸王之业的必不可少的手段。他说:"操法术之数,行重罚严诛","犹若陆行之有犀车(蒙上犀牛皮的车子)良马也;水行之有轻舟便楫也,乘之者遂得其成"——"可以致霸王之功"。(《奸劫弑臣》)他以商汤、齐桓公、秦孝公为例,说:"汤得伊尹,以百里之地立为天子;桓公得管仲,立为五霸主,九合诸侯,一匡天下;孝公得商君(即商鞅),地以广,兵以强。"这都是因为伊尹、管仲、商鞅这三人,"皆明于霸王之术,察于治强之数(术)",而"操法术之数,行重罚严诛"以治理国家取得的成果。他们都是"足贵之臣(值得尊重的大臣)"。(《奸劫弑臣》)在韩非看来,严刑重罚也是"霸王之术"。欲建立"霸王之功",必须"行重罚严诛"。如果"轻释重罚严诛,行爱惠,而欲霸王之功,亦不可几(希望)也(是没有希望的)"。(《奸劫弑臣》)

韩非还认为,实行严刑重罚,也是建立最大的功绩——"至

严刑重罚，可以治国
——论韩非的"严刑重罚"

厚之功"的重要保证。他说："圣人治国也，正明法，陈严刑，将以救群生之乱，去天下之祸（这两句要合起来理解，意思是：能除天下民众遭受的战争带来的祸乱。"救"和"去"，同意反复，都是解除的意思。"群生之乱"和"天下之祸"是互文。）使强不陵弱，众不暴寡，耆老得遂（终，享尽天年），幼孤得长，边境不侵，君臣相亲（亲密相处），父子相保（护养），而无死亡系虏之患，此亦功之至厚者也。"（《奸劫弑臣》）韩非所说的"至厚之功"其实就是要建立一个没有内乱外患、富强和谐的国家，这是他的崇高理想，也是法治的伟大目标。

针对当时社会上出现的"重刑伤民，轻刑可以止奸"的论调，韩非进行了严正的驳斥。

（一）重刑可以止奸，轻刑不能止奸

重刑在禁奸止暴方面有不可代替的作用。"罚重，则所恶之禁也急（所厌恶的祸乱很快就被制止）。"（《六反》）所以，"国安而暴乱不起"（《奸劫弑臣》）。而轻刑，不仅不能禁止祸乱，还助长了奸邪。因此，"奸邪之臣愈众，暴乱之徒愈胜（猖狂）"（《奸劫弑臣》）。所以说，"以重止者，未必以轻止也"（《六反》）。再说，"所谓重刑者"，坏人得到的利益很小，而受到的惩罚却很重。人们不会为"小

利"而去犯"大罪"，"故奸必止"。（《六反》）这就是"以刑去刑"（《饬令》），其国必治。而"所谓轻刑者"，坏人得到的利益大，而受到的惩罚却很轻。他们就会"慕（追求）其利而傲（轻视）其罪（不怕犯罪），故奸不止"。（《六反》）。这就是"以刑致（招致）刑，其国必削"（《饬令》）。

（二）重刑不伤民，轻刑伤民

重刑打击的只是少数坏人，而对多数好人则是教育。"重罚者，盗贼也；而悼惧者，良民也。""重一奸之罪而止境内之邪"。（《六反》）这就是说，重罚一个坏人，可以使更多的人吸取教训，"不从（通'纵'，放纵）其欲（私欲）"（《心度》），而不敢违法犯罪。这实际上是爱民的措施。而用轻刑来治理国家，对坏人"不忍诛罚"（《奸劫弑臣》），是"利奸邪而害善人"，"惠盗贼"而"伤良民"。（《难二》）再说，轻刑，"人必易（忽视）之"，因而"易为非"（《难二》），容易犯罪。"犯而不诛，是驱国（这是驱使国人犯罪）而弃之（放弃了刑罚）；犯而诛之，是为民设陷（陷阱）也（这就等于为民众设下陷阱）。""是以轻罪之为民道也（因此，把轻刑作为治民的原则），非乱国也，则设民陷（即'为民设陷'）也，此则可谓伤民矣！"（《六反》）

严刑重罚，可以治国
——论韩非的"严刑重罚"

综上所述，韩非提出两个反问：实行严刑重罚，"此奚伤于民也？""欲治者奚疑于重刑！"（《六反》）。这两个反问问得好，真是掷地有声，振聋发聩。

但是韩非并不是惩罚主义者。他说得很清楚："夫重刑者，非为罪（惩罚）人也。"（《六反》）用重刑的目的并不是单纯为了惩罚人的。它的根本目的是为了使人们"不从（通'纵'）其欲（私欲），期于利民而已"。所以，用重刑"非所以恶民，爱之本也"。（《心度》）这不是憎恨民众的办法，而是爱护民众的根本措施。在执行刑罚方面，韩非还提出了极有价值的意见。

第一，他强调：执法者必须"以法行刑"（《五蠹》），受罚者应该"以罪受诛"（《外储说左下》）。这就是说，要以法令为准绳，要以事实为根据，按照法令和事实定罪判刑。既不把无罪的拉到有罪的一边，也不把有罪的推到无罪的一边（"不引绳之外，不推绳之内"）；对法禁以外的事不可严，对法禁以内的事不可宽（"不急法之外，不缓法之内"）。（《大体》）他要求"发矢中的，赏罚当符"，定罪判刑要准确。刑罚恰当，虽重不为暴；刑罚不当，虽轻不为慈。反对"释法制而妄怒"，妄罚、妄杀。并指出：妄杀，"而奸人不恐"；妄罚，"罪生甲，祸归乙，伏怨乃结"。（《用人》）他还

指出:"罚不辜之民,非所谓明也。"(《说疑》)"妄诛(杀),则民将背叛。"(《八说》)

第二,必须根据罪行大小、情节轻重,区别对待。例如:对"盗贼",同样是"重罚","治贼(抢劫杀人的强盗)"是判死刑;"刑盗(私下盗窃的小偷)",是"治胥靡";罚做苦役。(《六反》)他反对"厚诛薄罪"(《用人》),认为这样做,君主将"有易身(君位被篡夺)之患"(《用人》)。韩非还主张,官吏执行刑罚,要把仁爱之心和严格执法结合起来,做一个既能"平法"、又能"树德"的"善为吏者"。(《外储说左下》)对于犯有大罪的"大虎(比喻阴谋篡权的臣子)",有可能,也要通过"法刑",把他们挽救过来,使"虎化为人,复反(通'返')其真(恢复他们做人的本来面目)"。(《扬权》)可见,他的严刑重罚是以宽猛相济为原则的。

第三,执行刑罚,必须公正无私,坚决果断。"法不阿贵","刑过不避大臣"。(《有度》)"诚有过,虽近爱必诛"。(《主道》)必须反对有法不依,执法不公。"犯法为逆以成大奸者,未尝不从尊贵之臣也。"但是,他们却逍遥法外,不受法律制裁。而地位"卑贱"的无辜平民却"常"受诛罚,哭诉无门。这样,"法独明于(君主)胸中,而失其所以禁奸者矣"。

严刑重罚，可以治国
——论韩非的"严刑重罚"

(《备内》)

第四，必须实行"惩防并举，注重预防"的方针。"禁奸之法，太上禁其心，其次禁其言，其次禁其事。"(《说疑》)"禁其心"，就是首先要做好人的思想教育工作，提高人的法制观念和思想道德水平，从思想上铲除作奸为私的根源，"禁奸于未萌"(《心度》)。其次才是采用刑罚，禁止违法的言行。这个方针，对于减少犯罪，少用刑罚，有积极而重要的意义。

值得注意的是，韩非虽然反复强调"严刑重罚可以治国"，只是说，这是治国的必要的手段，并不认为这是治国的唯一办法。他认为，要真正治理好国家，必须"以法为本"(《饰邪》)，法术势相结合["君所以治臣者三(即势、术、法)"(《外储说右上》)]，并辅以道和德，"以道为常"(《饰邪》)、以德为先["国事务先而一民心"(《心度》)]，按照客观规律和道德标准办事。这才是富国强兵、君臣和谐、长治久安的"万全"(《饰邪》)之策、"万不失一"(《解老》)的治国方法。

关于韩非的严刑重罚的主张，就其主要的方面可以概括为以下几点。

一是实行严刑重罚是"称俗而行"(《五蠹》)，是符合社会实际情况需要的。

二是严刑重罚是贯彻法令、禁奸止乱的有力武器，也是对权力的有效监督和制约，可以使"国安而暴乱不起"（《奸劫弑臣》）。

三是严刑重罚的对象，主要是欺君、害国、伤民、败法的"奸邪"，而不是平民百姓。对平民百姓，主要是教育：通过严刑重罚，使人们害怕而不敢犯法，"不从（通'纵'）其欲"（《心度》），从而避免受刑。这实际上是爱民的措施。

四是执行刑罚必须公正，不分贵贱亲疏，人人一律平等。反对执法不公："尊贵之臣"有罪不诛，"刑罚之所以诛，常在卑贱"。（《备内》）

五是执行刑罚必须以法律和事实为根据，反对妄杀、妄罚、株连无辜。

六是执行刑罚必须宽猛相济，轻重有别，反对一味重罚，以刑罚逞威。

七是严刑重罚不仅是治国的必要手段，而且是成就霸王之业、建立富强和谐社会的重要措施和保证。

随着时代的发展，人们对刑罚的认识也不断深化和提高。韩非的严刑重罚的主张，不可避免地还有不够完善之处。但是，他的这个主张是符合他那个时代的特点、符合社会实际情况的，是一项利国利民的主张，这是不可否认的。

严刑重罚，可以治国
——论韩非的"严刑重罚"

　　有人认为韩非"惨刻寡恩"，他主张的法治是"恐怖"统治，未免言过其实，有失公允。只要联系韩非所处的时代和社会现实，全面、客观地考虑一下，就会发现韩非并不是凶神恶煞，而是古代一位能够顺应历史潮流，与时俱进，敢于"废先王之教"，创立法治理论的政治理论家，也是一位有崇高理想和坚定信念，为了人民的利益（"利民萌便众庶"），明知山有虎，偏向虎山行，不避"死亡之害"，矢志不渝的思想家。（《问田》）他的法治理论永远是我们民族的宝贵财富，他的崇高理想也是我们今天奋斗的目标，他的革新精神永远是鼓舞我们前进的思想动力。

明其法禁，察其谋计
——论韩非的"富强之法"

建立一个富强的国家，这是时代的要求，人民的愿望，也是韩非主张法治追求的目标。

一、国家为什么要富强？

韩非所谓的"富强之法"，就是"富国强兵"之法。"富国"，就要发展农业，多打粮食；"强兵"，就要建立一支兵员充足、作战勇敢、能抵御外侮的军队。韩非生活在一个"争于力"（《八说》）的战国时代。"力多则人朝，力寡则朝于人。"（《显学》）国力强大，别人就来朝见；国力弱小，就要朝见别人。这是一个弱肉强食的时代，也是人民在战火连天之中备受煎熬的时代。身处这样的历史时代，韩非深深感到："亡、王之机（关键），必其治乱、其强弱相踦（qī，偏重，不平衡）者也。"（《亡征》）国家的灭亡或称王，关键就在于两国的治乱强弱不平衡。为了国家的治强，他坚决主张，实行法治，厉行赏罚，使"其民用力（耕种），劳而不休；逐敌，危而不却"（《定法》），走富国强兵的道路，以成就霸王之业，实现他结束分裂、完成统一，"以救群生之乱，去天下之祸，使强不陵（欺侮）弱，众不暴（伤害）寡，耆老（六七十岁的老人）得遂（终，享尽天年），幼孤得长，边境不侵（不受侵犯），君臣相亲，父子相保（护养），而无死亡系虏之患"（《奸劫弑臣》）的崇高理想。

二、怎样使国家富强？

怎样才能使国家富强呢？韩非明确说道："谨于听治（谨慎处理国内外的政事），富强之法也。"也就是要"明其法禁，察其谋计"。这就是"明主"的"富强之法"。（《八说》）具体地说，应该从以下几个方面入手。

（一）必须坚持以法治国

韩非认为，这是富国强兵的必由之路。"圣人之治也，审（详细考察）于法禁，法禁明著（明白清楚），则官治（官吏做好本职工作）；必（坚决）于赏罚，赏罚不阿（偏私），则民用（民众听从使唤）。民用官治则国富，国富则兵强，而霸王之业成矣。"（《六反》）韩非特别指出，赏罚不能颠倒。如果"名赏（美名和奖赏）在乎私恶（谋私干坏事）当罪之民，而毁害（诋毁和损害）在乎公善（为国家做好事）宜赏之士，索国之富强，不可得也。"（《六反》）

（二）必须不拘一格，广招人才

人才是国家的精英，是出谋划策、改革创新的智库，是富国强兵，成就霸王之业的重要力量。第一，必须打破出身门第的限制。他以尧、舜、启、商汤、周武王为例，尽管有些人出身卑贱，但"以其能，为可以明法，便国利民"，明主还是举用了他们，因而"身安名尊"。（《说疑》）第二，必须不受国别区分的限制。他以秦穆公为例，指出：他所任用的三个人，蹇（jiǎn）叔、百里奚（《说疑》）和由余（《十过》）都不是秦国人。由余是晋国人，流亡到西戎，做了戎王的谋士。百里奚是虞国人，虞亡被晋国俘虏，后又作为奴隶陪嫁到秦国；途中，又逃到楚国，为人放牛。蹇叔也是虞国人，后隐居在宋国。但他们都有才能。秦穆公还是想方设法招徕了他们，重用了他们，并依靠他们成就了霸业。

（三）必须实行重本抑末的政策

韩非的重本抑末的主张是对前期法家代表人物李悝（kuī 亏）、商鞅等人的思想的继承和发展。"本"指农业，"末"原指奢侈品（即手工业品）的流通和交换，韩非进一步用来指工商业。但他并不否认工商业的作用，甚至还主张应给商业活动提供有利条件，便于商品交换。"利商市关梁之行（使商市、关口、桥梁便于通行），能以所有致（换取）所无，客商归之（客商闻风而至），外货留之（外来的货物存放下来）"。（《难二》）还为手工业生产出主意：要考虑社会市场的实际需要，否则，是没有前途的。韩非说：鲁国有一对夫妇，男的善于编草鞋，女的善于织缟做帽子。而他们却要迁居到"跣（xiǎn）行（赤着脚走路）""被（通'披'）发"，不穿鞋、不戴帽的越国去做生意，"欲使无穷（陷入困境），岂可得乎？"（《说林上》）但是，作为经济部门，农业是立国的基础，是人民衣食、富家富国的源泉，又为战争、赈灾提供物质基础。所以，他还是主张要重视农业，主张"积力于田畴（田地）"（《解老》），把农业放在第一位，而抑制工商业，对工商业则实行限制政策。特别要打击奸商偷工减料，以次充好，囤积居奇，投机倒把，盘剥农民的不法行为（《五蠹》）。目的是保证农业上的劳动力和农民生产的积极性，改变"寡趣（通'趋'）本而务趋末作（从事农耕的人少，而经营商业、手工业的人多）"（《五蠹》）这种不利于农业发展的状况。这在当时是有积极作用的。

在重农方面，除了主张限制工商业，减少"商贾（gǔ）之民"（《五蠹》），增加农业人口外，韩非还主张：

1. 要掌握自然规律，增加产量，提高经济效益。耕种庄稼，要掌握农作物的生长规律。"慎（通'顺'）阴阳（指气候的寒暖）之和（适合）"，"节（调度）四时之适（指合适的季节节令）"，"察于土地之宜"，顺应气候的变化，按照时令节气，因地制宜，适时收种。特别要顺应天时。"非天时，虽十尧不能冬生一穗"；"得天时，则不务而自生"。(《功名》)经营畜牧业，要"务于畜养之理"，掌握牲畜的饲养规律。这样，"六畜遂（兴旺），五谷殖（增产），则入多"。（《难二》）还要鼓励农民开荒种地，增产粮食。"不能辟草生粟，……不能为富民者也。"（《八说》）这都是富民富国的办法。

2. 要轻徭薄赋，减轻农民的负担。首先要轻徭。执政者（包括君主和各级官吏）必须"不以小功妨大务，不以私欲害人事"。"小功"是指徭役，执政者强迫农民为他们去做营造宫室之类的无偿劳动。"大务"则是指农业。"私欲"是指执政者贪得无厌、横征暴敛的欲望，"人事"是指农事。（《难二》）韩非严正指出，这种"以小功妨大务，以私欲害人事"的行为，不仅增加了农民的劳苦，损害了农民的利益，也破坏了农业生产，而且有亡国的危险。"好宫室台榭（建在高土台上的敞屋）陂（bēi）池（池沼）"，"好罢（通'疲'）露（疲劳）百姓，煎靡（挥霍、榨取）货财者，可（可能）亡也。"（《亡征》）其次还要薄赋。执政者应该"均（平衡）贫富"，"论其税赋"（《六反》），按照贫富的差别，合理分担税赋、即对贫者轻，对富者重。韩非指出："耕者则重税，学士则多赏，而索民之疾作而少言谈，不可得也。"（《显学》）农民是耕战的主力，对农民轻徭薄赋，对富国强兵无疑是有重大意义的。

（四）必须实行奖励耕战的政策

韩非说得好："富国以农，距（同'拒'，抵御）敌恃卒。"（《五蠹》）"能越（发挥）力于地（指农耕）者富，能起（调动）力于敌（指战争）者强。"（《心度》）农民和士兵，是国家富强、抵御外侮的主力。他们对国家、人民的贡献大，是"有益之民""宜赏之士",应该实行奖励政策使他们"以力得富,以事(指为国立功)致贵"。(《六反》"民有余食(余粮)",可以"以粟出(捐取)爵"。战士"勇战","国以功授官与爵"。这样,"农不怠","兵出必取,取必能有之;案(通'按')兵不动必富","而天下莫之能侵(侵犯)也"。(《饬令》)

这个政策是好的,但是,在那个时代,真正贯彻落实的是很少的。农民、士兵都处于社会的最底层,地位低贱,备受地主阶级和各级官吏的剥削和压迫,出力再多,功劳再大,也难以得到什么奖励。农民"力作而食,生利(创造社会财富)之民也,而世少(贱视)之,曰'寡能(无能)之民'也"。战士"赴险(奔赴国家危难)殉诚(为忠于国家而献身),死节(为节操而死)之民也,而世少之,曰'失计(不会为自己打算)之民'也"。(《六反》)而对那些不耕不战而富贵的人却大加赞赏:"不事力而食,则谓之'能';不战功而尊,则谓之'贤'。"(《五蠹》)韩非认为,这种反常现象必将带来"兵弱地荒之祸"(《五蠹》),"索国之富强,不可得也"(《六反》)。

那时的社会现实就是这样:虽说农民可以"以粟出爵",但农民的劳动果实,大部分都被地主和统治者剥夺过去了,哪里还有余粮来捐取官爵？尽管国家的"仓廪"充实，是由于"耕农"的辛勤劳动，但是他们还是过着贫穷的日子。虽说战士立功可以获得官爵，但是"战斗有功之士"仍然"贫贱"而"赏不霑（一点也得不到）"。可是，那些在君主面前搞占卜，看手纹，阿谀奉承、迷惑人的人却经常得到赏赐["卜筮（shì）、视手理、狐蛊为顺辞于前者曰赐"]，善于谄媚讨好、陪同君主玩乐的人却得到越级提拔（"便辟piánbì，优笑超级"）。许多人为了君主树立名望、扩大土地，战死在沙场，但他们的遗孤却"饥饿乞于道"，"而优笑酒徒之属（陪同君主吃喝玩乐的人）乘车衣丝"。"善田利宅"是用来"战士卒（鼓励士兵作战）"的，结果"女妹有色（少女长得漂亮）、大臣左右无功者，择宅而受，择田而食"。韩非愤然指出：这是"用事者过"，也是"上失其道"的结果。（《诡使》）

（五）必须坚持"坚内"和"睦邻"的方针

韩非说："治强不可责于外（求助于外交活动），内政有之也（只有从搞好内政中取得。）"。（《五蠹》）第一，君主必须"谨修所事"，"毋失其要（指国家权柄）"（《扬权》）；做臣子的必须"尽力守法，专心于事主"（《忠孝》），同心合力，在朝廷内，形成一个坚强的统治中心。第二，必须加强国防，立足本国，"严其境内之治，明其法禁，必其赏罚，尽其地力以多其积，致其民死以坚其城守"，使别国来攻，"其利少"而"其伤大"。即使"万乘之国（有万辆兵车的强国）"也不敢在如此"坚城之下"把自己拖垮，而让它的"强敌"钻它的空子。(《五蠹》)韩非认为，这才是"不亡之术"。(《五蠹》)对境外各国必须实行"睦邻"政策。"其遇诸侯也有礼义（仪）"，争取"外无怨仇于邻国"，争取"希（稀）用甲兵（战争）"，为发展生产、造福人民营造一个有利的和平环境。(《解老》)这是国家富强的根本保证。

（六）必须坚决反对迷信鬼神和依赖大国

"恃鬼神者慢于法（春秋战国时期，进行军事行动之前，特别是重大军事行动之前，都要用占卜和看星象的方法以推断吉凶），恃诸侯者危其国。"(《饰邪》)。他列举许多国家败亡的事例，说明依仗鬼神保佑，依仗别国援助，都要忽视法治，危害国家。结果都"灭其社稷"(《饰邪》)。他一再强调："恃人不如恃己"(《外储说右下》)，坚持独立自主、自力更生的方针，这是最可靠的办法。

韩非提出的"坚内"的治国方针是积极的，也是进步的。看起来，加强了各国诸侯的实力，和当时已经出现的大一统的历史趋势是矛盾的,其实不然。在群雄逐鹿的战国时代,谁的国力最强,谁就有条件兼并天下,消灭封建割据,完成封建统一的历史任务。正如韩非所说,"木之折也必通蠹,墙之坏也必通隙。然木虽蠹,无疾风不折;墙虽隙,无大雨不坏。万乘(拥有万辆兵车)之主,有能服术行法(运用法术)以为亡征之君风雨者(作为暴风骤雨去摧毁那已有灭亡征兆的国家),其兼天下不难矣。"(《亡征》)可见,"坚内"的方针和大一统的历史趋势是一致的。

(七)必须崇尚节俭

根据历史上"以俭得国""以奢失国"的经验,韩非认为:"俭其道也。"(《十过》)节俭是治国的原则。所谓节俭,就是要节省人力、物力、财力,节省国家的建设资源和人民的生活资源。上至君主,下至百姓,都要遵守这个原则。

首先,办事要讲究效益、节约成本;要少付出、多收入。"举事有道(原则),计其入多,其出少者",才"可为"。"其入多,其出少,乃(才)可谓功(功效)。"(《南面》)如果只"计其入,不计其出,出虽倍其入,(还)不知其害",这是"惑主"的作风。"人臣出大费而成小功,小功成,主亦有害。"(《南面》)对办事不计成本、不讲效益的作风,韩非提出了尖锐的批评。

他反对大兴土木,"罢(通'疲')露(疲劳)百姓,煎靡(榨取)货财",搞不必要的"宫室台榭(建在高土台上的敞屋)陂(bēi)池(池沼)"等大型工程建筑,认为:这是劳民伤财的事,如不裁减,不限制,就有亡国的危险:"可(可能)亡也。"(《亡征》)

他反对君主生活奢侈,追求淫乐。"天地不能常侈常费,而况人乎?"(《解老》)他认为君主"不务听治而好五音","耽(沉溺)于女乐,不顾国政",就有"亡国""穷身(指重病缠身)"之祸。(《十过》)他以商纣为例,指出君主生活奢侈、追求淫乐的危害:当时,大多数人都过着用"土铏(盛汤用的陶制器皿)",吃"菽藿(豆叶)",穿"短褐(粗毛编成的短衣)",住"茅屋"的简陋生活。而商纣却用起"象箸(象牙筷子)、玉杯",要吃"旄(牦牛)、象、豹胎",要穿"锦衣九重",住"广室",登"高台"。后来终于发展到"为肉圃(即肉林),设炮烙(烤肉用的铜格,也作杀人的刑具),登糟丘(用酒糟堆成的小山),临(来到)酒池",荒淫无度,暴虐无道的地步,被周武王战败,自焚而死。这是一个深刻的历史教训。

对于普通民众而言,也要提倡勤俭持家。勤劳才能致富,节俭才能有余。他指出：条件"与人相若（差不多）"，在"无丰年（丰收年景）旁入（其他收入）之利"的情况下，"独（偏偏）以完给（供养充足）者，非力则俭也"。条件"与人相若"，在"无饥馑（荒年）、疾疚（久病）、祸罪（灾难、犯罪）之殃（灾殃）"的情况下，"独以贫穷者，非侈则堕（通'惰'）也"。他说："侈而堕（通'惰'）者贫，而力（勤劳）而俭者富。"（《显学》）这是完全正确的。

三、小 结

韩非关于富国强兵的主张，在当时是符合时代的要求，符合国家和人民的利益的。除了"抑末"有一定的时代局限性，他的这些主张都是正确的。在两千多年后的今天仍然具有现实意义，值得借鉴。不过，因为时代的不同，我们今天追求的富强，和韩非那个时代已经不一样了。其间有共点，也有区别；有继承，也有发展。下面再就几个问题作些补充说明。

（一）关于重农抑末的问题

应当肯定的是，韩非的"抑末"的思想，在当时对发展经济、巩固封建制度是有积极作用的。因为"物（指奢侈品）

多末（指从事工商业的人）众，农弛奸胜，则国必削"。(《饬令》) 但随着社会经济的发展，其消极作用就日益明显了。南宋以后，反对抑末的人渐多。有人认为，"四民交致（交换）其用而治化（变化）兴，抑末厚本，非正论也"；有人认为，"本宜重，末亦不可轻"。(《辞海》："重农抑商"条) 这些都说明了"抑末"的历史局限性，批评"抑末"的思想是无可争议的。

历史证明，韩非的"重农"思想是完全正确的。即使在工业化、现代化的今天，农业的基础地位仍不能动摇，而且还要加强。任何一个国家不能轻视农业；轻视农业，人民就要饿肚子，国家就要乱亡。所以，我们党的"十七大"提出了扶助"三农"的政策，把解决好农业、农村、农民的问题始终作为全党工作的"重中之重"。并采取各种措施，调动各方面的力量，"支农惠农"，发展现代农业，繁荣农村经济，促进农民增收，建设社会主义新农村。特别是废除了几千年来压在农民身上的农业税，在农村实行了免费的九年制义务教育，使亿万农民得到了史无前例的实惠。这一切，都充分说明了"重农"思想是经久不衰的。

（二）关于奖励耕战的问题

铁的事实证明，韩非关于奖励耕战的主张是正确的，但只有到了现代，在中国共产党的领导下才真正实现。在中国共产党的领导下，农民、士兵才真正翻了身，成了有独立人格尊严的人。农民在生产上做出贡献，不仅自己富有，而且还要立功受奖，评为劳动模范，当干部，当人民代表，参政议政。从我党建军的那一天起，就实现了官兵平等，纪律严明，建立了一支新型的人民军队。士兵立了功，不但受奖，被评为英雄模范，而且可以晋升，当军官，以至当将军。过去是"好人不当兵，好铁不打钉"，现在是一人当兵，全家光荣。还有拥军优属，也是一项重要的政策。儿子在外当兵，父母都受到政府的优待。战士为国捐躯了，都被尊称为烈士。他们的家属，国家都给予优待，特别是烈士遗孤，国家负责教育培养。战士作战有了残疾，国家给以终身的抚恤补助。这一切，韩非如果在世，他定会惊得目瞪口呆的。

（三）关于节俭和奢侈的问题

不同的时代有不同的看法。过去认为奢侈的行为，今天不一定还是这样的看法；今天认为奢侈的行为，若干年后，也不一定认为是奢侈。节俭也是这样。过去认为是节俭的做法，今天不一定还认同这种做法；今天认为需要节俭的东西，若干年后，也许已不算什么了。这要根据社会发展的情况（包括国家的资源、大多数人民的生活水平、自家的经济基础）来看。但是，节俭作为治国的原则，作为人类的一种美德，却永远不会消失的。脱离国家的实际，脱离广大的人民群众，脱离自家的经济实力，一味追求高标准的享受，挥霍浪费，讲排场，摆阔气，于国、于民、于自己，都是有害无益的。

（四）关于富国强兵的问题

富国强兵仍然是我们立国的主要目标。不过，我们今天的富强，在内涵上更加丰富，目标也更加远大了。今天的"富"，不仅要依靠发展现代化的农业，而且要发展现代化工商业、旅游业、服务业、银行业、证券业、保险业，还要依靠对外贸易、节约资源、保护环境等等。今天的"强"，不仅要加强国防建设，建设一支现代化的军队，而且要增强综合国力，包括政治上扩大人民民主、经济上又好又快地发展、文化上提高凝聚力和创造力，还要依靠对内对外决策的正确，获得人民的拥护、国际的支持等等，这些都是增强综合国力的重要因素。在目的上，我们建设富强的国家，对内是为了维护国家的安全，保障和改善民生，促进社会公平正义，使全体人民学有所教，劳有所得，病有所医，老有所养，住有所居，建设一个幸福、安康的和谐社会。对外坚持走和平发展的道路，加强与世界各国的合作交流，建立一种国与国之间"共商、共建、共享"的平等互利的关系，促进人类命运共同体的建立，共同维护世界的和平稳定，推动建设一个持久和平、共同繁荣的和谐世界。一个是"和谐社会"，一个是"和谐世界"，这就是我们建设富强国家的崇高而伟大的目标。

　　今天，我们虽处于一个以和平与发展为主题的时代，但是霸权主义和强权政治依然存在，我们切不可掉以轻心。我国的富强才刚刚开始，未来的路程还很长，很长。富强，富强，绝不可忘。只有富强，才能立于不败之地，国家才能有光明璀璨的前景，人民才能有幸福安康，世界才会多一份维护持久和平、促进共同繁荣的强大力量。

韩非对君主的建言和批评

——从《韩非子》的内容特点谈起

《韩非子》这部著作,是法家代表人物韩非的传世之作,内容丰富,博大精深,是法家思想的集大成,也是治国经验全面而深刻的总结。全书在总结前期法家思想和实践的基础上,批判吸收了儒、道两家的思想成果,创立了"以法、术、势为核心,以法、道、德为根本,以利民为宗旨"的法治思想体系。并以此为主线,"观往者得失之变"(《史记·老庄申韩列传》),一方面,在理论上,全面阐述了法治的重要性和必要性,并提出了法治的各项政策和主张;另一方面,则用大量事实,从正反两面,说明实行法治,应该怎么做,不应该怎么做;怎么做对国家是有益的,怎么做对国家是有害的,本书都讲得很全面、很详细。在我国历史上,这堪称是一部不可多得的最完整的法治理论著作。

韩非对君主的建言和批评
——从《韩非子》的内容特点谈起

本书有一个特点，就是对各种违反法治原则、有害于君主、有害于国家和人民的思想、言行，进行了直言不讳的揭露和批评。上自君主，中至后妃太子、王公大臣、群臣百官、学者居士，下至平民百姓，无一例外。特别是对那些危害君权的大臣、公子等反动势力，害国伤民败法的贪官污吏，诽谤法令、犯上作乱、反对现实社会的胸怀贰心、搞非法学说活动的学者，韩非主张要用严刑重罚，决不姑息。

尽管韩非提出的法治理论和主张是正确的，他的揭露和批评也是符合实际的。但是，后世对他的评价却褒贬不一。历代不少的思想家、政治家，都坚决维护和提倡他的法治思想。但是，司马迁对他"惨礉（hé，苛刻）少恩"（《史记·老庄申韩列传》）的评价，对后世的影响却很大。什么"惨刻寡恩"至今还是指责韩非的一种论调。显然，这是儒家"仁义爱惠"（《奸劫弑臣》）的思想的反映，也是世俗的成见和偏见。其实，只要看一看，韩非所揭露并主张用严刑重罚的是一些什么人，他所悉心要维护和厚赏的又是一些什么人，就不难明白这种指责是不辨是非、有失公允的。如果对坏人坏事也要讲宽容、仁厚，那么只能是"利奸邪而害善人"（《难二》），于国于民，有百害而无一益。

韩非也知道，人的本性都喜欢听表扬，讨厌受批评，更仇恨别人揭露他的恶行。所以，许多敢于揭发、批评，敢讲真话、实话的人，往往要受到各种曲解和诬蔑，甚至于打击和报复。特别是对君主，一不小心，甚至还要掉脑袋。因此，社会上就流行一种好人主义："君子不蔽人之美,不言人之恶。"（《内储说上七术》）韩非坚决反对这种丑陋的"君子之风"。他认为，这种风气只有利于坏人，而不利于国家和人民。"诚得如此,臣（指作乱的臣子）免（逃过）死罪矣。"（《内储说上七术》）在韩非看来，作为一个忠诚正直的人，应该是：既不蔽人之美，也不隐人之恶，一切都要从国家和人民的利益出发。

有一个叫堂谿公的人，曾劝说韩非放弃法术的主张，并以"吴起支（通'肢'）解""商鞅车裂"的教训，说明：坚持这个主张将"危于身而殆于躯（对自身有危险）"，建议他采取"全遂之道（保全自己、成就名声的道路）"，而放弃"危殆之行"。但韩非表示：我主张"废先王之道"（指以仁义治国），实行法治，是因为设立法术（"立法术设度数"），是有利于民众（"利民萌便众庶"）的做法。所以，我"不惮（怕）乱主暗上之祸患"。（《问田》）他把个人的生死利害完全置之度外，仍然坚持他的法治主张，并对一切违反法治原则的言行，进行无情的揭露和批评。

韩非对君主的建言和批评
——从《韩非子》的内容特点谈起

韩非这样说，也是这样做的。对君主也不例外。本文主要谈谈韩非对君主的建言和批评。

一、以法为本

君主必须把法作为立国的根本。这是在"大争之世""多事之时"（《八说》），在治国方略上最佳的选择。以仁义治国，已"无益于治"（《显学》）。依靠外援，搞纵横捭阖，也行不通（《饰邪》）（《忠孝》）等待贤人，贤人"千世而一出"（《难势》），就太晚了。只有实行法治，"以法治国"（《有度》），国家才能生存，发展，成就霸王之业。"圣人之治也，审（详细考察）于法禁，法禁明著，则官治；必（坚决）于赏罚，赏罚不阿（偏私），则民用。民用官治则国富，国富则兵强，而霸王之业成矣。"（《六反》）

"国法不可失，而所治非一人也。"（《显学》）君主必须严守法治原则，一切按法办事。"以事遇（合）于法则行，不遇于法则止。"（《难二》）对于别国的"求索"，也是这样："法则听之，不法则距（通'拒'）之。"（《八奸》）不能"释法术而心治"（凭主观意志处理政事）（《用人》），不能"释法制而妄怒"（滥施淫威）（《用人》），不能"舍常法而从私意"（按个人的好恶办事）（《饰邪》），不能"释法而任智"（凭个人的智巧办事）（《饰邪》），不能"释法禁而听请谒"（接受私人的请求）（《饰邪》）。主释法，"虽有十黄帝不能治也"（《五蠹》）。

二、解放思想，与时俱进

在治国方法上，不能墨守成规，必须根据时代的变化和社会实际的需要，采用不同的方法。"论（研究）世之事，因（从而）为之备（措施）。"（《五蠹》）对于古法、常规，既不能照搬照用，也不能全盘否定，必须具体分析：视"常古之可（适合）与不可"（《南面》）。可者继承，不可者舍弃；有益者坚持，无益者废除。对于"先王之道"，也必须这样。不能"惮易民之安"（《南面》），害怕改变民众的旧思想、旧习惯，而迁就他们。迁就他们，"不变古"，这是"上懦"（软弱）的表现，是"治之失"（治理国家的错误）。（《南面》）如果不能与时俱进，不知变法革新，仍然"以先王之政（指宽大缓和的仁政），治当世（当代）之民，皆守株之类也（都像守株待兔一样可笑）"。这是"不知（通'智'，明智）之患（过错）"（《五蠹》），是不可能达到国家治强的目的的。

三、以道为常

治国不仅要"以法为本",而且要"以道为常",把客观规律作为治国的常规。"万物莫不有规矩(指事物的法则)","圣人尽随于万物之规矩","则事无不事(事情没有做不成的),功无不功(功业没有不能建立的)"。(《解老》)"道法"兼治,"万全"之道。(《饰邪》)

是否按客观规律办事,也关系到个人事业的成败。"缘道理(按照事物的法则)以从事者,无不能成。""大能成天子之势尊,而小易得卿相将军之赏禄。"但是,"弃道理而妄举动者",则将失去这一切:"虽有天子诸侯之势尊,而下有猗(yī)顿、陶朱、卜祝之富,犹失民人而亡其资材也。"①(《解老》)

君主治国,首先在立法上要遵循客观规律。"安国之法,若(顺应,符合)饥而食,寒而衣",符合人的生存规律,"不

---

① 猗顿:春秋末期鲁国人,经营盐业和畜牧业致富,财产相当于王公贵族。陶朱:即陶朱公范蠡,经营商业,财产多次达到千金。卜祝:占卜吉凶的人和求神祝福的人,因搞迷信活动而发财致富,当时这样的人很多。

令而自然也"。如果"使人去饥寒"（去掉饥寒的自然要求），"废自然"（违背了客观规律），"强勇之所不能行"（强制人们去做连勇士也做不到的事），则法"不立"，"上不能安"（《安危》），国家也不会太平。

"天有大命（指普遍法则），人有大命。"（《扬权》）君主行事必须遵循这个规律："不逆天理（指自然法则），不伤人性（指人的本性）"（《大体》），不能让人去做破坏自然、伤害人性的事。"使匠石（古代著名的石工）"以千年的寿命，拿着工具，去"正（整治）太（泰）山"；"使贲、育"（指孟贲、夏育，战国时代的勇士）带着利剑，去"齐（治理）万民"。这种"败太山之体"、"伤万民之性"的行为，结果必然是徒劳无功，事与愿违："虽尽力于巧，极盛于寿（特别长寿），太山不正，民不能齐。"（《大体》）

四、以德治身，以德莅天下

人的思想所以"变乱"，是因为"引于外物（指金钱、美女、权力、享乐的生活等），乱于玩好"（珍贵的玩物、珍宝）。因此，君主必须首先做到以德治身：（1）确立正确的价值观，"一建其趋舍"（牢固地确立取舍标准），这样，就能"虽见所好之物不能引";（2）坚守高尚的道德情操,"一于其情（情操专一）",这样,就能"虽有可欲之类神不为动"。"所好之物""可欲之类",即声色、玩好,可以供人们观赏玩乐的东西。坚守这两条原则,就不会被它们诱惑,用来"治身","外物不能乱其精神";用来"治家","则资有余";用来"治乡","则家之有余（盈余）者益众";用来"治邦","则乡之有德者（得到保养的人）益众";用来"莅（治）天下","则民之生莫不受其泽"。这是用来"别君子小人"、观察得失成败［"适（dí）观（对照观察）息耗（生长和损耗）"］、修身齐家治国平天下的"万不失一"的方法。做子孙的人,能够体会这个道理来治理国家,就能"宗庙不灭","祭祀不绝",国家就不会灭亡。（《解老》）

五、国事务先而一民心

君主应该把思想道德教育放在治国的首位,以统一民众的思想。首先,必须"以法为教,以吏为师"（《五蠹》）,加强法制教育,使全国臣民在法治思想上保持一致。这是实行法治,使国家治强的先决条件。无论是禁止奸邪,还是用兵打仗,都必须以德为先。"先治者强,先战者胜。"（《心度》)禁止奸邪先从思想上着手,这样的国家就强;用兵打仗先从思想上做好战争准备,这样的国家就能打胜仗。

为了保持思想统一、社会安定,"言行而(如果)不轨(合)于法令者必禁"(《问辩》)。有些怀有"二心",反对法治的读书人,他们"私学成群",搞非法的学说活动,"造言作辞(制造谣言和诡辩)","大者非(通'诽')世,细者惑下(重则诽谤现实,轻则蛊惑人心)",是"反逆世者",是反对现实社会、违背时代潮流的人。对他们应该"禁其行","破其群以散其党"。对于"上不禁塞,又从而尊之",使其"无功而显,无劳而富"的现象,韩非批评道:这是"教下不听上、不从法"的错误。(《问辩》)

对于颠倒是非的社会舆论,必须禁止。如:耕战守法之民,应该受到称誉,反而受到贬斥;奸伪违法之人,应该受到贬斥,反而受到称誉。(《诡使》、《六反》、《八说》)韩非特别指出,这不是"下之罪",而是"上失其道(治国的原则)"的错误。(《诡使》)但是,"人主不察"(《八说》),"壅于俗(被世俗偏见所蒙蔽)","名赏"反而给了"私恶(为私利干坏事)当罪之民",而"毁害"反而给了"公善(为国家做好事)宜赏之士","索国之富强,不可得也"。(《六反》)

六、治吏不治民

"吏者，民之本、纲者也。"(《外储说右下》)官吏是代表君主，直接治理民众的，他们能不能忠君守法、廉洁奉公、勤政爱民，直接关系到民众的生死、祸福。只有把官吏治好了，才能治理好民众，使民安而国治。

从实际情况看，治吏比治民更重要、更迫切。(1)民未乱而吏已乱。"闻有吏虽乱而有独善（自行守法）之民，不闻有乱民而有独治（自行按法办事）之吏。"(《外储说右下》)例如：大臣专权，亏法利私，耗国便家，培植私党，劫弑君主，篡权夺位；左右依仗君主的宠信，在外卖弄权势收利于民，在内互相勾结，蔽恶于君；群臣百官以权谋私，贪赃枉法，受贿行贿索贿，买官卖官，拉关系走后门，结党营私，为非作歹，争权夺利，党同伐异，里通外国，出卖情报，等等，此类现象，从来没有断过。(2)只有官害民，没有民害官。官吏可以利用手中的权力，"收利侵渔"(《孤愤》)于民，对民众强加侵害和掠夺。而人民却没有这个权力去"收利侵渔"于官。"犯法为逆以成大奸者，未尝不从尊贵之臣也"，但他们却可以逍遥法外。而地位"卑贱"的无辜平民，却"常"受诛罚，"无所告愬（通'诉'）"。(《备内》)

这种种情况，如不加以惩治，必然祸国殃民。

首先，要惩治大臣、左右中的"奸臣"。他们"官爵贵重，朋党又众"（《孤愤》），"上禁（钳制）君，下挠（阻挠）治"，"观时发事，一举而取国家"，这种劫君弑主、颠覆国家的事，"不可胜数也"。（《说疑》）韩非指出："臣有大罪而主弗禁，此大失（错误）也。使（假使）其主有大失于上，臣有大罪于下，索国之不亡者，不可得也。"（《说疑》）

因此，对于危害君权的势力，必须严加控制和打击。"为人君者"，要像"数披其木（经常劈去这些树的枝条），毋使枝茂"（《扬权》）一样，经常削弱他们的势力，除掉他们的朋党，不要让他们势力壮大。必要时，要刨根断源（"掘其根本""填其汹渊"），彻底铲除，而且要"若电若雷"，威猛有力。（《扬权》）

其次，对于官吏中贪污腐败的现象，也必须严加治理。如：贪污受贿、行贿索贿、买官卖官、拉关系走后门，"官职可以重（权势）求，爵禄可以货得"（《亡征》）等等现象，不仅把官吏引入歧途，而且严重地打击了官吏的积极性。一般的官吏都放弃了职守，而热衷于拉关系走后门。"偷官（轻慢职守）而外交（结交国外的诸侯），弃事而财亲（用财货结交君主的左右）。"有才能、有功劳的官吏都消极后退，不思进取。"贤者懈怠而不劝(努力),有功者隳(huī,堕落,引申为灰心)而简(不认真)其业。"这是一种"亡国之风",君主不可不察。(《八奸》)

为了加强防范,一方面,要"尽之以法,质(正)之以备"(《爱臣》),从法制上加强对官吏的监督,使他们老老实实。如:不许大臣在国内另立私朝("处国无私朝"),不许在封邑内搞独立王国("不得借威城市"),不许拥有私人武装("不得臣士卒"),不许与诸侯国私下交往("居军无私交"),不许用私人财富收买人心("府库不得私贷于家")等(《爱臣》)。再如:"任事者毋重,使其宠(指宠赏)必在爵;处官者毋私,使其利必在禄。"(《八经》)另一方面,要"厉(通'励'勉励)廉耻,招(提倡)仁义(指忠心事主、尽力守法、忧国忧民、不避卑辱、必要时献出个人一切的仁义)"(《用人》《难一》),从文化思想上增强官吏的荣辱观,提高官吏的思想修养和道德品质,使他们在名利声色面前,能够自律,不为所动,保持为官清廉,效功于国,造福于民的本色。此外,还要奖励告奸,加强对官吏的监督。"谒过赏,失过诛。上之于下,下之于上,亦然。"这样,"上下贵贱相畏以法(彼此都害怕,不敢犯法),相诲以利(互相劝导,争取立功得利)",则"奸无所失"。(《八

273

经》）特别要注意的是，对于下告上，要严格保密，不能"漏之近习能人（左右亲信和善于钻营而受到重用的人）"（《三守》）；否则，"言通事泄"（《八经》），君主就无法听到"忠直"之言了（《三守》）。

七、用人必以术

"任人以事，存亡治乱之机（关键）也。无术以用人，无所任而不败。"（《八说》）"术者，因任（才能）而授官，循名而责（求）实，操杀生之柄，课（考核）群臣之能者也。"（《定法》）只有使用有才能的人，并对他们加强实际的考核，从而根据考核的结果决定赏罚，才能使"贤良遂进（进用）而奸邪并（通'摒'，排除）退"（《说疑》），国富兵强，"一举而能服诸侯"（《说疑》）。

"官之失能者其国乱。"（《有度》）任用官吏不以才能为标准，他的国家一定很混乱。因此，在用人方面，必须注意以下几点。

（一）应该起用法术之士

法术之士，"远见而明察"，能"烛重人（指当途之臣）

之阴情";"刚毅而劲直",能"矫重人之奸行"。(《孤愤》)"主有术士,则大臣不得制断(专断),近习(指君主的左右近侍)不敢卖重(卖弄权势);大臣、左右权势息,则人主之道明矣(治国原则就能贯彻了)。"(《人主》)但是,由于大臣和左右近习的诬陷和迫害,法术之士不仅不能向君主"进其说",而且惨遭杀害。(《孤愤》)这是"主不察贤智(指法术之士)之言,而蔽于愚(指'左右近习')不肖(指'当涂之臣')之患也"。(《人主》)"大臣执柄(专权)独断,而上弗知收(收监问罪),是人主不明也。""欲国安存,不可得也。"(《孤愤》)

(二)不能"以言取人"(《显学》)

有口才,能言善辩,不一定有真本事。因此,要全面考虑,不能轻易授予重任。以言取人,轻则会受欺骗,重则给国家和人民带来严重灾难。"魏任孟卯之辩,而有华下之患;赵任马服(指马服君赵奢的儿子赵括)之辩,而有长平之祸。"(《显学》)孟卯是魏国的相,有口才,但无军事韬略。赵括熟读兵书,好纸上谈兵,毫无作战经验。但他们都被任命为将,带兵打仗。结果,在魏秦华下之战中,魏赵联军大败,死伤十五万。在秦赵长平之战中,赵军大败,赵括战死,赵

国士兵被坑杀四十五万。"此二者,任辩之失(根据口才任用人的错误)也。"(《显学》)

(三)不能"以誉(名声)进(选拔)能"、"以党(指朋党关系)举(推举)官"(《有度》)

韩非认为,这种错误的用人办法,只能使臣民在下面拉帮结派,趋附权贵,废法行私:"务交(热衷于结交,拉关系)而不求用于法(按法得到任用)";"释公行(放弃为国家谋利的行为),行私术(玩弄个人手段),比周以相为(紧密勾结,互相吹捧和包庇)"。而那些掌权的奸臣则"忘主外交(不顾君主的利益在朝廷外建立私交),以进其与(党羽)","外内朋党",排斥异己,胡作非为。结果,"忠臣危死于非罪(忠臣无罪却遭到危难而死),奸邪之臣安利于无功(奸邪之臣无功却享受安乐,获得赏赐)";"良臣伏"而"奸臣进矣"。"此亡(衰亡)之本也。"这也是君主"不上断于法而信下为之"的过错。(《有度》)

八、抱法处势

这个"势"不是指"自然之势"(世袭的权势),而是指"人

韩非对君主的建言和批评
——从《韩非子》的内容特点谈起

之所设"之势,即赏罚之势。"赏罚者,邦(治国)之利器也。"(《喻老》)因此,君主必须"执柄以处(利用)势"(《八经》),掌握生杀予夺的权柄,并利用这种权势来治理国家。这是法治的重要手段,是令行禁止的保证。

"抱法处势",必须以法律为根据,赏功罚罪、赏贤罚暴。"赏罚随是非","祸福随善恶","死生随法度"。(《安危》)按照这个原则办事,就能做到"发矢中的,赏罚当符",就会出现太平盛世:"上(君主)无殷、夏之患(不会有殷纣、夏桀因赏罚无度而被灭亡的祸患),下(臣下)无比干之祸(不会有比干因忠心劝谏君主而无辜被挖心的灾难),君高枕(无忧)而臣乐业(尽职),道(法术)蔽(普遍)天下,德极(流传)万世矣。"(《用人》)

君主不能"释法制"而凭"喜怒":"喜则誉小人","怒则毁君子"。更不能"释法制而妄怒",妄罚,妄杀。妄杀,"而奸人不恐"。"罪生甲,祸归乙",株连无辜,"伏怨乃结"。这样,则"臣有叛主",君主就"有易身(君位被篡夺)之患"。(《用人》)

赏罚必须公正严明,不分贵贱亲疏。"刑过不避大臣(惩罚罪过,对大臣也不饶恕),赏善不遗匹夫(奖赏好事,连普通民众也不遗漏)。"(《有度》)"诚有功,则虽疏贱必赏；诚有过，则虽近爱必诛。"（《主道》）只要是"害国伤民败法"，尽管和君王有"父兄子弟之亲"，也要"杀亡其身，残破其家"，决不姑息。（《说疑》）只有这样，君主的法令才有公信力和号召力，君主才能一呼百应，国治而民安。

九、事至而结智

一个人的力量和智慧都是有限的。"力不敌众，智不尽物。"对于君主而言，"与其用一人，不如用一国"。君主应该"尽人之智""尽人之力"，充分发挥臣下的智慧和力量。特别强调要"尽人之智"，"事至而结智"（集中众人的智慧）。从而根据"人臣忠论（老实谈论）以闻奸，博论（广泛议论）以内（通'纳'）一"。这样，君主就能集思广益，把事情办好，就不会有"堕壑之累"（掉入臣下所设陷阱的危险）。（《八经》）

君主在同群臣商量时，要让大家自由地发表不同的意见。"明主之问臣"，有人说"知之"，有人说"不知之"。这是正常现象。这样，群臣才能"直议于下"，有益于治。如果群臣说话无不同某个权臣，"一辞同轨"（同一论调，同

韩非对君主的建言和批评
——从《韩非子》的内容特点谈起

一口径），那么，虽"与群臣虑之"，也无益于治，国家"犹不免于乱也"。（《内储说上七术》）

君主不能自大逞能。"矜（自大）而好能"，"辩惠（通'慧'）好生（即好生辩惠，喜欢卖弄口才和智慧）"，臣下就会加以利用以欺主行奸。（《扬权》）更不能刚愎自用，一意孤行。"过而不听于忠臣，独行其意"，则有"灭国""削国""亡身""绝世""穷身（指重病缠身）"之祸。（《十过》）

十、言必有报

君主听言，必须"众端参观"（《内储说上七术》），多方面地加以验证，以判明事情的真相。这是了解真实情况、防止受骗的最好方法。对于"称誉者所善，毁疵者所恶，必实其能，察其过"，防止"群臣相为语（互相吹捧或诽谤）"（《八奸》）。

特别要注意，不能"听有门户"（《内储说上七术》），偏听偏信。否则，就要被臣下所蒙蔽，不仅害人，还要害己。例如：楚怀王偏听夫人郑袖的馋言，就下令割了魏王送给他的美女的鼻子（《内储说下六微》）；楚庄王之弟春申君偏听爱妾的馋言，而抛妻杀子（《奸劫弑臣》）；鲁国国相叔孙豹偏听家臣的馋言,而先后杀了两个儿子,最后自己有病也被这个家臣活活饿死(《内储说上七术》)。这都是听言"不参之患也"(《内储说上七术》)。

十一、说必责用

君主听言必须"以功用为的(目标)",谋求"无易之言(不可改变的必然的道理)""治强之功(治国强兵的实际功效)"。(《外储说左上》)对于臣下提出的主张,必须要求和事后的功效相符。"功当(符合)其言则赏,不当则诛。"(《难二》)这样,"群臣莫敢饰言(花言巧语)以惛(蒙蔽)主"(《南面》),臣下"所言者贞(真实)"(《二柄》),君主就不会受欺骗了。对于功不当言,韩非指出,必须要具体分析:"无故而不当为诬(欺骗),诬而罪臣。"(《八经》)如果有客观原因而"不当",就不能以欺骗论处。

君主必须坚决杜绝大话、空话和假话。说大话的,要追究。"说大而夸则穷端。"(《八经》)说空话的,要处罚。"言不度(考虑)行而有伪,必诛。"(《八说》)说假话的,是"欺主",是"大罪也","其罪当死亡也"。(《孤愤》)当然,对问题也要具体分析,不能简单化。

君主听言不能只喜欢动听的言辞而不责求它的功用。"喜淫辞（浮夸的言辞）而不周（合）于法，好辩说而不求其用，滥（陶醉）于文丽（指华而不实的言辞）而不顾其功"，这样的国家，就可能灭亡（"可亡也"）。（《亡征》）

十二、治内以裁外

这不仅是处理朝廷内外关系的方针，也是处理国家内外关系的方针。所谓"治内"，一是指：君主必须"谨修所事"，"毋失其要（指国家权柄）"（《扬权》）；做臣子的必须"尽力守法，专心于事主"（《忠孝》），同心合力，在朝廷内，形成一个坚强的统治中心。二是指：必须立足本国，加强战备。"严其境内之治，明其法禁，必其赏罚，尽其地力以多其积，致其民死以坚其城守"，使别国来攻，"其利少"而"其伤大"。即使"万乘之国"（有万辆兵车的强国）也不敢在如此"坚城之下"把自己拖垮，而让它的"强敌"钻它的空子。这才是"不亡之术"。（《五蠹》）

放弃国内的治理，而单靠外交支援，这是"道（行）必灭之事"（《五蠹》）。许多国家，都是因为"不明其法禁以治其国，恃外以灭其社稷者也"（《饰邪》）。这个教训要吸取。

十三、自刻以尧，谨于听治

不能"恶自治之劳惮（劳累，惮：通'瘅'）"（《三守》），而贪图安逸享乐。"耽（沉溺）于女乐（女子歌舞），不顾国政"，就有"亡国之祸"。（《十过》）要关心民众疾苦，轻徭薄赋，不能为了自己享乐而劳民伤财。"好宫室台榭（高台上的敞屋）陂（bēi）池（池沼），事（从事，爱好）车服器玩（供玩赏的物品）"，而"罢（通'疲'）露百姓（使百姓疲劳困顿），煎靡（挥霍，榨取）货财"，就有亡国的危险。（《亡征》）君主生活也要注意节俭："俭于财用，节于衣食，宫室器械（器具）周（合）于资用（实用），不事玩好。"（《难二》）不能脱离民众，追求奢侈淫乐。商纣王不顾人民还在过着用"土铏"（盛汤用的陶制器皿），吃豆叶、住"茅屋"的简陋生活，自己却用起"象箸"（象牙筷子）、"玉杯"，要吃"旄（牦牛）、象、豹胎"，要穿"锦衣九重"，要住"广屋"，登"高台"，最后发展到"为肉圃（即肉林），设炮烙（烤肉用的铜格），登糟丘（酒糟堆成的小山），临（来到）酒池"，终因穷奢极欲、荒淫无度而走向灭亡。这个历史教训，值得记取。

十四、要得人心

人心向背，是得失天下的关键。得人心者得天下，失人心者失天下。"臣主之施（设立），分也（是名分制度所规定的）。臣能夺君者，以得（指得人心）相踦（qī，偏重，不平衡）也。"（《难四》）做臣子的能夺取君位，是因为他比君主更得人心。这个君位，是"众之所夺也"，"民之所予也"。汤、武所以称王天下，齐国的田氏和晋国的赵氏所以立国，都是因为他们得到民众的拥护以后才当上君主的。（《难四》）

因此，君主虽有势位，"而位不载（通'戴'）于世（世人），则功不立，名不遂（成）"。（《功名》）只有得到人民的爱戴和支持，"天下一力（合力）以共载（通'戴'）之"，"众同心以共立（推举）之"，才能功成名就："太山（即泰山）之功长立于国家，而日月之名久著于天地"。（《功名》）

韩非对君主的建言和批评，有些虽然刺耳，但都是至理真言，都是为了国家和人民的利益，而非为了他自己。这些建言和批评，在今天，仍然有很大的现实意义。

关于"惨刻寡恩"之我见

韩非是我国先秦时期最后一位大思想家,也是一位杰出的法治理论家和杰出的唯物主义哲学家。他创立的法治思想体系,提出的治国主张,是历史经验和社会实践全面而深刻的总结,是符合时代潮流和历史发展趋势的,反映了人民的愿望和要求。他的法治思想,不仅促成了我国历史上第一个大一统的封建专制帝国——秦王朝的建立,促成了我国历史上划时代的转变,而且在两千多年后的今天,在我国建设有中国特色的社会主义现代化的宏伟事业中,仍然发挥了积极作用,并取得了前所未有、举世瞩目的成就。他的历史功绩是不朽的。

但是,后世对他的评价却褒贬不一。历代不少思想家、政治家,都坚决维护和提倡他的法治思想。但是,司马迁对他的评价——"惨礉(用法残酷,礉:hé,苛刻)少恩"(《史

关于"惨刻寡恩"之我见

记·老庄申韩列传》),对后世的影响却很大。什么"惨刻寡恩"至今还是指责韩非的一种论调。显然,这是儒家"仁义爱惠"(《奸劫弑臣》)的思想的反映,也是世俗的成见和偏见。其实,在韩非的时代,就有这一类批评了。韩非明确指出:"愚人不知(法治的好处),顾(却)以为暴。"(《奸劫弑臣》)不过,韩非的反批评并没有引起人们的注意,倒是"以为暴"的看法。通过司马迁的传播,却成了后世社会的主流看法、世俗之见。但是,只要看一看韩非所揭露并主张用严刑重罚的是一些什么人、什么事,他所悉心要维护和厚赏的又是一些什么人、什么事,就不难明白这种指责是不辨是非,有失公允的。如果对坏人坏事也要讲宽容、仁厚,那么只能是"利奸邪而害善人"(《难二》),于国于民,有百害而无一益。

我反复阅读了《韩非子》,竟找不到一个关于"惨刻寡恩"的例证,倒是在字里行间,韩非表现出来的那种坚持原则、明辨是非、爱憎分明、对坏人坏事决不妥协的凛然正气和为推行法治主张不避"死亡之害"(《问田》)的献身精神,不禁令人肃然起敬。

对韩非的法治思想,不能执其一隅,应该全面观察。法治不仅仅是用严刑,而且也用厚赏。赏罚始终是法治的一个重要内容,也是推行法治的重要手段。再说,韩非的法治思想，又不仅仅是赏罚而已。它要求法、术、势相结合，法、道、德相结合，以利民为宗旨，这是一个完整的法治思想体系。韩非主张"以法为本"（《饰邪》），这个法必须是符合人民"饥而食，寒而衣"（《安危》）的自然要求、反映人民的切身利益和愿望。他主张"以道为常"（《饰邪》），就是一切要按照客观规律办事，"不逆天理、不伤情理性（人性）"（《大体》），不能让人拿着简单的工具去"正（整治）太山"，也不能让人拿着武器去"齐（治理）万民"。（《大体》）他主张"以德治国"（《解老》），就是要使"天下""民之生莫不受其泽"（《解老》）。他主张治国必须"善任势"（《奸劫弑臣》），就是要鼓励人们立功受奖，告诫人们不要犯罪受刑。并且特别提出：要"立可为之赏，设可避之刑"（《用人》），让人们经过努力就能立功受赏，只要不犯罪就不会无辜受刑。不可"立难为而罪不及"（《用人》）。他主张"用人必以术"（《八说》），是为了使"贤良遂进而奸邪并（通'摒'）退"（《说疑》），是为了得到"贤能之士"（《人主》）为国家建功立业，而摒退"无能之士""卑污之吏"（《孤愤》）。这样看来，韩非的法治思想和"惨刻寡恩"，不能混为一谈。

韩非主张治国必须用严刑重罚，是否就是"惨刻寡恩"，这要从实际出发，不能囿于成见，不能人云亦云。这可以从

关于"惨刻寡恩"之我见

四个方面来看。

一、要看是否适合社会实际情况的需要

正如韩非所说，刑罚的轻重，都是"称俗而行"的。只要适合社会情况的需要，"罚薄不为慈，诛严不为戾（凶暴）"。（《五蠹》）因此，刑罚的轻重要看它是否适合社会实际情况的需要。当时，是"大争之世"（《八说》），也是"大乱"之世。各诸侯国之间的战争连年不断，各国内部的政治斗争和社会矛盾也十分复杂而激烈。表现为：政局不稳、官场腐败、社会混乱、"奸人不绝于世"（《守道》）。在这样的情况下，韩非认为，用"仁义"治国，已"无益于治"（《显学》）；采用轻刑，只能使"奸私之臣愈众，而暴乱之徒愈胜"，国家就有灭亡的危险。只有实行严刑重罚，才能使"国安而暴乱不起"。（《奸劫弑臣》）他明确表示：实行严刑重罚是有前人的成功经验可鉴的。"夫严刑者，民之所畏也；重罚者，民之所恶也。故圣人陈其所畏以禁其邪，设其所恶以防其奸，是以国安而暴乱不起。吾是以明仁义爱惠之不足用，而严刑重罚之可以治国也。"（《奸劫弑臣》）可见，他主张采用严刑重罚，是继承了历史的成功经验的。

二、要看严刑重罚的对象是什么人

韩非的严刑重罚是对人民的吗？当然不是。他对人民的爱是真诚而无私的。有一个叫堂谿公的人，曾劝说韩非放弃法术的主张，并以"吴起支（通'肢'）解""商鞅车裂"的教训，说明坚持这个主张将"危于身而殆于躯（对自身有危险）"；建议他采取"全遂之道（保全自己、成就名声的道路）"，而放弃"危殆之行"。但韩非表示：我所以要"废先王之道（指以仁义治国）"，实行我的主张，是因为设立法术（"立法术设度数"）是有利于民众（"利民萌便众庶"）的做法，所以，我"不惮（怕）乱主暗上之祸患"。（《问田》）为了人民的利益，他把个人的生死利害都置之度外了，他还能主张对人民动用严刑重罚吗？

是对农民和战士的吗？也不是，农民、战士，是富国强兵的主力，韩非是充分肯定的。他说："富国以农，距（通'拒'）敌恃卒。"（《五蠹》）国家要富强，必须依靠农民生产粮食，依靠战士抵御外敌。所以，他竭力主张奖励耕战，使农民"以力致富"，使战士"以功得贵"。（《五蠹》）但是，当时的社会现实却不是这样。农民"力作而食（依靠劳动而生活）"，是"生利（创造财富）之民也"，但他们却被贬低为"寡能"（无

关于"惨刻寡恩"之我见

能)的人。战士"赴险殉诚(奔赴国难,为国尽忠)",是"死节(为节操而死)之民也",但他们却被贬低为"失计(不会为自己打算)"的人。(《六反》)"仓廪之所以实者",靠的是农民,但农民仍然过着贫苦的生活。"名之所以成,城池之所以广者",靠的是"战士",但他们仍然过着"贫贱"的生活,他们的遗孤竟"饥饿乞于道"。"善田利宅",是用来鼓励士兵作战的,但是为国捐躯的战士,活着的时候"无宅容身",死了以后"身死田夺"。韩非对此表示极大愤慨,认为这是"用事(当权)者过","上失其道也"。(《诡使》)韩非出于对广大农民和战士的苦难遭遇的深切同情,连统治者都敢批评,他的严刑重罚当然不是对准他们的。

还有贤臣良吏、守法公善之民,这些人都是韩非所赞扬,并主张要厚赏的,当然,也不会是严刑重罚的对象。

那么,他的严刑重罚是对什么人的呢?韩非说得很清楚:"重其刑罚以禁奸邪。"(《六反》)所谓"奸邪",主要是指那些欺主、败法、害国、伤民的人。特别是大臣、左右(君主身边的侍臣)、王公、公子中阴谋劫君弑主、篡权夺位的人。在君主世袭制的统治下,这些人是对君权威胁最大的,也最危险的敌人。

他反复强调大臣和左右的祸害:"万乘之患,大臣太重;

千乘之患,左右太信:此人主之所公患也。"(《孤愤》)又说:"人主之所以身危国亡者,大臣太贵,左右太威也。所谓贵者,无法而擅行(独断专行),操国柄(国家的大权)而便(利)私者也。所谓威者,擅(独揽)权势而轻重(指对事情的处理要轻就轻,要重就重,都由他随意决定)者也。""威势者,人主之筋力也。今大臣得威,左右擅势,是人主失力;人主失力而能有国者,千无一人。"(《人主》)

他还特别提出大臣中的"猛狗"和左右中的"社鼠"(寄身社庙中的老鼠)的危害。他说:执掌大权、反对法治、迫害法术之士的大臣,"此亦猛狗也"。他们"执柄而擅禁(操纵法令)",遇到法术之士"怀其术(治国方略)",来"明万乘之主"时,就像"猛狗迎而龁(hé,咬)人"一样,对法术之士,横加迫害。并向人们表明:为他效劳的"必利",不为他效劳的"必害"。(《外储说右上》)他又以"社鼠"比喻君主身边的侍臣,指出:他们控制着君主,在朝廷外,"则为势重(卖弄权势)而收利于下"(《外储说右上》)。"求索不得,贿赂不至",就扼杀贤良之臣的功业,进行"毁(诽谤)诬(陷害)"(《奸劫弑臣》)。在朝廷内,"则比周(紧密勾结)而蔽恶(隐瞒罪恶)于君",而且"内间(刺探)主之情以告外",内外勾结,为非作歹,"诸臣百吏以为富"。

(《外储说右上》)他们做了许多坏事,官吏却不能惩办他们,就像投鼠忌器一样对他们无可奈何。韩非愤然指出:"左右为社鼠,用事者为猛狗","主焉得无壅(蒙蔽),国焉得无亡乎?"(《外储说右上》)

韩非认为,以下几种臣子都是必须严加防备和坚决打击的,并对他们作了充分的揭露。

(一)"当涂(通'途')之人(当道掌权的人)"亦称"重人"

他们的特点是:(1)"官爵贵重,朋党又众","无令而擅为,亏法以利私,耗国以便家,力能得(控制)其君"。他们"挟愚污之人,上与之欺主,下与之收利侵渔,朋党比周,相与一口,惑主败法,以乱士民,使国家危削,主上劳辱,此大罪也"。"其罪当死亡也。"(2)控制国家大权,"外内为之用":"敌国(指其他诸侯国)为之讼(通'颂',颂扬)","群臣为之用(奔走效劳)","左右为之匿(隐瞒罪行)","学士为之谈(歌功颂德)"。因此,"人主愈弊(通'蔽')而大臣(重人)愈重"。(3)培植私党,排除异己。对"朋党比周以弊(通'蔽')主、言曲以便私(颠倒是非,为私门即重人效劳)"的人,或"以官爵贵之",或"以外权(其他诸侯国的势力）重之"。而对能"烛私"、"矫奸"的法术之士，则是"其可以罪过诬者，以公法而诛之；其不可被以（加以）罪过者，以私剑（刺客）而穷（杀）之"。因此，"主上愈卑，私门益尊"。（4）"即（迎合）主心，同乎好恶（投合君主的好恶）"，是他们取得君主亲近、喜爱和信任（"近爱信"）的惯用手段，也是他们得到进用的途径。（《孤愤》）

（二）"擅（控制）主之臣"（也是"重人"）

他们的特点是：（1）首先是以"顺人主之心"的手段（"主有所善，臣从而誉之；主有所憎，臣从而毁之"），取得君主"信幸（信任和宠爱）"的宠臣。（2）是能"乘（凭借）信幸之势以毁誉进退群臣"的权臣。"为臣尽力以致功、竭智以陈忠者，其身困而家贫，父子罹（lí，遭受）其害；为奸利以弊（通'蔽'）人主、行财货以事贵重之臣者，身尊家富，父子被（蒙受）其泽。"（3）是控制群臣，"欺主成私"的奸臣。群臣、百官、左右，"以私为重人者众，以法为君者少"。"是以主孤于上而臣成党于下"，君主就有被劫杀的危险。（《奸劫弑臣》）

（三）"亡国之臣"

他们的特点是：（1）颠倒是非。"言是如非，言非如是"，以迷惑君主。（2）表里不一。"内险以贼（阴险而狠毒），其外小谨，以征（证明）其善"，虚伪狡诈，有很大的欺骗性和危险性。（3）颂古非今，破坏法治。"称道往古（远古），使良事沮（jǔ，败坏）。"（4）窥测君主的意向，"乱之以其所好"，以投合君主的爱好来扰乱君主对国家的治理，使君主"身危国亡"。（《说疑》）

（四）"谄谀之臣"

他们的特点是：（1）"思小利而忘法义"，一切以私利为其行动的轴心。只要有利可图，什么坏事都干。（2）"共（通'供'）其欲"，尽量满足君主的欲望，这是他们骗取君主好感的惯用手段。只要"得一悦于主"，取得君主的一点欢心，即使"破国杀众"，也"不难为"。（3）倚仗君主对他们的宠信，他们打击贤良，扰乱百官。在君主面前，"则掩蔽（埋没）贤良以阴暗其君"，背着君主时，"则挠乱百官而为祸难"，使君主"身死国亡，为天下笑"。（《说疑》）

（五）"乱臣贼子"

他们的特点是：（1）"朋党比周以事其君"，这是他们劫弑其君、篡权夺位的法宝。（2）"隐正道而行私曲"，不走正道，营私舞弊。（3）"上逼君，下乱治"，独断专行，无法擅为。（4）"援外以挠内"，援引其他诸侯国的力量来扰乱国内的治理。（5）"亲下以谋上"，即"内构党与，外摅（shū，舒展，引申为勾结）巷族（指街巷的地方势力），观时发事（窥测时机而起事），一举而取国家"。（《说疑》）

根据历史上大臣专权，"内以党与劫弑其君，外以诸侯之权矫易（颠覆）其国"的事实，"不可胜数"的教训（《说疑》），韩非主张对这些大臣、左右、王公、公子，危害君权的势力，必须像给树木修剪枝叶一样，不断削弱他们的势力，必要时，要"若电若雷"，严厉打击，以至刨根断源（"掘其根本"，"填其汹渊"），彻底铲除。（《扬权》）只有"散其党，收其余（余孽），闭其门，夺其辅（帮凶），国乃无虎（阴谋篡权的臣子）"。（《主道》）

此外，贪官污吏，"造言作辞""乱上反世"的"二心私学者"（《诡使》），还有"盗贼""奸伪无益之民""私恶当罪之民"（《六反》）等，也要严刑治理。

事实已十分清楚：对这些人如不实行严刑重罚，国家就要乱亡，人民就要遭殃。正如韩非所说，"惜草茅者耗禾穗，惠盗贼者伤良民。今（如果）缓刑罚，行宽惠，是利奸邪而害善人也，此非所以为治也"。（《难二》）

三、要看是怎样实行严刑重罚的

韩非明确主张："赏罚随是非""祸福随善恶""生死随法度"（《安危》）。执行刑罚，必须以法律为准绳，以事实为根据。执法者必须"以法行刑"（《五蠹》），受罚者应该"以罪受诛"（《外储说左下》）。定罪量刑，必须严格把关："不引绳之外，不推绳之内（不把有罪的拉到无罪的一边，也不把无罪的推到有罪的一边）；不急法之外，不缓法之内（对法禁以外的事情不可严，对法禁以内的事情不可宽）。"（《大体》）他反对"释法制而妄怒"（《用人》），滥施淫威，乱杀乱罚。乱杀，"而奸人不恐"（《用人》），"民将背叛"（《八说》）；乱罚，"罪生甲，祸归乙，伏怨乃生"（《用人》）。这就保证了实施刑罚的准确性、权威性。

他强调：执行刑罚必须公正无私，"法不阿贵"（《有度》），不讲私情。"刑过不避大臣。"（《有度》）"诚有过，则虽近爱必诛。"（《主道》）只要是"害国伤民败法"，尽

管和君王有"父兄子弟之亲",也要"杀亡其身,残破其家",决不姑息。(《说疑》)

但是,他并不是一个惩罚主义者。他明确指出:"夫重刑者,非为罪人也。"(《六反》)实施严刑重罚,并不是单纯为了惩罚人。并主张:用刑,也要根据罪行大小、情节轻重,区别对待。"治贼",是死罪;"刑盗",则罚他做"胥靡"(犯轻罪被罚做苦役的人)(《六反》)。即使是犯法为大逆的"大虎"(比喻阴谋篡权的臣子),也要通过法和刑,尽其可能,把他们挽救过来,成为新人:"主施其法,大虎将怯;主施其刑,大虎自宁。法刑苟信(如果真正执行),虎化为人,复反(通'返')其真(恢复他本来作人的面目)。"(《扬权》)他反对在一般的情况下也"厚诛薄罪",认为这样,君主将"有易身(君位被夺取)之患"。(《用人》)他还主张:在一定的条件下,可以免罪和减刑:"胥靡有免,死罪时(通'伺',等待,有望)活"(《解老》)。这就是说,执行刑罚,应该宽猛相济,不能一味惩罚。他还主张:官吏执法,要像孔子的弟子子皋那样,把仁爱之心和严格执法结合起来,做一个既能"平法(公平执法)",又能"树德"不"树怨"的"善为吏者"。(《外储说左下》)

四、要看严刑重罚的目的是什么

他说：君主用法，用刑，目的只是"不从（通'纵'）其欲（私欲），期于利民而已"；并不是憎恨他们，而是爱护他们的根本措施："非所以恶（憎恨）民，爱（爱护）之本也。"（《心度》）又说：实施刑罚，目的不是为了惩罚人，而是为了罚一儆百，让更多的人吸取教训，去恶从善。"重一奸之罪而止境内之邪，此所以为治也（这才是惩办的目的）。"（《六反》）他还认为：实施刑罚，也是为了把坏人改造为新人。他说："主施其法，大虎（比喻阴谋篡权的臣子）将怯；主施其刑，大虎将宁。法刑苟信（如果真正执行），虎化为人，复反（通'返'）其真（恢复他本来做人的面目）。"（《扬权》）但这还不是最大的目的，最大的目的，是要为国家和人民建立"至厚之功（最大的功绩）"："正明法，陈严刑，将以救群生之乱，去天下之祸，使强不陵（欺侮）弱，众不暴（残害）寡，耆老得遂（终，享尽天年），幼孤得长，边境不侵，君臣相亲，父子相保，而无死亡系虏之患"。（《奸劫弑臣》）这其实就是要建立一个富强、和谐、安定的法治社会。可见，严刑重罚是符合人民的利益和愿望的。

综上所述，可以看到，韩非的法治思想是符合时代的潮流、符合社会的实际情况需要的，有利于加强君权、革除弊端、富国强兵、治国安民。它所要打击的对象主要是那些反对法治、劫君弑主、危害国家和人民的当权者、贪官污吏以及一部分反对法治、制造混乱的知识分子，还有就是直接侵害人民生命财产的盗贼等等；而不是贤臣良吏、耕战公善（守法为善）之民。即使是应该重罚的人，他也主张根据罪行大小、情节轻重，区别对待。对阴谋篡权的奸臣，他还主张，通过法刑使他们变成新人。可见，韩非还不是一个"惨刻寡恩"的人。所谓"惨刻寡恩"的指责，是不符合实际的，也是不公正的。这种指责对谁有利，对谁有害，不言而喻。再说，这种指责，对韩非的评价也是一种误导，不利于对古代优秀文化的传承。历史已经发展到了21世纪，一切都在进步之中。为了更好地传承和发扬我国古代的优秀文化、促进我国的法制建设、推动我国有中国特色的社会主义现代化事业的发展，我们对韩非的法治思想、不能再沿袭旧说了，应该实事求是，给予全面、客观的评价。我想，这是我们今人应该做、也是能够做的。

五、关于法、术、势思想的评价问题

有人认为,秦王朝的灭亡,根自于它的暴政:一是"极端"的君主个人独裁,二是"极端"的严刑重罚,三是"极端"的文化专制主义。而这个暴政又根自于法、术、势的思想中的"消极成分":一是"强调君主的个人独裁",二是"主张严刑重罚",三是"主张文化专制主义"。因此断言:在秦始皇统一六国之前,法、术、势思想有过"积极作用",而在秦始皇统一六国以后,特别是秦二世、赵高等人专政以后,"它就变成了虐杀的工具","走到了自己的反面",使秦王朝迅速灭亡。[①]说法、术、势思想有过"积极作用"无可厚非。但是,说"君主独裁""严刑重罚"是法、术、势思想中的"消极成分",说"法、术、势思想主张文化专制主义",说"法、术、势思想走到了自己的反面",就不敢苟同了。

韩非法治思想的中心就是"尊君"。"臣事君","天下之常道也"。(《忠孝》)君主必须独揽大权,"谨执其柄而固握之"(《扬权》),不能与其臣"共权"、"共势"来治理国家。韩非说:两个人"共辔(共掌马缰绳)而御,

---

[①] 谷方:《韩非与中国文化》,贵州人民出版社,1996年1月版,第81—84页。

不能使马，人主安能与其臣共权以为治"？两个人"共琴（共弹一张琴）而不能成曲，人主又安能与其臣共势以成功"？（《外储说右下》）这就是说，与臣"共权""共势"，意见分散，不能办成事情，治理好国家。还有一点，就是：君主如果大权旁落，"非使赏罚之威利出于己也，听其臣而行其赏罚"，则有被奸臣"劫弑"的危险。（《二柄》）可见，韩非主张君主独揽大权，是治国的需要，防奸、禁奸的需要，是符合"天下之常道"的，不能和君主的个人独裁相提并论。而且韩非对君主独揽大权是有原则要求的。例如：君主必须"以法治国"（《有度》），"抱法处势"（《难势》）。权力必须依法行使，不可"释法而用私（凭私意办事）"（《有度》），不可"释法术而心治（凭主观想法处理政事）"，更不可"释法制而妄怒"，妄杀妄罚，株连无辜（《用人》）。用人必须任用"贤能之士"（《人主》），摒退"奸私之臣"（《奸劫弑臣》）、"卑污之吏"（《孤愤》）。遇到问题，必须和群臣商量："事至而结智（集中众人的智慧）"，"博论以内（通'纳'）一"（《八经》），依靠群臣的智慧和力量，办好事情，不可"矜而好能"（自大逞能）（《扬权》），不可"过而不听于忠臣，独行其意"（《十过》）。君主要"明法亲民"（《饰邪》），办事要符合人心。"其道（治国的办法)忠(通'中')法,其法忠心"。(《安危》)君主的生活要注意节俭:"俭于财用,节于衣食,宫室、器具周(合)于资用(实用),不事(贪)玩好"(《难二》),不可追求享乐,"好宫室台榭(高台上的敞屋)陂池(池沼),事(爱好)车服器玩,好罢(通'疲')露(使……疲劳困顿)百姓,煎靡货财。"(《亡征》)他以商纣王穷奢极欲、荒淫无度,"为肉圃,设炮烙,登糟丘,临酒池"(《喻老》),终于因此而亡的史实,提醒君主要吸取教训,不可以暴治国,"仁暴者,皆亡国者也。"(《八说》)这些主张对防止君主个人专制独裁是积极而有力的。

在严刑重罚方面,他也有一系列的正确主张,保证严刑重罚的有效实施。例如:用刑必须以法律为准绳,"以法行刑"(《五蠹》),以事实为根据,受罚者必须"以罪受诛"(《外储说左下》)。不可"释法制而妄怒"(《用人》),乱罚,乱杀;也不可"罪生甲,祸归乙"(《用人》),株连无辜;更不可"杀戮不辜"(《亡征》)。必须区分罪行大小、情节轻重,宽猛相济:"治贼","是治死人也";"刑盗","是治胥靡(被罚做苦役的人)也"。(《六反》)强调在一般情况下不可轻罪重罚:"厚诛薄罪",则"世有易身(君位被改变)之患"。(《用人》)还要严格把关:"不引绳(比喻法）之外，不推绳之内"（《大体》），既不把无罪的拉到有罪的一边，也不把有罪的推到无罪的一边。要以挽救人为目的。即使是"大虎"（比喻阴谋篡权的臣子），有可能，也要用"法刑"化虎为人，使他们"复反（通'返'）其真（恢复他们做人的本来面目）"。（《扬权》）

韩非的这些主张，对于君主来说，都是上策良方，可以保证君主独揽大权和严刑重罚在正确的轨道上行使。这是符合社会实际需要的，有利于治国安民的措施，不能说是法、术、势思想中的"消极成分"，也不能看作秦始皇及其后继者实行暴政的根源。

秦始皇、秦二世的个人独裁、严刑重罚，与韩非的主张完全背道而驰。秦始皇"以为自古莫及己"，"刚戾自用"（《史记·秦始皇本纪》），"行自奋之智，不信功臣，不亲士民"（贾谊《过秦论》），妄自尊大，一意孤行。他"乐以刑杀为威"。不仅大批无辜者惨遭杀害，光是在阿房宫和骊山墓工地上服役的"隐宫（宫刑）、徒刑者"就有"七十余万人"。（《史记·秦始皇本纪》）

秦二世则把做皇帝看作是自己可以尽情享乐、为所欲为的资本。他认为："凡所为贵有天下者，得肆意极欲"（《史记·秦始皇本纪》），当了皇帝，就应该尽其所想，尽其所欲，尽其所为，不受任何约束。为了"身尊而势重"，极其"荒肆之乐""流漫（放纵）之志""淫康（安）之乐"，对于妨碍这一切的"俭节仁义之人""谏说论理之臣""烈士死节之行"，都要加以清除。（《史记·李斯列传》）他甚至要"以人徇（通'殉'）己"，"专以天下适己"（《史记·秦始皇本纪》），拿整个天下来满足自己的私欲。在刑罚方面，他"令有罪者相坐诛，至收族，灭大臣而远骨肉，……尽除先帝之故臣"，弄得"群臣人人自危"（《史记·李斯列传》）。当时，"刑者相半于道，而死人日成积于市。杀人众者为忠臣。"（《史记·秦始皇本纪》）秦二世竟非常高兴，简直是杀人的魔王。

可见，秦始皇和秦二世的独裁、重刑，和韩非的主张有本质的差别，不能混为一谈。说秦始皇及其后继者"把法、术、势思想中的消极成分急剧地膨胀起来"，"扩展到了极端"，"法、术、势思想走到了自己的反面"，就不免有些牵强了。应该说，所谓"消极成分"是没有的；而"走到了自己的反面"的是秦始皇及其后继者们，是他们歪嘴和尚念歪了经，而不是法、术、势思想。

至于法、术、势思想中有没有文化专制主义，也值得研究。所谓"文化专制主义"，应该是指独尊一家，排斥一切不同的学说、思想而言。而韩非不是这样。他的整个法治思想体系，就是在总结前期法家的理论和实践的基础上，又总结了古今许多国家兴衰存亡的历史经验，并吸收了儒家、道家、墨家、兵家、阴阳家的思想成果而创立的。对于传统文化，他明确主张必须具体分析，批判继承。例如：对于古道、常规，既不是全盘肯定，也不是全盘否定，而是要根据现实需要，看"常、古之可（适合）与不可"。(《南面》)适合现实需要的，就继承；不适合现实需要的，就舍弃。这是唯物、辩证的态度。两千多年前，他就提出了这样一条原则，是难能可贵的。对于传统的道德文化，也是如此。例如：忠孝，他对"忠"既继承了它"事君"的内容，又赋予了它"尽力守法"的新内容(《忠孝》)；对"孝"既继承了它"养亲"(《忠孝》)的内容，又批判了儒家"百善孝为先"的旧思想，主张在尽忠和尽孝两个方面，必须把尽忠放在第一位，尽孝必须服从于尽忠，不能颠倒(《五蠹》)。再如：仁义，对于反对法治，又"无益于治"(《显学》)的仁义，他是坚决反对的。但是，对介子推那样的，追随晋文公流亡十九年，忠心事主、不计爵禄、愿意献出个人一切的仁义(《用人》)，对于像伊尹、百里奚那样，不避卑辱，忧天下之害，趋一国之患，忠心帮助商汤、秦穆公成就霸王之业的仁义(《难一》)，他是赞扬的。他提出"招（提倡）仁义"（《用人》），就是要提倡这样的仁义。

由于他对传统文化采取了"具体分析，批判继承"的态度，他就不可能对传统文化采取全盘否定的态度，而陷入文化专制主义。例如，他说："故明主之国，无书简之文，以法为教；无先王之语，以吏为师。"（《五蠹》）似乎"书简之文"、"先王之语"都否定了，只定法术于一尊，其实不然。如上所述，对于"书简之文""先王之语"，他是不会全盘否定的。他这样说，主要是强调加强法制教育的重要，在思想道德教育中必须把法制教育放在首位。

至于韩非强调，对于"二心私学者（怀有二心，搞非法学说活动的人）"，要严加禁止，那是因为他们"私学成群"，"不从法令"，"造言作辞（制造谣言和诡辩）"，"大者非（通'诽'）世（现实），细者惑众"，在社会上造成极大混乱，妨害了国家法治的推行。韩非主张：对这些"反逆世者"（反对现实社会、违背历史潮流的人），必须"禁其行"，"破其群以散其党"。这是稳定社会秩序、治国安民的必要措施，与文化专制主义是两回事。

因此，秦始皇焚书坑儒，烧了"诗、书、百家语"，坑杀儒生"四百六十余人"（《史记·秦始皇本纪》）这只是他为了维护自己的统治，对反对他的人采取的一种极其残酷的镇压手段罢了。他这种毁灭文化的倒行逆施，和韩非的法、术、势思想无关。

对于韩非的法、术、势思想的评价，我认为，应该注意以下几点。

（一）必须全面考虑，不能断章取义，攻其一点，不及其余

例如：韩非说："古之善守者，以其所重禁其所轻，以其所难止其所易（用人们所怕的重刑制止人们容易去掉的罪行）"。（《守道》）又说："重罪（罚）者，人之所难（害怕）犯也；而小过者，人之所易去也。使人去其所易，无离（通'罹'，遭受）其所难（害怕的重罚），此治之道也。夫小过不生，大罪不至，是人无罪而乱不生也。"（《内储说上七术》）单看这两段话，"小过"也要"重罚"，韩非似乎很片面，走极端，只讲重刑，而否定轻刑。但是，再看看其他有关论述，就会发现并非如此。首先，他主张用刑要根据罪行大小分清轻重："治贼"，"是治死人也"，用的是重刑；"刑盗"，"是治胥靡也"，用的是轻刑。（《六反》）其次，他认为：轻罪重罚，只有在特殊紧急的情况下才可使用。如

前所述，孔子在大火危及国都，却无人去救火的紧急情况下，用重罚督促人们去救火，就是一例。再如，管仲为了制止国内"好厚葬"的风气，也用了重罚。当时，齐国境内"好厚葬"，以致"布帛尽于衣衾（全做了死人的衣被），材木（好的木材）尽于棺椁（都做了棺材）"，弄得人民"无以为蔽（没有什么用来做衣被）"，国家"无以为守备（没有什么用来构筑防御工事）"。在这种情况下，批评教育已无济于事，只有用刑罚。于是管仲就下令："棺椁过度（标准）者戮（斩断）其尸，罪（罚）夫当丧者。"这样一来，搞厚葬的风气就被制止了。好厚葬，本是民间习俗，不为犯法，但它已成一种社会风气，直接影响人民的生活和国家的守备，就不是小事了。为了国家和人民的利益，对这种风气，采用重刑加以制止，是完全必要的，也是有益的。但是，在一般情况下，韩非是反对轻罪重罚的。他认为："厚诛薄罪"，则"世有易身（君位被篡夺）之患"。（《用人》）这样来看韩非的"轻罪重罚"的主张，就不会产生上述那种误解了。

（二）不能抓住片言只语，就下结论，必须联系它的上下文，全面观察

例如，韩非有一句话，叫"不务德而务法"（《显学》），似乎他只讲法治，否定德治，其实不然。只要看一看上文，就会明白，他说的"不务德"，是指在时效上，德治不及法治来说的。用德治，"恃人之为吾善也，境内不什数"；用法治，"用（使）人不得为非，一国可使齐"。依靠人们自觉地做好事，全国找不到十个；依靠法律使人们不得为非作歹，可以使全国的人行动一致。所以，应该"用众而舍寡"（《显学》），采用对多数人有效的方法，而舍弃只对少数人适用的方法。事实上，他对德治是高度重视的。他主张，治国必须以德为先。"国事务先而一民心。"（《心度》）国家政事必须以思想道德教育为先导来统一民心。只有使民众的思想统一了，法治才能顺利推行，国家才能富强。他还主张，赏罚必须以德为辅。"誉辅其赏，毁随其罚。"（《五蠹》）通过对当事人的褒贬，让更多的人受到激励和教育，使赏罚发挥更大的作用，达到赏罚一个人、教育一大片的目的。他还特别指出：实行法治，君主必须以德修身，确立正确的取舍标准和高尚的道德情操。"虽见所好之物不能引（不被引诱）"，"虽有可欲之类神不为动（精神不会为之变乱）"。（《解老》）这样来治理国家，就能造福人民，使天下"民之生（生存）莫不受其泽"（《解老》）。他认为，德法必须兼治，这是"万不失一"（《解老》）的治国方法。可见，韩非对德治不仅不排斥，而且把它作为治国的根本措施引入法治思想体系，为法治提供思想上的支撑和保证。这是韩非的创举，也是对前期法家的法治学说的发展，有重要而深远的意义。

（三）必须把握实质，分清是非，不能把别人的错误归咎于法、术、势思想

例如，李斯向秦二世提出的"督责之术"（即君主对臣民，要察其过，责之以刑罚的"帝王术"），虽然打着法家的旗号，"明申韩之术，修商君之法"，但其实质和法家的法治主张完全背道而驰。它鼓吹"以人徇（通'殉'）己"，"专以天下自适"，要牺牲天下人来满足帝王个人的物欲。又鼓吹朝廷上的"俭节仁义之人"、帝王身边的"谏说论理之臣"、社会上的"烈士死节之行"，都是帝王肆意放纵、穷奢极欲的障碍。君主要"身尊而势重"，必须清除这三种人。还鼓吹对臣民实行残酷的刑杀，以致"刑者相半于道，而死人日成积于市。杀人众者为忠臣"。（《史记·李斯列传》）这种"督责之术"和"申韩之术""商君之法"根本没有相同之处，不可相提并论，更不能把它看作是法、术、势思想的延伸。

有人说："'督责之术'的出现又标志法、术、势思想的发展和转变","变成了虐杀的工具","走到了自己的反面"①这个推断是很牵强的,实际上混淆了是非,有损于对法、术、势思想的正确评价。应该说,变成虐杀工具的是李斯的"督责之术",而不是法、术、势思想;走到法、术、势思想反面的也是李斯的"督责之术",而不是法、术、势思想。

(四)必须从实际出发,实事求是,不能一成不变地看问题

例如,认为韩非的法、术、势思想是"惨刻寡恩"的指责,已经延续了两千多年,究竟是不是这样,是值得考虑的。在这个问题上,我是持有不同看法的。在本书《关于"惨刻寡恩"之我见》一文中已有比较详细的论述,这里不再重复。

对于韩非及其法治思想的评价,如能注意到这几个方面,就能避免片面性和盲目性,作出比较恰当的评价。这将有利于古为今用,吸取我国优秀的传统文化,推动我国法治社会的建设和有中国特色的社会主义现代化事业的发展。

---

① 谷方:《韩非与中国文化》,贵州人民出版社,1996年1月版,第83—84页。

先进文化是国家强大的精神支柱
——论韩非的文化思想

文化是一个民族或国家的精神支柱。没有文化的民族或国家是没有前途的。只有用先进的文化武装起来的民族或国家，才是不可战胜的，才能永远立于不败之地。

韩非的文化思想，是他整个法治思想体系中重要的组成部分、也是建立在唯物主义和朴素辩证法的思想基础之上的，是符合时代发展的先进的文化思想。

一、文化必须与时俱进

韩非认为，文化是历史的产物，随着历史的发展而发展，变化而变化。不同的历史时期，各有不同特色的文化。上古时期，"构木为巢以避群害（指禽兽虫蛇）"，"钻燧（可以钻之取火的木）取火以化腥臊"。中古时期，"天下大水，而鲧禹决渎（dòu，疏浚水道）"。近古时期，"桀纣暴乱，而汤武征伐"。当今时期，"争（较量）于力（国家实力）"（《八说》）。"力多则人朝（朝见），力寡则朝于人"（《显学》）国家的"亡、王之机（关键），必其治乱、其强弱相踦（qī，不平衡）者也"（《亡征》），完全决定于国家实力的大小。文化和历史一样，既有阶段性，又有连续性，由简单到复杂、由低级到高级不断丰富和演进的。文化和历史都只能前进，不能倒退。到了中古，仍维护上古的那一套生活方式，"必为鲧、禹笑矣"。到了近古，仍推行中古的那一套做法，"必为汤、武笑矣"。到了当今这个"争于力"的历史时期，仍"有美（推崇）尧、舜、禹、汤、武之道（治国之道）于当今之世者，必为新圣笑矣"。开倒车的行径是行不通的。

　　韩非认为，文化必须与时俱进。治国的方法也是这样。"世（时代）异则事异"，"事异则备（政治措施等）变"。（《五蠹》）时代变了，事情就要跟着变化；情况变了，措施就要跟着改变。"法（法度）与时转则治，治（治理的措施）与时宜则有功（功效）。""世（时代）移而治不易者乱，能（有才能的人，指玩弄智巧，奸诈谋私的人）众而禁不变者削。"（《心度》）

韩非指出：与时俱进，必须变法。这是成就霸王之业的保证。"伊尹毋变殷（指商朝的古法常规），太公毋变周（治周朝的古法常规），则汤（商汤）、武（周武王）不王矣。管仲毋易齐，郭偃毋更晋，则桓（齐桓公）、文（晋文公）不霸矣。"（《南面》）不变法，"惮（害怕）易民之安（指旧思想、旧习惯）"，是"袭乱之迹（重蹈乱国的覆辙）"，"恣奸之行（放纵奸邪的行为）"，"是治之失（错误）也"。（《南面》）

二、文化是经济、政治的反映，又反作用于经济和政治

韩非认为，文化是经济、政治的反映。经济状况不同，造成的文化现象也不同。"古者丈夫（指成年男子）不耕，草木之实足食也；妇人不织，禽兽之皮足衣也。不事力（不用劳动）而养足，人民少而财有余，故民不争。是以厚赏不行，重罚不用，而民自治（自然安定）。今人有五子不为多，子又有五子，大父（祖父）未死而有二十五孙。是以，人民众而财货寡，事力劳而供养薄（不够），故民争。"为了争夺财货，必然以强陵弱，以众欺寡，互相斗殴，杀人越货，什么乱象都会发生。所以，"虽倍（加倍）赏累（多次）罚而不免于乱"。

(《五蠹》)古时"民不争",而今"民争";所以,古时不用"厚赏重罚",而今"倍赏累罚"也不解决问题,这些文化现象都是由于社会财富多寡、供养厚薄造成的。

再看政治状况不同,造成的文化现象也不同。韩非说:"尧之王天下也",住的是茅草屋,吃的是粗劣的食物,喝的是菜叶和豆叶做的汤,冬天穿的是质量差的兽皮衣服,夏天穿的是用葛草的纤维做的粗布衣。其生活条件还不如现在一个"监门(看门人)"的供养。"禹之王天下也",自己拿着农具走在民众的前头,累得"股(大腿)无胈(bá,肌肉),胫(小腿)不生毛,虽)(现在的)臣虏(奴隶)之劳,不苦于此矣。"那时的帝王生活艰苦,只有无私奉献,没有任何特殊的权势和利益。所以,古代才有人让掉王位,把天下传给别人的做法。而"今之县令,一日身死,子孙累世(接连几代)絜(xié)驾(系马套车,有马车坐)",几代人都能过着富贵的日子。所以,古人"轻辞天子"之位,而今"难去县令"之职,原因就在"薄厚之实异(利益大小不相同)也。"(《五蠹》)这种政治上让权和争权的文化现象,是由于经济利益大小不同造成的。

所以,韩非认为,这种争夺财物、争夺权势的现象不一定都是人的道德品质的问题,而是社会财富多寡、权势的利益大小造成的文化现象。"古之易（看轻）财，非仁（仁义）也，财多也；今之争夺，非鄙（贪吝）也，财寡也。轻辞天子，非高（品德高尚）也，势薄（权势很小）也；重争士（通'仕'，做官）橐（通'托'，依托，指依附权贵），非下（品德卑下）也，权重（权势很大）也。"（《五蠹》）

这种争抢财物、争权夺利的文化现象，就成了一个严重的社会问题。如何解决这个问题？韩非主张，还是要从经济和政治改革着手。"圣人议（研究）多少（指社会财富的多少）、论（考虑）薄厚（指权势利益的大小）为之政（采取治理的政治措施）。"（《五蠹》）这个"政"，指的就是实行法治，运用赏罚。韩非认为，只有实行法治，严明赏罚，才能使国家富强，增加社会物质财富，限制官吏的权力和利益，解决社会混乱的问题。

三、对待传统文化必须批判、继承，更要创新

如何对待传统文化？在商鞅的时代，就有"循古"和"反古"的论争。（《商君书·更法》）韩非认为，对待传统文化，既不能全盘否定，也不能全盘肯定，必须立足于现实，具体分析。"古法常规""变与不变"，"在古常之可（适

合）与不可"。（《南面》）"可"者，"不变"。"不可"者，必"变"。其基本形式有三种：一、批判，二、继承，三、创新。批判、继承是基础，创新是目的。只有创新，才能做到古为今用，推动文化的发展，推动历史的进步。

（一）对传统文化的批判

韩非认为，对传统文化的批判，不仅要说明什么是错的，也要说明什么是对的。要有破有立，破旧立新。

1. 对迷信鬼神的批判。韩非对迷信鬼神是彻底否定的。他认为，迷信鬼神的国家，"可（可能）亡也"。（《亡征》）。商周以来，崇尚鬼神，在军事行动之前，都要"凿龟（指龟甲）数策〔指蓍（shī）草的茎〕"或看星象（星在天空的方位和运行趋向），进行占卜，推断吉凶，决定行动。韩非以大量事实证明这种迷信的荒诞无稽："龟策鬼神不足以举胜（推断战争的胜负），左右背乡（即看星象通，乡，通'向'）不足以专战（决断战争的结果），然而恃之，愚莫大焉。"（《饰邪》）他以越王勾践开始依靠龟卜迷信，结果被吴国打败，后来采取了"明法亲民"的方针，终于打败了吴国的事例，说明"恃鬼神者慢于法"而"危其国"，只有"明法亲民"、依靠法治和人民的力量，才是战无不胜的保证。（《饰邪》）

先进文化是国家强大的精神支柱
——论韩非的文化思想

2. 对君权神授思想的批判。夏商周三代的统治者，都假借宗教迷信，宣称自己是代表天帝或上帝来统治天下的。"有夏（有：词头，无实意）受天命。"（《尚书·召诰》）商汤讨伐夏桀，就自称是受于天命："有夏多罪，天命殛（杀）之。予畏上帝，不敢不正（征）。今尔辅予一人，致（给予）天之罚，予其大赉（lài，赏赐）汝。"（《尚书·汤誓》）周武王就自称"天子"："配我有周，膺受天命。"（周代铜器"毛公鼎"铭文）

韩非认为：君主的权位不是上天或上帝给予的，而是"众之所夺也"，"民之所予也"（《难四》）。"臣能夺君者，以得（指得人心）相踦（不平衡）也（因为他比君主更得人心）。""汤武之所以王，齐（齐国的田氏）晋（晋国的赵氏）之所以立，非必以其君也（原因不一定在桀、纣和齐、晋君主的身上），彼得之（因为他们得到民众的拥护）而后以君处之也（才当上君主的）。"（《难四》）

韩非认为，不仅夺取君位必须有民众的拥护，取得君位的也必须有民众的支持。"君人者，以（靠）群臣百姓为（形成）威势者也。"（《八奸》）离开人民的支持，就没有君主的威势。"人主者，天下一力以共载（通'戴'）之，故安；众同心以共立之，故尊。"如果"位不载于世（被世人拥戴）"，无"众

人助之以力","则功不立,名不遂(成)"。(《功名》)

韩非的这种君权民授的思想,是对君权神授思想的彻底否定。它表明主宰国家命运的是人民,而不是君主,更不是神。人民才是国家的主人。这种思想对反对君主专制主义,发展民主思想具有重大的意义。

3.对迷信先王的批判。从孔子到墨子到孟子,都把尧、舜、禹尊崇得上了天。孔子说:"唯天为大,唯尧则(仿效,相比)之。"(《论语·泰伯》)墨子则把禹、汤、文武说成是"天福之,使立为天子"的。(《墨子·法议》)孟子则认为:"昔者,尧荐舜于天,天受之。"(《孟子·万章上》)他们都把尧、舜神化了。韩非则彻底否定:"无参验而必定尧舜者,愚也;弗能必而明据先王者,诬也。"认为这些愚诬之说都是没有根据的。(《显学》)

首先,尧舜禹都是古代的贤君,但他们都不是神,而是人。作为一代君主,他们和普通民众一样参加劳动,过着艰苦的生活。尧王天下时,住的是茅屋,吃的是粗米和豆叶,穿的是兽皮和粗布做的衣服,还不如后世一个看门人的供养。禹王天下时,带头参加劳动,吃的苦,连后世的奴隶也比不上。(《五蠹》)舜王天下时,哪里需要就到哪里去,他参加种田,打渔,制造陶器,解决那里发生的问题。(《难一》)

先进文化是国家强大的精神支柱
——论韩非的文化思想

其次,他们和普通民众一样,在智慧和能力方面都有一定的局限性。"天下有信数(不可改易的道理)三:一曰智(智慧再高)有所不能立(办成),二曰力(力气再大)有所不能举,三曰强(人再勇猛)有所不能胜。"因此,若"无众人之助","虽有尧之智,大功不立"。(《观行》)若无"众人助之以力",尧不能"南面而守名(保持住南面称君的名位)",舜不能"北面而效功(北面称臣而作出贡献)"。(《功名》)

他们也和普通君主一样,治国不能背离法术、赏罚。"释法术而心(凭主观意志)治,尧不能治一国。"(《用人》)"无庆赏之劝,刑罚之威,释势委法,尧、舜户说(挨家逐户地劝说)而人辨(遇到人就进行辨解)之,不能治三家。"(《难势》)

韩非认为,尧舜等先王只是能依法按照民意治国的贤君,不是万能的神。把他们神化是没有根据的。韩非的这个思想对于破除个人迷信,反对君主专制有积极而重要的意义。

(二)对传统文化的继承

韩非把传统文化中一切符合实际,符合客观规律的思想言论,一切有价值的历史资料,有利于治国安民的文化成果,都作为继承的内容。特别注意总结和汲取古代实行法治的经验教训,作为解决现实问题的借鉴。

1. 韩非重视尧舜的治国经验，认为：实行法治，按民意办事，是自古就有的成功经验。"明主之道忠法，其法忠心（人心）"。因此，"道行"而"德结（恩德留在人间）"，"临之而治，去之而思"。（《安危》）

2. 韩非总结楚、齐、燕、魏治理国家的正反经验为例，指出："奉法者强则国强，奉法者弱则国弱。"例如："有荆庄（楚庄王）、齐桓（齐桓公），则荆、齐可以霸；有燕襄（燕襄王，即燕昭王）、魏安厘（xī），则燕、魏可以强，今皆亡国（成了弱国）者"，原因是什么呢？就在君臣是否坚决按法办事。坚决按法办事，则"可以霸"，"可以强"。否则就要成为弱国。韩非特别指出，国家由强变弱的原因，不仅在于君主，也在于群臣百官都没有按法办事。群臣百官"皆释国法而私其外（营私舞弊）"，"皆务所以乱而不务所以治也"。（《有度》）

3. 韩非又总结了商汤所以能"以百里之地立为天子"，齐桓公所以能"立为五霸主，九合诸侯，一匡天下"，秦孝公所以能"地以广，兵以强"的经验，指出：都是因为分别得到了伊尹、管仲、商鞅的辅助；而伊尹、管仲、商鞅"皆明于霸王之术，察于治强之数（术）"，善于"操法术之数，行重罚严诛"以治理国家的"足贵（尊重）之臣"。所以，

先进文化是国家强大的精神支柱
——论韩非的文化思想

韩非认为,"操法术之数,行重罚严诛",就"可以致霸王之功"。(《奸劫弑臣》)

可见,韩非的法治思想既是时代的产物,也是继承传统文化的成果。

(三)对传统文化的创新

创新,就是要从时代的要求、社会现实需要出发,创立新思想,提出新办法,适应新情况,解决新问题。创新离不开批判和继承,是在批判、继承的基础上的发展。传统文化一般都有历史的局限性,需要加以革新,才能适应社会现实的需要。

1. 对商鞅的"轻罪重罚"(或说"小过重罚")的主张,韩非认为,有合理的一面,也有不合理的一面。合理的一面,就是在某种特殊的情况下,轻罪重罚是可以采用的。如"齐国好厚葬(大办丧事),布(棉麻织品)帛(丝织品)尽于衣衾(qīn,被子),材木(好的木料)尽于棺(内棺)椁(guǒ,套在棺材外面的大棺)。"结果,"布帛尽则无以为蔽(指衣被),材木尽则无以为守备(构筑防御工事),而人厚葬之不休"。在这种情况下,管仲就用了严刑重罚,下达命令:"棺椁过度(限度)者戮(斩断)其尸,罪(罚)夫当丧者。"

这样一来，厚葬之风就停止了。(《内储说七术》)厚葬本是民间的一种习俗，不为犯法。但厚葬成风，影响到人民的生活和国家的守备，就不是小事了。在这种情况下，用严刑重罚加以制止，不仅必要，而且是有益的。但是，轻罪重罚也有不合理的一面。韩非认为，"厚诛薄罪，久怨细过"，则民怨，"世（天下）有易身（君主失去权位）之患"。(《用人》)他主张，对罪犯必须分清罪行大小、情节轻重，区别对待。"治贼"，是死罪；"治盗"罚做苦役。这就保证了执法的合理性、公正性，避免了一律轻罪重罚的错误。

2. 对老子提出的"福兮（啊）祸所倚（依存）"，"祸兮福所伏（潜伏）"祸福互相转化的思想，韩非是肯定的。但对老子没有说明祸福互相转化的条件，则作了详细的解说。他认为，祸福能不能互相转化，在于本人的主观能动性，能不能正确对待祸与福。人有祸，能正确对待，"心畏恐"，"行端直"，"思虑熟"，"得事理"。这样，就"必成功"而得福。祸就转化为福。人有福，不能正确对待，而"骄心（骄傲、放纵的心理）生"，"行邪僻（行为邪恶不正）而动弃理（举动违背常理）"。这样，就"无成功"而遭祸。福就转化为祸。(《解老》)这就使老子的思想趋于完善，使人们懂得如何避祸求福，对人们的实践发挥积极的指导作用。

先进文化是国家强大的精神支柱
——论韩非的文化思想

3. 对儒家提出的忠孝思想,韩非是充分肯定的。他说:"臣事君,子事父……此天下之常道(永恒不变的原则)也。"同时指出,"天下皆以孝悌忠顺为是(对)也,而莫(没有人)知察(了解)孝悌忠顺之道(内容)而审(慎重)行之,是以(因此)天下乱。"(《忠孝》)针对这种情况,韩非提出下列观点进行了补充和改正。

第一,忠君必须守法。"尽力守法,专心于事主者为忠臣。"(《忠孝》)不守法,就不能算是忠臣。

第二,在处理忠与孝发生矛盾时,以孝为先是错误的。他举了两个事例:一个是,"楚之有直躬,其父窃羊,而谒(告发)之吏。令尹(相当于国相)曰:'杀之!'以为直于君而曲于父,报而罪之(判决治罪)。"另一个是,"鲁人(有鲁国个人)从君战,三战三北(逃跑)。仲尼(孔子,名丘,字仲尼)问其故,对曰:'吾有老父,身死(我死了)莫(没有人)之养也。'仲尼以为孝,举而上之(提拔他做了官)。"韩非认为,这种把孝看得高于一切的做法是错误的,只能造成国家的混乱。"令尹诛(杀了直躬)而楚奸(坏人的活动)不上闻(报告),仲尼赏(奖赏了逃兵)而鲁人易降北(投降敌人和临阵逃脱)。"(《五蠹》)

第三,在忠孝不能两全时,应该把忠放在第一位。韩非认为，忠与孝代表了不同的利益，忠代表的是国家利益，孝代表的是个人利益。如果"人主兼（同时）举匹夫之行（推崇个人谋取私利的行为）"，在推崇"匹夫之行"的同时，"而求致（去谋求）社稷（土地神和谷神，象征国家）之福，必不几（通'冀'，希望）矣"。（《五蠹》）

韩非不仅在忠孝的内容上注入了新意，而且在忠与孝的关系上批判了儒家的"百善孝为先"的主张，作出了创造性的解释，使忠孝文化更加适应社会现实的需要，在历史的进程中发挥更大的积极作用。

4.韩非在文化上最大的创新是，他根据时代发展的要求，从优秀的传统文化中汲取了丰富的思想营养，在总结前期法家的理论和实践的基础上，又吸收了儒家和道家的思想成果，创立了"以法、术、势为核心，以法、道、德为根本，以利民为宗旨"的完整而辩证的法治思想体系。这个思想体系具有时代的精神，在文化上是一个伟大的创造和发明，历数千年而不衰，造福国家和人民。特别是在我国全面推行依法治国的今天，韩非的这个法治思想体系更闪现出它的光辉灿烂，发挥着它日益重要的引领和借鉴作用。

四、认真读书是通向先进文化的桥梁

文化来自于社会实践，更多的还是来自于书籍。书籍是文化的载体，是人类进步的阶梯。书中蕴藏着数千年来前人认识世界、改造世界的丰富经验，是人们修身养性、治国安民的智慧宝库和力量源泉。只有读好书，才能继承优秀的传统文化，建设先进的文化，治理好国家。韩非是坚决主张读书的。他对于认为读书无用而焚书的行为是坚决反对的。有个叫王寿的人，受读书无用论的影响，高兴得把书都烧了。韩非认为，这是一个严重的错误："此世之所过（责备）也，而王寿复之，是学不学（把不学习当作学习，即重实践而轻读书）也。"（《喻老》）

韩非本人就是一个爱读书而且会读书的典范。他出身于王侯之家，是韩国的公子，有条件阅读各种文化典籍。他又是战国时期著名的儒学大师荀卿的学生，受过良好的教育。从韩非的著作中，可以看到：他阅读的史书古籍之多，他的知识之渊博，令人叹服。他不仅集法家思想之大成，而且批判吸收了儒、道、墨许多学派的观点，记述了历史上众多的人物和事件，包罗了上自宫廷，中及官场，下至民间的形形色色的现象，汇集了大量的历史故事、民间故事和寓言故事，记述了春秋战国时期的各种各样的文化现象，从而创立了"以法、术、势为核心、以法、道、德为根本，以利民为宗旨"的法治思想体系，为历史做出了不朽的巨大贡献。这绝不是不学无术的人所能做到的。只有韩非这样的饱学之士，阅读了大量的历史文献、古代典籍，又善于独立思考，勇于探索，敢于创新的人，才能做到。

韩非在读书方面有着丰富的经验。他认为，读书首先要汲取书中的"无易之言（指符合实际，不可改变，说出必然道理的言论）"，而抛弃"无用之辩（指不谋治强之功，违背实际情况，虚浮无用的空论）"。（《外储说左上》）

他特别指出：必须抛弃儒家中那种"言（宣称）先王之仁义"的"愚（愚蠢）诬（骗人）之学"，认为：这就像"巫祝（装神弄鬼，为人祝福的人）"的胡说一样，"无益于治"。（《显学》）也必须抛弃道家的"恬淡之学（提倡清静寡欲，不热中名利，一切无所谓的学说）"、"恍惚之言（恍惚玄妙、难以捉摸的言论）"，认为：这都是"天下之惑术（惑乱人心的学说）"。"事君养亲不可以恬淡"，"治人"必以"法术"，"不可以恍惚"。（《显学》）对纵横家那些"从（通'纵'）成必霸"、"横成必王"的欺人之谈，认为："虚言（虚妄的言论）非所以成治也（不能用来治理好国家的）。"（《忠孝》）对名家那种"白马非马"的诡辩，认为：这是不切实际的"虚辞"。"考实按形(考察实际,对照具体的事物)不能谩(欺骗)于一人"。"乘白马而过关",还是要"顾(通'雇',交纳)白马之赋(税)"的。(《外储说左上》)

韩非认为,读书还要注意避免以下几种情况。

(一)望文生义

韩非说,宋国有个研究古籍的人。书上说:"绅之束之。""绅(腰带,名词活用为动词)"和"束"同义,都是"约束"的意思。这句话的意思是反复约束自己。这个研究古籍的人却理解为"重绅自绅束",用两根腰带束在自己身上。别人看了很奇怪。他就说,书上这样说的,当然要这样做啦。(《外储说左上》)韩非就用这个故事讽刺那些对先王的言论并没有真正读懂却在那里夸夸其谈、自以为是的人,说他们和宋人解书是一样的荒唐可笑。"先王之言,有其所为小(有的涉及的事情很小)而世(指社会上的一些学者)意(理解)之大(意义很重大)者,有其所为大而世意之小者,未可必知也(都不一定真正读懂它)。"(《外储说左上》)

(二)穿凿附会

韩非说,楚国郢都有个人给燕国的相国送去一封信。信上误写了"举烛"二字。燕相看了就解释说,"举烛"就是"尚明","尚明"就是"举贤而任之"。他认为这是劝自己举贤任能的,就把这个意思告诉燕王。燕王也很高兴,并且这样做了,结果国家大治。虽然如此,但不是信的原意。(《外储说左上》)韩非明确指出:"先王有郢书,而后世多燕说。"先王也有像郢人那样误写的话,而后世的学者却有很多像燕相看信时那样胡乱解释的。"今世举(一般)学者多似此类。"(《外储说左上》)对当时学者中胡乱解释先王言论的现象提出了尖锐的批评。

(三)只信书本,不信实际

韩非说,郑国有个人到集市上买鞋,忘记带鞋子的尺码了。他不相信自己的脚,又赶回去拿尺码。等他拿到尺码赶回来,集市已散了。韩非用这个故事,旨在批评脱离社会实际而向先王谋求治国方法的人。他说:"不适国事而谋先王,皆归取度者也。"不相信符合国家实际情况的治国方法,而向先王的言论谋求治国方法的人,都和买鞋不相信自己的脚而赶回家拿尺码的人一样愚蠢可笑。(《外储说左上》)

在韩非看来,读书是承前启后、继往开来的文化桥梁。这座桥梁必须加固,不能断裂。只有站在这座桥梁上,才能了解过去，把握现在，开创美好的未来。

韩非的文化思想不仅在古代是先进的，在今天也是先进的。对于促进古为今用，建设社会主义先进文化，为把我国建成一个强盛的社会主义法治国家，造福国家和人民，仍然具有很大的现实意义。

韩非的哲学思想永放光芒
——论韩非的辩证唯物主义和历史唯物主义的思想

韩非不仅是我国古代一位杰出的政治理论家、思想家，而且也是我国古代一位杰出的唯物主义哲学家。他的哲学思想的最大特色，就是唯物主义和朴素辩证法相结合。他虽然还达不到现代辩证唯物主义的水平，但他用来观察问题的出发点和方法，跟现代的辩证唯物主义和历史唯物主义的基本思想、基本原理是一致的。像他这样比较全面、系统地运用辩证唯物主义的思想分析问题和解决问题的人，在古代是罕见的。

本文试从以下几个方面，谈谈韩非是如何以这两种哲学思想来认识和解决治理国家中的问题的。

韩非的哲学思想永放光芒
——论韩非的辩证唯物主义和历史唯物主义的思想

一、关于客观规律

客观规律是可以认知的——治国必须遵守客观规律——要注意掌握具体事物的规律

什么是规律？简单地说，就是"现象中的同一性"（列宁语）。韩非虽然没有作出这样的概括，但他认为，规律是客观存在，无论是自然界还是人类，都有自己的普遍规律。"天有大命，人有大命。"（《扬权》）规律是没有具体形状的（"不可得闻见"），但是可以认知。"执其见（同'现'）功"，根据它显现的功效，"以处（揣度）见（想见）其形"，来把握它的存在，正如人很少见到"生象（活象）"，但可以根据"死象之骨（骨骼）"，想象"生象"一样。（《解老》）

韩非把规律称作"道"和"理"：道，是万物的总规律；理，是万物各自的具体规律。"道者，……万理之所稽（汇合）也。"（《解老》）韩非认为，规律是不以人们意志为转移的客观存在，人们不能变更它，只能适应它，遵循自然和人类的规律办事："勿变勿易，与二（指'天有大命，人有大命'）俱行，行之不已，是谓履理（按规律办事）。"（《扬权》）"缘道理以从事者，无不能成。""动弃理，则无成功。"（《解老》）所以，韩非主张，治国不仅要"以法为本"，而且要"以

331

道为常",把遵循客观规律作为治国的常规。(《饰邪》)把"不逆天理(自然法则),不伤情性(人的本性)"(《大体》),作为治国的原则。

例如,遵守天时,这是农作物生长的规律。按照这个规律,适时耕种,"节(调度)四时之适(指合适的时令)",根据四时季节作合理安排,而"无早晚之失、寒温之灾",就能有好的收成(《难二》);否则,就可能颗粒无收。"非天时,虽十尧不能冬生一穗","得天时,则不务(努力)而自生"。(《功名》)

又如,饿了要吃饭,冷了要穿衣,这是人的生存规律。国家的法律,必须"若(顺应)饥而食,寒而衣",顺应人们的这种自然的要求,维护人们的生存权利,保障人们的切身利益。这就是符合客观规律的"安国之法",不令而行。君主就能"临之而治","去之而思",他的恩德将永远铭刻在人们的心里。如果"废自然",违反了这种自然规律,"使人去饥寒","强勇之所不能行,则上不能安",国家也要发生动乱。(《安危》)

再如,人的智慧和能力,都是有局限性的,不是什么事都能办成的。除了主观条件的限制,还有客观条件的限制。"势(指客观形势)有不可得,事有不可成。"(《观行》)因此,用人办事，必须考虑主客观的条件，从实际出发，量体裁衣，量力而行；不能超越客观可能而提出不切实际的要求。如果"立难为而罪不及，则私怨生；人臣失所长而奉难给（奉行难以办到的事情），则伏怨结。"（《用人》）这是用人的大忌。

　　韩非认为，道不是凝固不变的，它随着具体事物的变化而有不同的表现形式。"万物各异理，而道尽稽（汇合）万物之理，故不得不化（不得不随着具体事物而变化）。""道譬若水，溺者多饮之则死，渴者适饮之则生；譬之若剑戟，愚人以行忿（行凶泄愤）则祸生（闯祸），圣人以诛暴（除暴去害）则福成（造福）。"（《解老》）同样是水，掉到水里的人"多饮"就要死；干渴要喝水的人"适饮"就得生。同样是武器，用来"行忿"就要闯祸，用来"诛暴"就造福。又说："道，与尧、舜俱智，与接舆（春秋末期楚国人，著名的狂士）俱狂；与桀、纣俱灭，与汤、武俱昌。"（《解老》）可见，规律是随着具体事物而变化的，在不同的事物上有不同的表现形式。这就告诉人们，要重视总结正反两面的经验，掌握不同事物的规律，用来指导自己的行动。这是避免错误、取得成功的重要保证。韩非关于"道"的这一思想，对于认识规律、掌握规律有重要的指导意义。

二、关于认识和实践

实践是认识的来源—反对先于经验的认识—认识对实践有反作用—实践是检验认识的最好标准—认识是不断深入、提高的过程

认识的来源是什么？韩非认为，认识不是先天就有的，是对客观事物观察以后而产生的。他说：圣人"因天之道，反（推及）形（事物）之理，督（考察）参（检验）鞠（通'鞫'寻根究底）之，终而有始（终而复始）。虚以静后（使认识产生于对事物的客观观察之后），未尝用己（从来不用自己的主观臆断）。"（《扬权》）就是说，认识产生于对事物的客观、深入的观察之后。实践是认识的来源。客观存在是第一位的，认识是第二位的，认识是客观存在的反映。因此，判断事物应从实际出发，不能凭自己的主观臆断。韩非说得好："明主之道，己喜，则求其所纳（要探求它的虚实）；己怒，则察其所构（要分清它的是非）。论于已变之后，以（并）得毁誉公私之征。"（《八经》）这就是说，听到臣下说了使自己高兴或发怒的话，不能根据自己的喜怒来做结论，应该等自己的情绪转变之后，并已取得了实际的验证，才能做出是真心赞扬还是假意奉承，是恶意诽谤还是善意批

韩非的哲学思想永放光芒
——论韩非的辩证唯物主义和历史唯物主义的思想

评,是为公还是为私的结论。这样的结论,就是从实际出发,而不是主观臆断。

韩非反对先于经验的认识,即"前识"。"前识者,无缘而妄意(通'臆')度也。"(《解老》)没有根据的胡乱猜测,就叫"前识"。他举了一个例子:有一个叫詹何的人,和弟子坐在室内,听到门外有牛的叫声,有个弟子就说:"是(这)黑牛也而白题(牛额上是白的)。"詹何说:"是黑牛也,而白在其角(牛角上是白的)。"于是,叫人出门去看,果然是"以布(白布)裹其角"。(《解老》)对此,韩非认为,这种没有根据的猜测,是"愚之首也"(愚蠢的开始)。其实,只要叫一个"五尺愚童子"出门看一下就够了,何必"苦心伤神"在那里估猜呢?即使猜对了也毫无意义。(《解老》)

在韩非看来,认识来源于实践,对实践又有反作用(促进或促退的作用)。例如战争,指挥者对情况的判断是否正确,直接关系到战争的胜负。韩非举了一个例子:在宋楚争霸中,两军在宋国的泓水附近发生大战。宋军已摆好阵势,楚军尚未全部过河。右司马(官名)购强就向宋襄公建议:趁楚军尚未全部过河、摆好阵势的时候进攻楚军,楚军必败。这个建议是正确的,但宋襄公不听。他死守"不鼓不成列"(不进攻没有摆好阵势的敌军)的腐朽教条,不肯派兵出击,而失去了进攻楚军的有利时机。直到楚军全部过了河,摆好了阵势,他才击鼓进攻,结果兵败身亡。(《外储说左上》)这完全是宋襄公指挥错误造成的后果。如果按照右司马购强的建议去做,战争的结局就不会是这样的了。

怎样判断认识的真伪虚实呢?韩非提出一个极有价值的方法,这就是验证的方法。也就是以实践为标准对认识进行检验。他主张:"言必有报(核实),说(shuì)必责用。"(《八经》)对于臣下的议论,要检验它和事实是否相符;对于臣下的主张,一定要检验它实践的功效和主张是否一致。如对于"称誉者所善,毁疵者所恶,必实(核实)其能,察(查明)其过",了解真相,使"群臣不得相为语(互相吹捧或诽谤)"。(《八奸》)再如:"为人臣者陈而(其,他的)言,君以其言授之事,专以其事责其功。功当其事,事当其言,则赏;功不当其事,事不当其言,则罚。"(《二柄》)"言"就是主张,"事"就是实践,"功"就是功效。主张和实践的功效一致的,就赏;不一致的,就罚。这样,臣下就要讲真话,不敢妄言;君主就能识别臣下的真伪、主张的是否有用,而处于主动地位。韩非认为,一种认识是否正确,有时只从一个方面去验证是不够的,还必须"众端参观"(《内储说上七术》),从各有关方面去验证,才能把握事情的真相。

韩非的哲学思想永放光芒
——论韩非的辩证唯物主义和历史唯物主义的思想

韩非也意识到,人对客观事物的认识,是一个不断深化、不断提高的过程。所以,他提出法制要根据实践不断完善的主张:"其备(措施)足以必完法(保证法制完善)。"(《守道》)例如:赏罚制度建立以后,如何实施,这是一个不断总结经验,使之完善的过程。首先要明确赏罚的根据:"赏罚随是非","祸福随善恶","生死随法度"。(《安危》)这就是说,赏罚必须以法律为准绳,以事实为根据。为了便于操作,还要明确赏罚的具体标准:"有功者必赏,有罪者必诛"。(《饰邪》)为了提高赏罚的公信力,必须守信:"信赏必罚"(《外储说右上》)。为了维护赏罚的权威性,必须做到法律面前人人平等:"刑过不避大臣,赏善不遗匹夫。"(《主道》)为了提高赏罚的时效,必须"厚赏而信,诛重而必"(《奸劫弑臣》)。为了发挥赏罚的教育作用,必须"赏誉同轨,非(通'诽',贬斥)诛俱行"(《八经》)。在刑罚方面,韩非主张:执法者必须"以法行刑"(《五蠹》),受罚者应该"以罪受诛"(《外储说左下》)。他坚决反对"释法制而妄怒",乱杀,乱罚。(《用人》)对罪犯,应根据罪行大小、情节轻重,区别对待。"治贼","是治死人也",是重刑;"刑盗","是治胥靡(犯轻罪被罚苦役的人)也",是轻刑。(《六反》)关于轻罪重罚,韩非认为,在某种紧急的情况下，可用。但在一般情况下，"厚诛薄罪"，这会给君主带来"易身（君位被篡夺）之患"。（《用人》）他还主张，在某种特殊情况下，轻罪可以减免，死罪也可以改为活罪："胥靡有免，死罪时活"。（《解老》）这一套关于赏罚的完整的理论，既是历史经验的总结，也是认识由浅入深、由片面到更多的方面、由低级向高级发展的成果。

三、关于矛盾的法则

矛盾是普遍存在的—矛盾的斗争性和同一性—矛盾双方在一定的条件下可以互相转化—矛盾双方有主次之分（如：内因和外因、利和害、量变和质变、必然性和偶然性、个别和一般、本质和现象、内容和形式）。

矛盾的概念是韩非最早提出来的。他的"矛盾之说"，揭示了矛盾的互相依赖又互相排斥的本性，是先秦矛盾观念的发展和提升。在实际运用上，他的朴素辩证法的思想已达到了先秦时期的最高水平。

他首先肯定矛盾是无处不在的，任何事物都包含着矛盾着的两个对立面。"时有满虚（指月有圆缺的矛盾，显示时间的变化），事有利害（任何事物都包含着利与害的矛盾），

韩非的哲学思想永放光芒
――论韩非的辩证唯物主义和历史唯物主义的思想

物有生死（指任何有生命的事物都包含着生与死的矛盾）。"（《观行》）"万物必有盛衰，万物必有张弛，国家必有文武，官治必有赏罚。"（《解老》）因此，他提出：看问题要全面，要两点论，不可一点论。要"并智"、"并视"（《喻老》），考虑问题和观察问题，都要全面，不可陷于片面。例如：当时，楚国和鲁国都有一种"君子不蔽人之美，不言人之恶"的风气（《内储说上七术》《难三》），韩非给予了严厉的批评，指出：这是一种"亡王（亡国）之俗"（《难三》）。见人阴谋作乱不揭发，"得无（不是）危乎？"作乱的臣子就可以逃过死罪了（"臣免死矣"）。（《内储说上七术》）对于鲁君尊崇这种"亡王之俗"，而鄙视"以奸闻之者"（把坏事向他报告的人），韩非批评道："不亦倒乎？"（《难三》）不是搞颠倒了吗？在韩非看来，君子也好，鲁君也好，都犯了片面性的错误，不利于治理好国家。他认为，君主应该明辨是非，既"不蔽人之美"，也"不隐人之恶"。君主应该赏罚分明，对"以善闻之者"和"以奸闻之者"都给予"赏誉"，对"不以奸闻之者"则给予"毁罚"。（《难三》）观察问题、处理问题，全面了，这样才能去恶扬善、禁奸止暴，治理好国家。

关于矛盾的性质，韩非强调矛盾的斗争性，矛盾着的两方面"不可两立（不可以同时并存）"（《难势》）。这在先秦辩证法发展史上，也是超越前人的杰出的贡献。但他也承认在一定的条件下矛盾着的两方面也有同一性。例如，君臣之间的利益是不同的，君臣之间的斗争也是激烈的，有时甚至是生死的斗争。"知臣主之异利（利益不同）者王，以为同（利益相同）者劫（被臣下挟制），与共事（共掌赏罚大权）者杀（被臣下杀害）。"（《八经》）君臣之间的利益的矛盾，竟发展到如此严重的地步，似乎不可理解。其实，这正是封建时代，在君主世袭制的统治下必然出现的现实。即使如此，他认为，在"臣主同欲而异使"（《功名》）的前提下，君臣还是有一致的利益。做臣子的"尽力守法，专心以事主"（《忠孝》），"效功于国"，"见（同'现'）能于官"（《用人》）；做君主的"谨于听治"，"法禁明著"，"赏罚不阿"（《六反》），重用贤能。这样，君臣上下就能和谐一致、齐心协力，治理好国家。这就是君臣之间的同一性。所以，韩非说，齐桓公成就霸业，有人认为是"臣之力"，有人认为是"君之力"，都是"偏辞"。他认为，"凡五霸所以能成功名于天下者，必君臣俱有力焉"。（《难二》）这个观点是矛盾的同一性的最好说明。

　　韩非认为，矛盾双方在一定的条件下可以互相转化。对

韩非的哲学思想永放光芒
——论韩非的辩证唯物主义和历史唯物主义的思想

一个国家来说,强弱不是一成不变的。"国无常强,无常弱。"关键就在实行法治是否坚决:"奉法者强,则国强;奉法者弱,则国弱。"(《有度》)在这里,条件是非常重要的。没有这个条件,强弱都不会向相反的方面转化。再如,祸与福,在一定的条件下也可以互相转化,这个条件就是人以什么样的思想和行为对待祸与福。他认为:"人有祸",遭到损失,受到惩罚。只要能"心畏恐",总结教训,改正错误,使自己考虑问题"得事理",办事"行端正",则"必成功",祸就转化为福。"人有福",有了名位利禄,受到赏赐,"富贵至","衣食美"。但是,不是更加谦虚谨慎,而是"骄心生","行邪僻"(邪恶不正),"动弃理",则"无成功"。福就要转化为祸。韩非在这里,强调一个人的成功与失败,祸与福,决定于是否"得事理",按客观规律办事,这个思想是深刻的。

韩非认为,矛盾双方有主次之分。"物不并盛,阴阳是也。"(《解老》)矛盾双方不是平衡发展的,必有一方是主要的,而另一方是次要的,就和"阴阳"一样。因此,对矛盾的两个方面要作具体分析,确定双方各占何种地位,明确事物的发展方向,用以指导行动。这里列举了人们在政治生活和日常生活中经常遇到的各种矛盾,韩非都有明确的分析和说明。

（一）内因和外因

韩非以树木折断和墙壁倒塌为例，说明事物变化的内部原因和外部原因以及两者之间的关系。他说："木之折也必通蠹，墙之坏也必通隙。然木虽蠹，无疾风不折；墙虽隙，无大雨不坏。"（《亡征》）大风、大雨是木折墙坏的外因，是不可少的条件。而生了蠹虫、有了裂缝，这是内因，是主要的，起决定作用。没有这个内因，，虽有"疾风""大雨"，木不一定折，墙不一定坏。

所以，在治国、做人、为官等方面，韩非始终强调的是内因。他有如下主张。

1. 治国必须坚持"坚内"的方针（《安危》），坚定地实行法治，走富国强兵的道路。只有这样，才能立于不败之地："严其境内之治，明其法禁，必其赏罚，尽其地力以多其积，致其民死以坚其守"，就能使"攻其国"者"其利少"而"其伤大"，即使是"万乘之国（大国）"也不敢在此"坚城"之下被拖垮，而被它的强敌所利用。这是"必不亡之术"。（《五蠹》）他反对"荒封内而恃交援"（《亡征》），这是国家"亡（衰亡）不可振"（《五蠹》），会灭亡而不可挽救的祸根。

2. 做人要有"自胜"的精神，要能战胜自己的错误思想。

韩非的哲学思想永放光芒
——论韩非的辩证唯物主义和历史唯物主义的思想

他以孔子的弟子子夏为例说,子夏,虽然向往"富贵之乐",但经过痛苦的思想斗争,最终还是以"先王之义"(做人的大道理),战胜了自身羡慕"富贵之乐"的错误思想。韩非引用《老子》上的话,称赞他是一个强者:"自胜之谓强。"(《喻老》)孔子曾教导子夏要"为君子儒(读书人),无为小人儒"(《论语·雍也》)。可见,要成为"君子儒",首先必须是一个能"自胜"的强者。

3. 为官必须有"自律"的精神,用法律和道德标准约束自己的思想行为。韩非举了两个例子:一个是子罕,名乐喜,春秋时宋国的六卿之一,是一位贤臣。有人送给他一块宝玉,他不接受。他说:"尔以玉为宝,我以不受子玉为宝。"他把为官清廉看得比珍贵的宝玉还重要。(《喻老》)另一个是公仪休,鲁穆公时的相。他身居高位,但时时处处遵奉法度,按原则办事。曾下令:为官者"不得与下民争利",为大官者"不得取小"(贪图小利)。(《史记·循吏列传》)因为他喜欢吃鱼,全城的人都争着给他送鱼,但他一一都退了。他说:"夫即(如果)受鱼,必有下人之色;有下人之色,将枉于法(违背法令,替人办事);枉于法,则免于相。"结果人家既不会再给我送鱼,我也不能自己买鱼吃了。(《外储说右下》)能够按法治的原则,考虑事情的利害,趋利避害,是明智的做法，也是廉洁自律的表现。

（二）利和害

韩非说："事有利害"（《观行》），任何事物都包含着利与害的矛盾，十全十美的事情是没有的。他说："我欲更之，无奈之何！"（《八说》），我要想改变它们，是没有办法的。只能权衡利害的大小，取其有利的一面罢了。例如立法这件事，"无难之法，无害之功，天下无有也"。"法有立而（如果）有难，权（估计）其难而（但）事成，则立之；事成而（如果）有害，权（估计）其害而（但）功多，则为之。"（《八说》）这就是说，只要立法利大于害，只要对事业的成功有较大的促进作用，尽管有些困难，有些不利的因素，也要毫不犹豫地进行下去。再如战争，尽管我方武器装备遭受损失，士卒也有伤亡（"甲兵折挫，士卒死伤"），但是却攻占了敌方较大的都城，打败了敌军十万之众，使敌军损失了三分之一〔"拔千丈（指城墙每边的长度，约五里多长）之都，败十万之众，死伤者军之乘（三分之一）"〕。这就是胜利，应该庆贺。这就是"出（不计）其小害，计其大利也"。（《八说》）

（三）量变和质变

韩非继承老子关于量变与质变的观点，认为量变到质变是一个从小到大、从少到多、从微到著的发展过程。他说："有形之类，大必起于小；行久（经历很久）之物，族（多）必起于少。"《喻老》因此，治理国家，不仅要从大处着眼，而且要从小处着手。他说得好："治无小而乱无大。"（《内储说上七术》）要治理好国家，不能忽视小事；祸乱的发生，不一定起于大事。他说："千丈之堤，以蝼蚁之穴溃；百尺之室，以突（烟囱）隙之烟（指火星）焚。"（《喻老》）长堤决口、高屋失火，都是"蝼蚁之穴"、"突隙之烟"从量变到质变的结果。他又说："凡奸者，行久（阴谋活动时间长了）而成积（指奸臣的势力有所积累），积成而力多（积累多了，力量就大），力多而能杀（弑君夺位）。"（《外储说右上》）奸臣作乱，也是从量变到质变的结果。所以，他非常重视量变，主张："欲制物者于其细也。"（《喻老》）要想控制事物，必须在它细小的时候着手。"善持势者，蚤（通'早'）绝奸之萌。"（《外储说右上》）善于掌握权势的人，要及早杜绝奸邪的苗头，防患于未然。如果对坏的苗头，不加以治理，让它从小到大，酝酿成祸，损失就大了，甚至有亡国杀身之祸。

（四）必然性和偶然性

事物的发展有必然性，也有偶然性。必然性是事物之间的本质联系和发展趋向，偶然性是事物之间非本质的联系，是不确定的。韩非认为：办事不能依靠偶然出现的东西，必须依靠必然如此的办法。但是，偶然性在一定的条件下，可以转化为必然性。他说：造箭必需"直箭"（竹名，其秆可以造箭），造车轮必需"圜（圆）木"。如果依靠天生的"自直之箭"、"自圜之木"，那就太少了，那将"百世无矢"、"千世无轮"，不能满足社会的需要，因为"乘者非一人，射者非一人也"。要能满足社会的需要，必须想法使偶然性转化为必然性。这个办法，就是用"隐栝之道（方法）"，运用隐栝这种矫正竹木的工具，对竹木进行加工、改造，使竹木变直或变曲。这样，就可以造出大量的箭和车轮，使社会上的人都能"乘车射禽"。（《显学》）韩非在这里强调，人要发挥主观能动性，创造条件，使偶然性转化为必然性，表现了变革创新、积极进取的精神，是很可贵的。

基于这种思想，韩非认为：君主治理国家，也要注意这个问题，不能"恃人之为吾善"，必须"用（使）其不得为非"。"恃人之为吾善也，境内不什数"，有很大的偶然性，不能适应治国的要求，因为"所治非一人也"。而如果用"国法"

韩非的哲学思想永放光芒
——论韩非的辩证唯物主义和历史唯物主义的思想

和"赏罚"的办法,则可以"用人不得为非,一国可使齐",使偶然性转化为必然性。所以,他强调指出:"有术之君,不随(追求)适然(偶然)之善,而行必然(必然要为善)之道",不追求少数人偶尔做出的善行,而去实行使全国人一定要为善的国法(《显学》)。

(五)个别和一般

个别是指单个的、特殊的事物,一般是指包含许多个别事物的一类事物。它们在概念上是种属关系,在哲学上是对立统一的辩证关系。韩非虽然没有明确提出这样的观点,但是他对个别和一般的这种关系,还是清楚的。他批评了名家关于"白马非马"的观点,认为这种观点,割裂了个别和一般的联系,完全是一种不切实际的"虚辞"。虽然能"服齐稷下(齐国稷下是聚众讲学的地方)之辩者",但是,"考实按形(考察实际,对照具体的事物),不能谩(欺骗)于一人"。(《外储说左上》)"乘白马而过关",还是要"顾(通'雇',交纳)白马之赋",没有人因为"白马非马"的这种观点而不收白马的税。(《外储说左上》)

韩非认为,个别和一般,在一定条件下,可以互相转化。君主应该利用这个原理来治理国家。例如赏罚,仅仅做到赏罚得当是不够的。因为它的作用仅仅局限在受赏受罚的个别人身上，并不能使其他人产生新的功劳和禁止其他犯罪行为："方（仅）在于人（指受赏罚的人）也，非能生功止过者也"。（《说疑》）。因此，赏罚必须结合诽誉进行："赏誉同轨（一致），非（通'诽'，贬斥）诛俱行（并行）。""赏莫如厚，使民利之；誉莫如美，使民荣之；诛莫如重，使民畏之；毁莫如恶，使民耻之。""有重罚者必有恶名。"（《八经》）这就是说，实行赏罚必须使受赏者不仅得利，而且感到光荣；受罚者仅害怕，而且感到羞耻。这样，就可以通过对个别人的赏罚，教育更多的人："重一奸之罪而止境内之邪"，"报（酬劳）一人之功而劝境内之众"。（《六反》）这就是现在所说的抓典型的方法，以个别教育一般，又以一般指导个别，这是符合客观规律的。

韩非认为，处理问题，要注意个别事物和一般事物的区别，即不仅要注意事物之间的共性，尤其要注意各个事物的个性。这样，才能正确地认识问题和处理问题。例如，同样是"重刑"，要区别罪行大小、情节轻重。"治贼（强盗），……是治死人也。刑盗（小偷），……是治胥靡（犯轻罪被罚苦役的人）也。"（《六反》）再如，同样是"功不当（符合）言"，要分析具体原因，不能一概而论。"无故而不当为诬（欺骗），诬

而罪臣。"(《八经》)这就是说,如果有一定的客观原因造成的"不当",则不能以欺骗论处,不能罪臣。(《八经》)

(六)本质和现象

任何事物都有其本质和现象两个方面。本质是事物的内部联系,是事物的比较深刻的、一贯的和稳定的方面。现象是本质在各方面的外部表现,是事物比较表面的、零散的和多变的方面。现象一般是本质的直接反映,但有时却是事物本质的一种歪曲的、颠倒的表现,给人以虚假甚至相反的印象。因此,看待事物必须透过现象看本质,才不至于受现象的迷惑。他举了一个例子:晋国的中行文子(六卿之一),因为在权力斗争中失败,而逃往齐国。经过一个县城时,随从人员建议他到一个老部下家休息一下,同时等待后面的车辆。他不同意。他说:这个人过去看我喜欢什么就送我什么。"吾尝好音,此人遗(wèi,赠送)我鸣琴(响亮的琴);吾好珮(衣带上的玉饰),此人遗我玉环。"这不是真心地侍奉我,而是"求容(讨好)于我"。我现在遭难了,"吾恐其以我求容于人也"。于是就离开了。事实证明,他的判断是正确的。在他离开以后,这个老部下果然扣留了他后面的车辆献给了他的新主子。(《说林下》)在韩非看来,中行文子的高明处,就在于透过现象看清了一个人的本质。

他还指出：要看清本质，必须抓住现象之间的矛盾。通过对这种矛盾的分析，把握事物的本质，以指导自己的行动。他举例说：赵国的鲁丹，富于智谋，很想到中山国谋得一官半职。但他多次进说中山君，中山君都未接受。他还想再作一次努力，就贿赂了中山君左右的侍臣，中山君才又一次接待了他。"与之食"，和他一起用餐，但"无语"，一句话也没有。鲁丹从这个矛盾现象中，就认识到：中山君接待他，并非出于本意，而是听了左右侍臣的话。中山君既能"以人言善我"，也"必以人言罪我"，便立即离开了中山。尚未出境，中山君就听信公子的话，认为他是"为赵来间（侦探）中山"的，就下令搜捕他了。亏他看到了事情的本质，才逃过这一劫。

（七）内容和形式

内容是事物的内涵和本质，形式是事物的表现方式。在韩非看来，内容和形式应该是一致的。如："所谓'方（品行端正）'者，……中外信顺（内心和外表都真诚和顺）"。"所谓'廉（有棱角，有节操）'者，……死节轻财（舍死忘生、轻视资财）"。"所谓'直（行为正直）'者，……义端不

韩非的哲学思想永放光芒
——论韩非的辩证唯物主义和历史唯物主义的思想

党（处理各种关系公正不阿）"。（《解老》）这就是说，具有方、廉、直这三种德行的人，他们的内心和外表是一致的，言论和行动是一致的。再如："和氏之璧，不饰以五采；隋侯之珠，不饰以银黄（白银黄金）。其质至美，物不足以饰之。"（《解老》）这就是说，和氏之璧、隋侯之珠，它们的内容、本质和它们的外表、形式已达到了完美的统一，不能、也不需要再加以修饰了。但是，在现实中，形式和内容却常常是不一致的。有时形式和内容相反。他说："礼以貌（表现）情也。"但父子之间，"实厚（情真而深）"而"礼薄"。众人之间，情薄而"礼繁"："礼繁者，实心衰也。"礼节繁琐，但缺乏真实的感情。（《解老》）有时是形式损害了内容。他举了两件事：一件是秦伯嫁女。秦伯（秦国国君）把女儿嫁给晋国的公子，陪嫁的衣着华丽的女子有七十人。到了晋国以后，晋国的公子喜爱上陪嫁的女子，而看不起秦伯的女儿。另一件是楚人卖珠。楚国有个商人到郑国卖宝珠，他给宝珠做了非常豪华的包装。装宝珠的匣子是用上等木料做的，并用香料熏过，又用珠子和玉石加以点缀，装上红色的玫瑰，镶上绿色的翡翠。结果，郑国人买了他的匣子而把宝珠还给了他。这两个故事说明，过分追求形式，反而害了内容。因此，他说："君子取情而去貌，好质而恶饰。"（《解老》）注重内心的真实情感、事物的本质，而舍弃与内容相反和有损内容的形式，是很有道理的。

韩非认为：在内容和形式中，内容是主要的，而形式是次要的。观察问题、处理问题，都要首先注重内容，抓住本质，而舍弃不能反映内容的形式。例如选拔人才，一定要以实际才能作标准："因任（能力，才能）而授官"（《定法》），不能听其自言，必须用验证的方法，考察他是否有实际的才干。如："欲得力士而（如果）听其自言，虽庸人与乌获（人名，战国秦武王时的大力士）不可别也；授之以鼎俎（鼎，青铜制成的烹调器，有的重量较大，古代大力士常以举鼎比试力气。鼎俎，偏义词，俎无义），则罢（通'疲'）健效矣。"（《六反》）选拔一个大力士，听他们自己介绍，谁平庸，谁力气大，是不能区别的，拿鼎交给他们举一下，谁疲弱无力，谁强健有力一下子就看出来了。选拔官吏，也是这样：听其自言，愚智不分，"任之以事而愚智分矣"。（《六反》）

再如听言观行，韩非认为，同样要重内容，轻形式；一定要以功用为标准："听其言必责其用，观其行必求其功"（《六反》），杜绝一切"虚旧（虚浮陈腐）之说""矜诬（自大欺诈）之行"（《六反》），摒弃一切"无用之辩""离世之行"（《外储说左上》）。只有这样，才能把国家治理好。

对于当时存在的虚浮之风、重形式而轻内容的形式主义倾向，他反复提出了尖锐的批评，指出它的危害。

1. 君主要被欺骗："人主听说（shuì，游说），不应（衡量）之以度（标准），说（通'悦'）其辩（动听的言词）而不度（衡量）以功，誉其行而不入关（合乎标准）。此人主所以长期，而说者所以长养也。"（《外储说左上》）

2. 败坏社会风气："人主之听言也，美其辩（欣赏他的口才）；其观行也，贤其远（赞赏他的远离实际的作风）。故群臣士民之道言（讲话）者迂弘（深远阔大而不切实用），其行身也离世（行为远离实际）。"（《外储说左上》）

3. 破坏法治、破坏富国强兵："乱世之听言也，以难知为察（以隐微难辨为明察），以博文为辩（以广事修饰为雄辩）；其观行也，以离群（远离社会）为贤，以犯上为抗（刚直）。""人主者说（通'悦'）辩察之言，尊贤抗之行"，因此，"儒服、带剑者（穿儒服和带剑的人，指儒生和游侠）众，而耕战之士寡；坚白、无厚之词章（'坚白'、'无厚'这类繁琐无用的辩说风行起来。章，通'彰'），而宪令之法息（法令就要遭到破坏而消亡）。"（《问辩》）坚白，指名家公孙龙的"离坚白论"，认为一块坚白的石头，它的坚和白这两种属性可以离开石头独立存在。无厚，指名家惠施的"无厚不可积也，其大千里"的论点，认为平面只有面积而无体积，从而论证"有"和"无"可以结合在同一事物之中。韩非认为，这些都是繁琐无用的辩说。

4.国乱而主危：一些人的言论，"皆文辩辞胜（动听胜人）而反事之情（违反事情的客观规律的），人主说（通'悦'）而不禁，此所以败也(这是事情败坏的原因)"。"人主多(看重)无用之辩，而少（看轻）无易（符合规律，不可改变）之言，此所以乱也。"人主"不谋治强之功，而艳（羡慕）乎辩说文丽之声（华丽动听的诡辩）"；"却有术之士（排斥有法术的人士）"，而对于违反实际、善于诡辩的人却"说(通'悦')之不止"，"故国乱而主危"。（《外储说左上》）

5.国可亡：喜淫辞（浮夸的言词）而不周（符合）于法，好辩说（美妙的说词）而不求其用，滥（沉醉）于文丽（华丽的言辞）而不顾其功者，可亡也。（《亡征》）

韩非重内容、轻形式，但不是一概否定形式的作用。有些适合内容需要的形式，他是充分肯定的。他说："善毛嫱（qiáng）、西施（两人都是春秋末期著名的美女）之美，无益吾面；用脂泽（化妆用的脂膏）粉黛（画眉用的青黑色的颜料），则倍其初。言先王之仁义，无益于治；明吾法度，必吾赏罚者，亦国之脂泽粉黛也。"（《显学》）"用脂泽粉黛"

有助于人之美;"明吾法度,必吾赏罚",就和"用脂泽粉黛"一样,有助于国家变旧貌为新颜,由乱变治、由贫弱变富强。这种形式的变化对于内容(人和国家)都是有益的,可以提升人和国家的整体形象。

四、关于人性

好利恶害是人的本性——自为之心有两重性——在一定的条件下,为己可以转化为为人。

人性的问题,是中国哲学史上的一个重要内容。韩非在人性问题上有继承又有创新,也包含了辩证唯物主义的因素。

韩非在继承前人思想的基础上,也认为:好利恶害,是人人都有的自然本性。"好利恶害,夫人之所有也。"(《难二》)例如,"布帛寻常(八尺为寻,两寻为常,意为很少),庸人不释(放弃);铄(shuò,熔化)金百溢(通'镒',一镒二十两,百溢,形容很多),盗跖不掇(duō,拾取)。"(《五蠹》)对待人的这种本性,不能消灭,但又不可放纵,不可让它危害国家和人民。只能因势利导,用赏罚的措施,把它往有利的方向引导。"凡治天下,必因(顺)人情。人情者有好恶,故赏罚可用;赏罚可用,则禁令可立,而治道具矣。"

又说:"设民所欲以求其功,故为爵禄以劝之;设民所恶以禁其奸,故为刑罚以威之。"(《难一》)这就是说,要用爵禄鼓励人们立功受赏,要用刑罚使人害怕,不敢犯法而避害。这和人的"好利恶害"的本性是一致的,有利于治国安民。

韩非还进一步提出:人人都有自利之心,"皆挟自为(wèi)心"(《外储说左上》)。这是"好利避害"的根本出发点,也是人们赖以思想行动的轴心。韩非认为,"自为心"有两重性,可以"利人",也可以"害人"。例如:雇主为了使自己的土地耕得深,田里的杂草锄得细,就给雇工较好的饭食和工钱。雇工为了吃得好一些,钱拿得多一些,就出力快速地耘田耕地,使尽技巧整理好沟槽田埂。尽管各自的出发点都是为了自己,但都能"以利之为心",从对人有利着想,结果促进了和谐,实现了互利双赢。(《外储说左上》)但是,做盗贼的,为了自己的私利,就杀人越货,破门行窃;为官者,为了自己的私利,就贪赃枉法,收受贿赂,欺压百姓,结果就破坏了和谐,损坏了国家和人民的利益。所以,韩非说:"人行事施予,以利之(指人)为心(如果从对人有利着想),则越人(比喻关系疏远的人)易和;以害之(指人)为心(如果从对人有害着想),则父子离且怨。"(《外储说左上》)他主张:人人应该立"利之为心",破"害之为心"。这是

韩非的哲学思想永放光芒
——论韩非的辩证唯物主义和历史唯物主义的思想

促进和谐、合力同心、治理好国家的根本保证。

韩非不否认有个人利益,但也不提倡个人利益,他明确指出:在处理个人利益和国家利益的关系上,必须把国家利益放在第一位,个人利益必须服从国家利益:"欲利而(你,下同)身,先利而君;欲富而家,先富而国。"(《外储说右下》)只有国家的利益得到了保证,个人利益才能得到保证。

韩非认为:人的"好利避害"的"自为之心",在一定的条件下,可以转化,"自为"在一定的条件下可以转化为"为人"。例如:那些"霸王之佐(辅臣)",如伊尹、管仲、百里奚、范蠡等等,他们为什么能"夙兴夜寐,卑身贱体(不顾惜自己的身体)",不辞劳苦地工作?为什么能"明刑辟(法)、治官职(做好本职工作)以事其主"?为什么能不计个人名利,进献了好的意见也不敢"矜其善(夸耀自己高明)",作出了贡献也不敢"伐其劳(炫耀自己的功劳)"?为什么能不计个人的地位,在君主面前,宁愿"以其身为壑谷鬴(同'釜',指釜水,亦作滏水)洧(wěi,指洧水)之卑(把自己看得和山谷河流一样低下)"?为什么能只要"便国""安主",不惜"破家""杀身",献出自己的一切?就因为他们树立了"忠君"的思想,"以其主为高天泰山之尊(把君主看得和高天泰山一样尊贵)(《说疑》),认为"臣

357

事君"是"天下之常道（永恒不变的原则）"（《忠孝》）。这就是他们能够放弃"自为之心"的原因。

有人在讲"韩非子的哲学"时，评价法家的历史功过，把法家的人性论也看作一过，认为秦王朝的灭亡"根自于法家所持的人性论"。他们以汉初学者贾谊的《过秦论》为依据，加以引申，认为：秦王朝的灭亡是由于"君臣、君民关系的极度紧张"。"而这种极度紧张，正根自于法家所持的人性论：每个人都是自利、自为的，人与人之间不可能建立起信任关系"，"只能诉诸于统一的律法"，"用以控制臣民"。"在惟我独尊的君主以为自己可以任意役使、宰割臣民的情况下，君臣、君民的紧张关系无可避免爆发为战争"，"终于推翻秦王朝"。[1] 这个论断似有些牵强。人性"自利、自为"是客观存在，不是法家的人性论造成的。再说，对这种人性，韩非的态度是明朗的：第一，必须用法和刑加以约束，不能放纵。"不从（通'纵'）其欲（私欲），期于利民而已。"（《心度》）第二，必须设立赏罚，因势利导，使人们去恶从善（《八经》），第三，必须加强思想道德教育，使人们变"害之为心"为"利之为心"（《外储说左上》）。第四，对于"任

---

[1] 冯达文、郭齐勇主编：《新编中国哲学史》（上册），人民出版社，2004年7月版，第208—210页。

意役使、宰割臣民"的暴政,他是坚决反对的。"仁暴者,皆亡国者也。"(《八说》)第五,对于不听忠言,肆意杀害"仁贤忠良有道之士"的君主,他斥之为"悖乱暗惑之主"。(《难言》)可见,法家的人性论,和"君臣、君民关系的极度紧张"、和秦王朝的灭亡并无必然联系。把秦王朝的灭亡,归咎于法家的人性论,是缺乏说服力的。

五、关于时代和变法

不同时代应有不同的治国方法——实行法治是时代和社会实际的需要——对待古道、常规要具体分析——变不变法是关系国家强弱存亡的关键。

韩非认为,时代是发展的,治国的方法不是一成不变的。"世异则事异,事异则备变"。(《五蠹》)治国的方法应该随着时代和社会情况的变化而变化。他又说:"古今异俗,新旧异备。"(《五蠹》)处于新的时代,不能沿袭古代的一套办法,应该从实际出发,"论世之事,因为之备"(《五蠹》),根据当代的实际情况,采取相应的措施。在他看来,社会的实际情况,是治国方法的基础,治国方法必须与社会的实际情况相适应。这种思想不仅包含了辩证唯物主义的因素,也表现了改革者解放思想、与时俱进的精神。

韩非认为,实行法治,必须变法。"欲治其法(指法治)而难变其故者,民乱不可几(通'冀')而治也。"(《心度》)而实行变法,必须正确对待古道、常规,既不可照搬照用,也不可全盘否定,必须进行具体分析,根据社会的实际需要,视"常古之可与不可"(《南面》),决定取舍。适合当代需要的,就坚持;不适合当代需要的,就要改变。"法与时转则治,治与时宜则有功。"(《心度》)他特别强调,要敢于变法,敢于"易民之安(改变民众的旧思想、旧习惯)",敢于弃旧立新,这才是"知治"的明主。(《南面》)

在他看来,变不变法,这是关系国家强弱存亡的关键。他说:"夫慕仁义而乱弱者,三晋(指韩、赵、魏三国)也;不慕(仁义)而治强者,秦也。"(《外储说左上》)韩、赵、魏三国,追求仁义,沿袭旧法,不实行法治,结果国家很衰弱混乱;而秦国,变法革新,实行法治,结果国家安定强大。又说:有些国家,如曹国、邢国、许国、郑国,所以灭亡,原因都是它们不思改革,"不明其法禁以治其国,恃外而灭其社稷者也"。(《饰邪》)

所以,对于当时那些因循守旧,不知变通,一味主张"以先王之政(即仁政),治当世之民"的人,韩非进行了尖锐

的批评，说他们都像守株待兔的人一样的愚蠢可笑，是"不知（通'智'）之患（错误）"。（《五蠹》）

六、关于人民在历史上的作用

反对迷信鬼神，主张依靠人民——人民是历史的创造者，国家的主人。

韩非认为，推动历史发展的，不是靠鬼神的保佑，也不是靠圣贤豪杰的意志，而是靠人民群众的力量。他说："富国以农，距（通'拒'）敌恃卒。"（《五蠹》）无论是生产，还是战争，都离不开广大的人民群众。历史的发展，就是人民群众生产实践和政治实践的结果。人民是历史发展的根本动力。

春秋战国时期，崇尚鬼神。韩非坚决反对这种风气，他指出："用时日（办事选择吉日良辰），事（敬奉）鬼神，信卜筮［用龟甲和蓍（shì）草判断吉凶，筮：shì］，而好祭祀者，可亡也。"（《亡征》）当时，在军事行动之前，都要"凿龟（指龟甲）数策（指蓍草的茎）"，或看星象（指星在天空的方位和运行趋向），进行占卜，推断吉凶，决定行动。韩非用大量的历史事实，证明这种迷信的荒诞无稽，严正指出:"龟策鬼神不足举(推断)胜,左右背乡(指星在天空的方位和运行趋向,乡:通'向')不足以专(决断)战。然而恃之,愚莫大焉。"(《饰邪》)

他主张"明法亲民",依靠人民的力量。他以越王勾践为例,说明依靠鬼神是不可靠的,只有依靠人民才是决定战争胜利的根本保证。"越王勾践恃大朋(用贝壳做的货币)之龟与吴战而不胜,身臣(囚俘)入宦(奴仆)于吴(自身做了囚俘,到吴国服贱役);反(返)国弃龟,明法亲民以报吴,则夫差(吴王夫差)为擒。"(《饰邪》)

不仅生产、战争要依靠人民,改朝换代,政权更替,都要依靠人民。人民是历史的创造者,国家的主人。韩非列举历史事实,指出:"臣能夺君者以得(指得人心)相踦(qī,不平衡)也。"(《难四》)臣子所以能夺得君主的位置,是因为他比君主更得人心。他说:商汤、周武王之所以能称王天下,齐国的田氏、晋国的赵氏之所以能立国,原因不一定都在这些君主的身上("非必以其身也"),而是因为他们得到了人民的拥护才当上君主的("彼得之而后以君处之也")。他们的君位,是"众之所夺也","民之所予也"。(《难四》)

但他并不否认圣贤豪杰在历史中的重要作用。商汤、周

韩非的哲学思想永放光芒
——论韩非的辩证唯物主义和历史唯物主义的思想

武王、齐国的田氏、晋国的赵氏，在历史的变更中，还是起了很大的组织、领导作用的。没有他们，历史的变更可能就要推迟。但是，起决定作用的，还是人民。没有人民的拥护和支持，他们的智慧再高、本领再大、德行再好，也将一事无成。所以，韩非断言："圣人德若尧舜，行若伯夷，而位不载（通'戴'）于世，则功不立，名不遂（成）。"（《功名》）

从以上韩非关于客观规律、认识和实践、矛盾的法则，人性以及时代和变法、人民在历史上的作用等问题的论述中，可以看到，无不折射出辩证唯物主义和历史唯物主义的思想光芒，这就是韩非的哲学思想，也是韩非的法治思想的灵魂和基础。韩非正是凭借这一思想武器，认识自然、认识社会，看准了时代的潮流、把握了社会的发展趋向，才创立了他的法治思想体系，成为推动历史前进的强大动力。不仅促成我国第一个大一统的封建帝国——秦王朝的建立，而且在历经两千多年风雨沧桑后的今天，在我国建设中国特色社会主义现代化的大业中，仍然发挥了它的巨大作用，并取得了举世瞩目的成就。这不仅是韩非的法治思想的胜利，也是他哲学思想的胜利。在中国哲学史上，他的哲学思想，将和他的法治思想一起彪炳史册，永放光芒。

附录

名词作补语——一条贯串古今汉语的语法规律

——从《韩非子》的两句话谈起

动词的"为动用法",是古代汉语语法教学中长期存在的有争议的问题。过去,上海的《语文学习》还组织过一次讨论。由于没有找到解决问题的正确途径,讨论无果而终。

王力先生是最早提出"为动用法"的。以后,无论是个人还是高校(包括一些重点名校)出版的古代汉语著作,一般都含有"为动用法"的内容。而且讲得越来越复杂、越离奇,令人难以理解。有人甚至还把它写进了《古汉语知识辞典》[1]。

"为动用法",究竟存在什么问题?还是让我们先看一看《韩非子》吧。《韩非子·六反》中有两句话可以帮助我们正确地认识和解决这个问题。这两句话是:"今(如果)轻刑罚,民必易之。犯而不诛,是驱国而弃之(指刑罚)也;

犯而诛之，是为民设陷也。……是以轻罪之为民道也（因此，把轻刑作为治民的原则），非乱国也，则设民陷也，此则可谓伤民矣。"其中，"设民陷"就是"为民设陷"，意义完全相同，只是句式不同。"设民"是动补关系，"民"是"设"的补语，表示行为的目的。"为民设"是偏正（状谓）关系，"为民"是介宾词组（或称介词结构，下同）作动词"设"的状语，也是表示行为的目的。这两种句式在现代汉语里也有，不同的是：古代汉语比较习惯于用名词作补语的句式，而现代汉语则比较习惯于用介宾词组作状语的句式。所以，现代人阅读古籍，对于名词作补语的句式，一般要译成介宾词组作状语的句式，才便于理解。这种句式的变换，对动词的意义毫无影响，动词还是那个动词，并不存在特殊的用法——"为动用法"。这应该成为我们观察"为动用法"的根本出发点和重要依据。

但是，用"为动用法"的观点来看，"设民"的"设"就是"为动用法"，是动词的"特殊用法"。把句式的变化，看作是动词用法的变化，显然是混淆了两者的界限，不符合古汉语的实际，也不符合古今汉语的语法规律。

一、"为动用法"不符合实际

究竟什么是动词的"为动用法"？说法不一，大同小异。主要有两点：一是动词表示"为宾语而动"或表示"为宾语怎么样"。换句话说，就是：在"动词+名词"的结构中，能用"为名+动"这种语言形式解释的，动词就含有"为……动"的意义，这就是这个动词的"为动用法"。二是在"为动用法"中，动词和名词是"动宾关系"或"特殊的动宾关系"。如：

（1）伯夷死名于首阳山上，盗跖死利于东陵之上。（《庄子·骈拇》）"死名""死利"，意即"为名（利）而死"。

（2）汉王病创卧。（《史记·高祖本纪》）"病创"，意即"为创伤而病"。

（3）郤夏御齐侯。（《左传·成公二年》）"御齐侯"，意即"为齐侯驾车"。

以上三例中，有人认为动词"死""病""御"分别表示"为……死""为……病""为……驾车"的意义，都是"为动用法"。至于"动·名"之间，"死"和"名（利）""病"和"创""御"和"齐侯"，都是"动宾关系"或"特殊的动宾关系"。

从训诂的角度看，用今语解释古语，用一种语言形式解释另一种语言形式,对"死名(利)""病创""御齐侯",作如上的解释,是无可非议的。但在语法上,据此就对动词的用法和"动·名"之间的关系,作如上的论断,就值得商榷了。

首先,这几个"为"都是介词,"为名(利)""为创伤""为齐侯"都是介宾词组作动词的状语,分别表示行为的目的、原因和服务对象。介词"为"和动词没有直接联系,动词也不表示"为"的意义,词义和词性均无任何变化,纯属一般用法。再说,表示原因的"为",也可译为"因"或"因为";表示服务对象的"为",也可译为"替"或"给",这个动词的用法,是不是也可以叫做"因动用法""替动用法"呢?

其次,认为"动,名"之间是"动宾关系"或"特殊的动宾关系",也不符合实际。因为"动·名"之间并没有支配和被支配的关系。它们之间应该是动补关系(或叫"补充关系",下同):名词作动词的补语,分别就目的、原因和服务对象,对动词作补充说明。要说这些名词是宾语,那也只能是介词的宾语,而不是动词的宾语。至于说"特殊的动宾关系",特殊在哪里,也令人费解。

二、"为动用法"矛盾重重

名词作补语,在古汉语中,是大量存在的语法现象,是古汉语名词用法的一个特点,也是古汉语中常见的一种补语形式。[2] 名词不仅可以作动词的补语,还可以作形容词或数词(倍数词,下同)的补语。它和介宾词组作补语相当,译成现代汉语,一般要根据补语的不同作用,在名词前加一个适当的介词,构成介宾词组,提前作动词或形容词、数词的状语。换句话说,名词作补语,译成现代汉语,在句式上,一般要改用介宾词组作状语来表达。而动词或形容词、数词,在词义和词性上均无特殊变化,都是一般用法。如果认为动词中有"为动用法",那么必然要牵动全盘,引来一系列的矛盾和问题,不仅在古汉语语法中造成混乱,而且还要波及现代汉语,不利于教学。

(一)名词作动词的补语,除了表示行为的目的、原因和服务对象外,还有其他种种作用:

(4)靖郭君将城薛。(《韩非子·说林下》)"城薛",意即"在薛地筑城"。

(5)晋公子围亡秦,秦怨之。(《史记·晋世家》)"亡秦",意即"从秦国逃跑"。

（6）晋伐齐，齐以公子强质晋。(《史记·齐太公世家》)。"质晋"，意即"到晋国做人质"。

（7）不避法禁，走死地如鹜者，其实皆为财用耳。(《史记·货殖列传》)"走死地"，意即"往死路上跑"。

（8）居一年，竖牛为谢叔孙。(《韩非子·内储说上七术》)"谢叔孙"，意即"向叔孙谢罪"。

（9）君三泣臣，敢问谁之过也？(《左传·襄公二十二年》)"泣臣"，意即"对我哭泣"。

（10）内有大乱，外交强秦魏之兵。(《史记·魏世家》)"交强秦魏之兵"，意即"和强大的秦魏军队交战"。

（11）不屯一卒，不战一士，八夷大国莫不宾服。(《史记·刘敬叔孙通列传》)"屯一卒""战一士"，意即"用一兵驻防""用一卒出战"。

（12）医方诸食技术之人，焦神极能，为重糈也。(《史记·货殖列传》)"食技术"，意即"靠技术谋生"。

（13）毅不敢阿法，当高罪死。(《史记·蒙恬列传》)"当高罪"，意即"按赵高的罪状判处"。

（14）帝感其诚。(《列子·汤问》)"感其诚"，意即"被他的诚心所感动"。

以上这些名词补语，在例（4）至（7）中**表示处所**，译成现代汉语，名词前面要加介词"在"或"从""到""往"等；在例（8）和（9）中**表示朝向的对象**，译成现代汉语，名词前面要分别加介词"向"或"对"；在例（10）中**表示相互关联的另一方**，译成现代汉语，名词前面要加介词"和（或同、跟、与）"；在例（11）至（13）中**表示凭借的条件**，译成现代汉语，名词前面要加介词"用""靠""按"等；在例（14）中**表示被动句中的主动者**，译成现代汉语，名词前面要加介词"被"。

按照"为动用法"，以上这些动词是不是就是"在动""从动""到动""往动""向动""对动""和（或同、跟、与）动""用动""靠动""按动""被动"等用法了呢？如果这样分类，是不是繁琐了些，与讲语法必须"简明、实用"的原则不合？至于把动补关系说成令人费解的"动宾关系"或"特殊的动宾关系"，也没有根据。

有人把例（9）中"泣臣"的"泣"，也看作"为动用法"[3]，显然是忽略了介词"为"古今词义的差别。在古汉语中，介词"为"可以表示"对"的意义。但在现代汉语中"为"和"对"在词义上已有明显区别。"对我哭泣"，如果说成"为我哭泣"，意思就完全不一样了。且不说，"为动用法"是不能成立的；即使有这种用法，"泣臣"的"泣"也不能归入"为动"。

（二）名词作形容词或数词的补语，译成现代汉语，方法和名词作动词的补语相同，名词前面也要加一个适当的介词，构成介宾词组，提前作形容词或数词的状语。如：

（15）三王之忧劳天下久矣，于今而后成。(《史记·鲁周公世家》)"忧劳天下"，意即"为国家操心劳累"。

（16）上方怒赵王，未理厉王母。(《史记·淮南衡山列传》)"怒赵王"，意即"为赵王的事而发怒"。

（17）昔周公勤劳王家，惟余幼人弗及知。[同例（15）]"勤劳王家"，意即"为王室尽心操劳"。

（18）武安侯新用事，欲为相，卑下宾客。(《史记·魏其武安侯列传》)"卑下宾客"，意即"对宾客卑下"。

（19）楚左尹项伯者，……素善留侯张良。(《史记·项羽本纪》)"善留侯张良"，意即"跟留侯张良友好"。

（20）吴，诸侯也，以即山铸钱，富埒(liè)天子。(《史记·平准书》)"埒天子"，意即"和天子等同"。

（21）向令伍子胥从奢俱死，何异蝼蚁？(《史记·伍子胥列传》)"异蝼蚁"，意即"与蝼蚁不同"。

（22）功过五帝，地广三王。(《史记·秦始皇本纪》)"广三王"，意即"比三王的土地广阔"。

（23）颜回者，少孔子三十岁。(《史记·仲尼弟子列传》)

"少孔子"，意即"比孔子小"。

（24）此乃其所以千万臣而无数（臣）者也。（《列子·说符》）"千万臣而无数（臣）"，意即"比我（高明）千万倍以至无数倍"。

以上各例，例（15）至（17）名词补语依次**表示目的、原因和服务对象**，译成现代汉语，名词前面都要加介词"为"（表示原因的，也可以用"因"或"因为"；表示服务对象的，也可以用"替"）；例（18）名词补语**表示朝向的对象**，译成现代汉语，名词前面要加介词"对"；例（19）至（21）名词补语**表示相互关联的另一方**，译成现代汉语，名词前面要加介词"跟"（或"和""同""与"）；例（22）至（24）名词补语**表示对两种情况比较**，译成现代汉语，名词前面要加介词"比"。

按照"为动用法"，以上这些形容词和数词是不是就是"为形""和形""比形"和"比数"等用法呢？回答也是否定的。这些介词和形容词以及数词均无直接联系。它们只跟名词结合成介宾词组，提前作形容词或数词的状语。形容词和数词在词义和词性上均无任何变化，纯属一般用法。

如果说，这些形容词和数词有这些"特殊用法"，那么"形·名"之间、"数·名"之间又是一种什么关系呢？看来是不好解答的。

有人把例（18）"卑下宾客"的"卑下"，也看作"为动用法"[4]，就未免牵强了。如前所说，在现代汉语里，介词"对"并不等于"为"，它们是两个意义不同的介词。"对宾客卑下"，绝不能说成"为宾客卑下"，这是显而易见的。

（三）在古汉语语法里，一个动词还可以带两个补语，或带一个补语、一个宾语，都是常见的句式。如：例（2）"汉王病创卧。""病创卧"，句式结构就是：动—补—补，"创"表示原因，"卧"表示结果，译成现代汉语，就是："为创伤而病倒了"。再如：（25）"愿归相印，乞骸骨，避贤者路。"（《史记·平津侯主父列传》）其中"避贤者路"，句式结构就是：动—补—宾，"贤者"表示服务对象，"路"是支配对象，译成现代汉语，就是："为贤者让路"。但是，按照"为动用法"来说，就要出现一系列的问题：（1）动补关系，如"病创"，就要说成令人费解的"动宾关系"或"特殊的动宾关系"。（2）一个动词，在一句当中可以同时表示两种意义——活用义和常用义，如：动词"病"既可以表示"为……病"，又可以表示"病"；"避"既可以表示"为……让"，又可以表示"让"。这显然有悖于汉语词义的确定性原则（即一个词在一句当中只能表示一个意义的原则）和词义发展、变化的规律的。（3）一句当中，就要出现一个动词同时和两个名词分别构成两种不同的动宾关系——一般的动宾关系和"特殊的动宾关系"。如："避贤者"是"特殊的动宾关系"，而"避"和"路"则是一般的动宾关系（支配关系）。这也不符合汉语语法的一般规律。有人把这种句式称为"为动双宾语"[5]，认为动词和两个宾语分别是"为动关系"和"支配关系"，这也值得商榷。首先，"路"虽是动词的宾语，和"为动"无关，不能冠以"为动"的名称。其次，"贤者"和动词并无直接联系，动词"避"也不含有介词"为"的意义，所谓"为动关系"也难成立。再次，从"避贤者路"的意义关系（"为贤者让路"）来看，"贤者"不是"避"的宾语，不能和"路"构成"避"的双宾语。

（四）值得注意的是，名词作补语，是一种很有生命力的补语形式，在现代汉语中也经常使用。在报刊、文章的标题以及题词、标语中，尤为多见。如：

（26）服务人民，奉献社会。

（27）为官一任，造福一方。

（28）同步世界潮流，服务祖国通信。

（29）风雨同舟，众志成城，携手挑战明天。

（30）忠诚党的教育事业。

附 录

　　以上，除例（30）名词是形容词的补语外，其余都是动词的补语。在现代汉语中，名词前面都可以加一个适当的介词，构成介宾词组，改用介宾词组提前作状语来表达。如说成："为人民服务，为社会作奉献"；"为一方造福"；"与世界潮流同步，为祖国通信服务"；"向明天挑战"；"对党的教育事业要忠诚"。这两种说法都行。但又有区别。名词作补语，句子简洁明快，结构紧凑，节奏感强，有一定的修辞作用，这是后者所不及的。所以，名词作补语在现代汉语中也是不可缺少的。名词作补语，已经不是古汉语所特有，而是古今汉语所共有的一条重要的语法规律了。

　　但是，按照"为动用法"来说，在现代汉语中，也应该有"为动用法"等"特殊用法"了，"动·名"之间也应该是一种"为动关系"或"特殊的动宾关系"了。现代汉语能接受这个观点吗？如果接受这个观点，那么"为动用法"所带来的种种矛盾和问题也将在现代汉语中重演。如果认为现代汉语中不存在"为动用法"，那么古今汉语语法的这一矛盾，又如何解决呢？

三、一点建议

讲语法，有一个重要的原则，就是必须"简明、实用"。但是，按照"为动用法"这样讲下去，就要把人们引入"五里雾中"，真是"你不讲，我倒明白；你愈讲，我愈糊涂了"。其实，语法并没有如此复杂、玄妙，也不会引出如此众多的矛盾和问题，更不会令人望而生畏。对上述种种语法现象，只要从句式结构的变换着眼，用名词作补语的观点取代动词的"为动用法"的观点，上述种种矛盾和问题都将迎刃而解,豁然开朗。

"为动用法"，绝不是一个简单的名词术语的问题。它关系到如何认识古汉语语法规律的问题，关系到如何建立科学的古汉语语法体系的问题，关系到古汉语语法的科学性和实用性的问题，关系到向学生传授什么样的语法知识的问题，也关系到古今汉语语法的连贯性的问题，绝不能小视。

我认为，在古汉语语法教学中，不能再这样"为动"下去了。对古汉语语法教材应该进行改革：删除"为动用法"，增补名词作补语的内容。这不仅有助于人们认识和掌握名词作补语这一条贯通古今的语法规律，有助于完善汉语语法的科学体系，而且有助于增强古汉语语法知识的科学性和实用性，有助于改进教学，提高教学质量，可谓是一举多得。

附 录

附：名词作补语和介宾词组作补语（文中例句出处均为司马迁的《史记》）

名词作补语和介宾词组作补语有时相通。例如：同样是说齐景公向孔子问政，在《孔子世家》中，一处是"问政孔子"，是名词作补语；另一处则是"问政于孔子"，是介宾词组作补语。同样是说汉高祖被困在平城，在《刘敬叔孙通列传》中，是"困平城"，名词作补语；而在《季布栾布列传》中，则是"困于平城"，介宾词组作补语。再如："善秦"和"善于秦"（前者见于《春申君列传》，后者见于《张仪列传》），意思都是"跟秦国友好"，但前者用名词作补语，后者用介宾词组作补语。还有，"详（佯）许甘言"和"诒以甘言"（均见于《匈奴列传》），补语都是"用好话"的意思，但前者用名词作补语，后者用介宾词组作补语。区别就在于：名词作补语，前面不用介词"于"或"以"。

因此，有人认为名词作补语是介宾词组作补语的省略形式，省略了介词。这不无道理，但不尽然。在很多情况下，名词作补语不能改用介宾词组作补语。如上述例句中，"坠车""死义""病创""忧病""传禹""请滑（为滑国请求）""百韩""距险（凭险要的地势抵抗）"；"走死地""揖应侯""格猛兽""齐三代""当高罪""带山海（被山海环绕）""牵

377

其说（被他们的主张牵制）"；"忧劳天下""卑下宾客""勤劳王家""饭稻羹鱼（用稻米做饭，用鱼做菜）""衣食县官（靠官府供应衣食）"等等，名词补语前均不能加介词"于"或"以"。

所以，对名词作补语又不能一概以省略介词的观点看待。是不是可以这样说，名词作补语是从介宾词组作补语省略介词开始，而后逐渐游离、分化出来的一种独立的补语形式。它和介宾词组作补语，既有联系又有区别，都是古代汉语中两种通行的补语形式。下列统计表可以说明这一点：

类别用例篇名	名词作补语	介宾词组作补语	类别用例篇名	名词作补语	介宾词组作补语
齐太公世家	69	71	田敬仲完世家	39	58
越王勾践世家	28	46	外戚世家	38	12
郑世家	27	45	留侯世家	49	7
赵世家	80	95	陈丞相世家	21	18
魏世家	61	10	绛侯周勃世家	37	10
韩世家	27	18	三王世家	12	33

可以看到，两种补语在各篇中的使用频率，虽互有升降，但都是经常使用，不可或缺的。

值得注意的是，两种补语在表达相同内容时还可以交替使用。不仅在一篇、一书中如此，如前所述，甚至在一句当中，两种补语也常交替使用。如：

① 今楚不加善于秦而善轸者，轸自为厚而为王薄也。（《张仪列传》）

② 舜耕历山，渔雷泽，陶河滨，作什器于寿丘，就时（经商）于负夏。（《五帝本纪》）

前一句同是表示"跟什么人友好"，补语表示互相关联的另一方。但一个用介宾词组作补语（"善于秦"），一个用名词作补语（"善轸"）。后一句同是表示"在什么地方做什么"，补语表示行为的处所。但前三个用名词作补语（如"耕历山"，渔雷泽，陶河滨"），后两个用介宾词组作补语（如"作付器于寿丘，就时于负夏文"）。这当然不是毫无意义的，两种补语形式交替使用，可避免句式重复，语言单调，有一定的修辞作用。

——摘自拙文《试论古汉语中名词作补语》（中央民族大学学报人文社会科学版 2001 年第 4 期）

附注：

[1]《古汉语知识辞典》，罗邦柱主编，武汉大学出版社，1988 年 11 月版，第 216、218 页。

[2] 参看拙文《试论古汉语中的名词作补语》，中央民族

大学学报(人文社会科学版),2001年第4期,第132—134页。

[3] 同 [1],第218页。

[4] 同 [1],第216页。

[5] 同 [1],第232页。

附 录

从《韩非子》看"所"字结构的构成和作用

"所"字结构是由助词"所"和动词（包括由动词组成的词组）构成的一种特殊词组。在古汉语中用得非常频繁，非常普遍，而且结构复杂，表达作用也很灵活。了解并掌握"所"字结构的特点和规律，对于学习和研究古汉语都是必要而有益的。

《韩非子》是战国时代的作品，保留了古汉语词汇、语法等方面的特点和规律，是学习和研究古汉语的重要资料。书中有大量的"所"字结构，很有代表性。本文试以《韩非子校注》（江苏人民出版社）一书为依据，对"所"字结构的构成、作用及其特点，谈谈个人的看法。

一、"所"字结构的构成

根据"所"字结构的构成特点和内部关系,"所"字结构的构成,可以分为三大类、六种格式:

(一)"所"字后面不带介词的。这种"所"字结构有两种格式:

1.所B式 B代表动词(包括动宾词组、动补词组等,下同),这种"所"字结构是由"所"字和动词或动词词组构成的。如:

① 所当(通"挡")未尝不破。(《初见秦》)

② 死必当,罪不赦,则奸邪无所容其私。(《备内》)

③ 昭侯曰:"非所学于子也。"(《外储说左上》)

例①是由"所"字和动词"当"构成的,例②是和动宾词组"容其私"构成的,例③是和动补词组"学于子"构成的。

2.A所B式 A代表与动词有关的名词或代词,A和B之间是主谓关系或偏正(状谓)关系。这种"所"字结构,是由"所"字和主谓词组或偏正词组构成的。如:

① 主令所加,莫敢不从也。(《难一》)

② 太宰因诫使者:"无敢告人吾所问于女(通'汝')。"(《内储说上七术》)

③ 今所治之政,民间之事,夫妇所明知(泛指一般的男

人和女人,即普通民众)者不用,而慕上知之论,则于其治反矣。(《五蠹》)

例①②是由"所"字和主谓词组构成的,例①"主令""加",例②"吾""问于女",都是主谓词组。例③有两个"所"字结构,一是"所"字和偏正词组"今""治"构成的,一是"所"字和主谓词组"夫妇明知"构成的。

(二)"所"字后面带介词的。常见的介词有:以、与、自、由等,以用"以"的为多。这种"所"字结构也有两种格式:

1. 所介B式:

① 凡兵革者,所以备害也。(《解老》)

② 故设柙,……所以使怯弱能服虎也。(《守道》)

例①是由"所以"和动宾词组"避害"构成的,例②是和兼语词组"使怯弱能服虎"构成的。

2. A所介B式:

① 若夫即主心,同乎好恶,固其所自进(进身所由的途径)也。(《孤愤》)

② 今所与备人者,且曩之所备也。(《南面》)

例①是由"所自"和主谓词组"其自进"构成的,例②是由"今备"和偏正词组"使怯弱能服虎"构成的。

(三)"所"字前面加了助词"之"的。常见的也有两种格式：

1. A 之所 B 式：

① 官之富重，乱功之所生也。（《八经》）

② 近之所见，李兑之用赵也，饿主父百日而死。（《奸劫弑臣》）

例① 是由"之所"和主谓词组"乱功生"构成的，例② 是和偏正词组"近见"构成的。

2. A 之所介 B 式：

① 此世（世人）之所以谓之为狂（欺骗，狂：通"诳"）也。（《显学》）

② 大臣廷吏，人主之所与度计（谋划）也。（《八奸》）

③ 恬淡平安，莫不知祸福之所由来（从何而来）。（《解老》）

以上三例，① 是由"之所以"和主谓词组"世谓之为狂"构成的，② 是由"之所与"和主谓词组"人主度计"构成的，③ 是由"之所由"和主谓词组"祸福由来"构成的。

二、"所"字结构的作用

"所"字结构，在句中都相当于一个词，充当句子的一个成分。有两种作用：

（一）指代作用　"所"字结构在多数情况下，都有指代作用，相当于一个名词性词组，表示"……的人"或"……的事物"。上述六种格式的"所"字结构在句中经常作主语或宾语、判断谓语；作补语或定语的，则比较少见。

1. 作主语的：

① 国法不可失，所治非一人也。（《显学》）

② 且人所急无如其身，不能自使其无死，安能使王长生哉？（《外储说左上》）

③ 利之所在民归之，名之所彰士死之。（《外储说左上》）

④ 所以治者，法也；所以乱者，私也。（《诡使》）

⑤ 其好士则同，其所以为则异。（《说林上》）

⑥ 然而法令之所以备，刑罚之所以诛，常于卑贱，是以其民绝望，无所告愬（通"诉"）。（《备内》）

例①"所治"是指"所治之人"，例②"人所急"是指"人所重视的东西"，例③"利之所在"和"名之所彰"是指"可以得到利益的地方"和"可以显扬名声的事情"，例④"所以治"和"所以乱"是指"所以治理好的原因"和"所以造成混乱的原因"，例⑤"其所以为"是指"他这样做的目的"，例⑥"法令之所以备"和"刑罚之所以诛"是指"法令所防备的人"，"刑罚所处罚的人"。

385

2. 作宾语的：

① 秦发兵而未名所伐……（《存韩》）

② 以赏者赏，以刑者刑，因其所为，各以自成。（《扬权》）

③ 明日坐，视美珥之所在而劝王以为夫人。（《外储说右上》）

④ 郑君患之，合群臣而谋所以对魏。（《内储说上七术》）

⑤ 如此，则人失其所以乐生，而忘（失去）其所以重死。（《安危》）

⑥ 是故下之所欲，常与上之所以为治相诡（违背）也。（《诡使》）

例⑥是介词"与"的宾语，其余各例分别是动词"名""因""视""谋""失""忘"的宾语。例①"所伐"是指"所攻伐的国家"，例②"其所为"是指"他们所做的事情"，例③"美珥之所在"是指"美珥所在的处所"，例④"所以对魏"是指"答复魏国的办法"，例⑤"其所以乐生"和"其所以重死"是指"他们乐于生存的前提"和"他们爱惜生命的条件"，例⑥"上之所以为治"是指"君主用来治国的原则"。

3. 作判断谓语的：

① 所养者，非所用；所用者，非所养，此所以乱也。（《显

学》）

② 夫犬马，人所知也，……（《外储说左上》）

③ 夫庆赏赐予者，民之所喜也……杀戮刑罚者，民之所恶也，……（《二柄》）

④ 且官职，所以任贤也；爵禄，所以赏功也。（《难二》）

⑤ 此世所以乱无霸王也。（《和氏》）

⑥ 此秦王之所以庙祠而求也。（《十过》）

例①"所用"和"所养"是指"所要用的人"和"所供养的人"，"所以乱"是指"造成混乱的原因"。例②"人所知"是指"人们所熟悉的东西"，例③是指"人喜欢的事"和"人厌恶的事"，例④"所以任贤"和"所以赏功"是指"任用贤人的手段"和"奖赏有功的手段"，例⑤"世所以乱无霸王"是指"社会上混乱而没有霸王的原因"，例⑥"秦王之所以庙祠而求"是指"秦王在宗庙里祭祀所祈求的事"。

4. 作补语的，不多。只有所B、A之所B、A所介B三种格式的少数例子：

① 树枳棘者，成而刺人，故君子慎所树。（《外储说左下》）

② 简子乃去楯、橹，立矢石之所及。（《难二》）

③ 其子（女儿）所以反（通'返'）者，倍其所以嫁。（《说林上》）

以上"所"字结构分别作"慎""立"和"倍"的补语。例①"所树"是指"所栽培的人",例②"矢石之所及"是指"箭和滚石能达到的地方",例③"其所以嫁"是指"她出嫁时的嫁妆"。"所"字结构作补语,相当于一个介词结构作补语。如:例①相当于"慎于所树",例②相当于"立于矢石之所及",例③相当于"倍于其所嫁"。译成现代汉语,有的不需要改变原来的句式,如例②。有的要加一个适当的介词,构成介词结构,提前作状语。如:例①要译为"对所栽培的人要慎重",例③要译成"比她出嫁时的嫁妆多一倍"。

5. 作定语的,更少。例如:

① 凡说(shuì,进说)之难,在知所说之心。(《说难》)

② 所畏之求得,所爱之言听,此乱臣之所因也。(《八经》)

以上"所"字结构分别作"心""求""言"的定语。例①"所说",指"进说的对象,即国君",例②"所畏",指"是害怕的国家";"所爱",指"所宠爱的人"。

(二)修饰作用 当"所"字结构所指代的对象(名词)出现时,它即失去了指代作用,由名词性词组,变为非名词性的词组。这时的"所"字结构,都是作名词的定语,具有修饰或限制的作用,表示人或事物的范围。上述六种"所"字结构,都有这种用法。如:

① 是管仲亦在所去之域矣。(《难一》)

② 赵武所荐四十六人，及武死，各就宾位，其无私德若此也。(《外储说左下》)

③ 诏以韩客之所上书，……下臣斯。(《存韩》)

④ 此所以无辩之故也。(《问辩》)

⑤ 其东走则同，其所以东走之为则异。(《说林上》)

⑥ 此人臣之所以取信幸之道也。(《奸劫弑臣》)

以上各例的"所"字结构，都是非名词性的词组作定语。例①"所去"作"域"的定语，例②"赵武所"作"四十六人"的定语，例③"韩客之所上"作"书"的定语，例④"所以无辩"作"故"的定语，例⑤"其所以东走"作"为"的定语，例⑥"人臣之所以取信幸"作"道"的定语。在定语和中心词（名词）之间，或用"之"，或不用"之"。

三、"所"字结构的特点

关于"所"字结构，有几个特点是需要注意的：

（一）所B、所介B式，在很多情况下，是A所B、A所介B式的省略形式。例如：

① 秦武王令甘茂择所欲为于仆（管君主车马的官）与行

事（官名，一种下级官吏）。（《说林上》）

②靖郭君之相齐也，王后死，未知所置，乃献玉珥以知之。（《外储说右上》）

③爵禄，所以赏也；民重所以赏也，则国治。（《八经》）

④人主多无用之辩，而少不易之言，此所以乱也。（《外储所左上》）

例①"所欲为"，实际是"其所欲为"，"其"指甘茂，承前省。例②"所置"，实际是"王所置"，"王"，承前省。例③"所以赏"，实际是"上所以赏"，"上"指君主，泛指省。例④"所以乱"，实际是"国所以乱"，"国"，泛指省。

（二）在"A之所B"和"A之所介B"这两种"所"字结构中，"之"字并无实在意义。有没有它，并不影响A与B的关系，也不影响"所"字结构的表达作用。但它在古汉语中经常使用。甚至在两个意义相同或字面都完全相同的"所"字结构中，"所"字前面，或用"之"，或不用"之"。如：

①"王所欲"和"王之所欲"薛公欲知王所欲立而请置一人以为夫人。欲先知王之所欲置以劝王置之，于是为十玉珥而美其一而献之。（《外储说右上》）

② "寡人所好"和"寡人之所好" 寡人所好者，音也，子其使遂之。寡人之所好者，音也，愿试听之。(《十过》)

③ "其所以为治"和"王之所以为治" 夫上之所贵，与其所以为治相反也。是故下之所欲，与上之所以为治相反也。(《诡使》)

④ "君所与居"和"君之所与居" 上，君所与居，皆其所畏也；中，君之所与居，皆其所爱也；下，君之所与居，皆其所侮也。(《外储说左下》)

从《韩非子》一书来看，在这两种"所"字结构中，用"之"的却多于不用"之"的。这种情况可能是因为"之"有舒缓语气、变换句式的作用，读起来朗朗上口的缘故。正如黎锦熙先生所说，"此等'之'字，於文法诚赘疣，特微有缓宕辞气、参伍句法之作用耳。"(《比较文法》)

（三）在一般情况下，"所"字结构比较简单，动词部分只有一个动词或动词词组。但有时"所"字结构的动词部分却不止一个动词或动词词组，而且其间关系也较复杂。如：

① 凡此八者，……世主所以壅劫（蒙蔽劫持），失其所有也，不可不察焉。(《八奸》)

② 其君见好岩穴之士，所倾盖与车（把车盖斜张，并与他们同车来往）以见（同"现"）穷闾隘巷（偏僻狭窄的街巷）

之士（显扬居住在小街小巷的读书人）以十数，……（《外储说左上》）

③臣昧死愿望见大王，言所以破天下之从（通"纵"），举赵，亡韩，臣荆、魏，亲齐、燕，以成霸王之名，朝四邻诸侯之道。（《初见秦》）

例①"所"字结构是由"所以"和"世主壅劫，失其所有"构成，两个主谓词组是递进关系。例②"所"字结构是由"所"字和"倾盖与车"和"见穷穷间隘巷之士"三个词组构成。"倾盖与车"和"见穷间隘巷之士"是目的关系，"倾盖与车"和"与车"是并列关系。例③动词部分包含七个动宾词组，作"道"的定语。七个动宾词组之间实际上是一个三重复句的关系。第一层是目的关系，第二层是承接或并列两种关系，第三层都是并列关系。其内部关系，可用下图表示：

破天下之从，‖举赵，‖｜亡韩，‖｜臣荆、魏，

‖｜亲齐、燕，｜以成霸王之名，‖朝四邻诸侯

（四）作定语的"所"字结构有两种：一种是名词性的，一种是非名词性的。要分清是否为名词性，完全取决于"所"字结构所修饰的名词中心词，是否是它所指的对象。如是，则是非名词性的，只有修饰作用；如不是，则是名词性的，既有指代作用，又有修饰作用。如，"所爱之言"（《八经》）

和"所爱美女"(《内储说下六微》),其中"所爱"都作定语,但中心词不同。前者"言"不是"所爱"的对象,"所爱"是名词性的,是"所宠爱的人";后者"美女"是"所爱"的对象,"所爱"是非名词性的。

(五)"所"字结构作名词性词组时,其指代作用具有灵活性。在不同的句子里,同一个"所"字结构可以指代不同的内容。这主要根据上下文来决定。

1. 字面相同,所指代的对象不同。如:

①君无见(现)其所欲,君见(现)其所欲,臣自将雕琢。(《主道》)

②托于燕处(安居,燕:通"晏",安)之虞(通"娱",安逸快乐),乘醉饱之时,而求其所欲,此必听之术也。(《八奸》)

③衣服玩好,择其所欲为之。(《内储说下六微》)

例①"其所欲"是指"自己想得到什么的愿望",即"自己的欲望";例②是指"自己想得到的东西";例③是指"她喜欢的衣服玩好"。

2. 由"所介"构成的"所"字结构,其中介词相同,但指代的内容不同。特别是"所以"构成的"所"字结构,表现更为突出,它可以表达多种含义。如:

① 今文公问"以少遇众",而对曰:"前必无复",此非所以应(回答)也。(《难一》)

② 此孝子所以养亲,忠臣之所以事君也。(《内储说下六微》)

③ 今皆亡国者,其群臣官吏皆务所以乱而不务所以治也。(《有度》)

④ 筵豆,所以食也;席蓐,所以卧也。(《外储说左下》)

⑤ 今君设法度,而听左右之请,此所以难行也。(《外储说左上》)

⑥ 其好士则同,其所以为则异。(《说林上》)

以上由"所以"构成的"所"字结构,表达的意思各不相同。例①是指"应该用来回答的话",例②是指"孝子奉养父母的态度"和"忠臣侍奉君主的态度",例③是指"使国家混乱的事"和"使国家安定的事",例④是指"吃饭时的用具"和"睡觉时的用具",例⑤是指"法治难以推行的原因",例⑥是指"他们好士的目的"。

四、一个值得商榷的问题

关于"所"字结构,一般的古汉语语法著作都只讲"所

＋动词"（即所B式）和"所＋介词＋动词"（即所介B式）这两种"所"字结构，而把A所B式、A所介B式、A之所B式、A之所介B式排除在"所"字结构之外。这有两个问题：

（一）这四种"所"字结构，都是古汉语中常用的语言单位，使用率也比较高，把它们排除在"所"字结构之外，不利于掌握古汉语的语法规律。

（二）在这四种"所"字结构中，A所代表的名词或代词，只和B代表的动词，有直接的关系。如："主令所加""今所治"，如上所述，"主令"是"加"的行为主动者，两者是主谓关系；"今"表示"治"的时间，两者是偏正关系（或状谓关系），而和"所B""所介B"并没有什么关系。有人就把这种A（名词或代词）说成是"所B""所介B"这种"所"字结构的定语。如："民之所食"，"民"是"所食"的定语。这种定语之后一般要用"之"字。这种解释就此例而言，并无大碍；但拿到语言实际中去，就很难说得通了。如："荆王所爱妾有郑袖者。"（《内储说下六微》）其中"荆王所爱"是主谓词组构成的"所"字结构作"妾"的定语。"所爱"不是名词性词组，"荆王"就不能作"所爱"的定语，那么，"荆王"在这里又算什么呢？

本来并不复杂的问题，经这么一讲，却变得这样复杂难懂了。这是讲语法的大忌，不利于学习和掌握古汉语的语法规律。我认为，在这个问题上，还是应该从语言实际出发，实事求是地解决。

后　记

（一）

　　我是一个退休教师。退休以后，仍坚持学习和写作，希望在有生之年，对社会再尽一点余力。我读书习惯于独立思考，不囿成说。但现在要在学术期刊和高校学报上发表文章是很困难的。许多期刊和学报，都提出"提倡学术争鸣"的口号，但真正做到的并不多。即使有真知灼见，也不一定有机会发表。学术空气如此稀薄，学术争鸣如此困难，我很纳闷。

　　值得高兴的是，我们已进入信息化、数字化的时代。随着科技的进步，互联网络的发展，多家网站都开设了博客频道，为社会提供了自由写作的平台。有的网站就直接叫博客网。我也饶有兴趣地以"CAOGENGWANG"的名字，在博客网上注了册，安了家。从 2006 年到现在，我陆续在我的博客日志上，发表了二十篇关于研究《韩非子》的文章，包括韩非的法治思想和哲学思想，包括古汉语语法和古籍出版方面的文章，对当前学界流行的一些观点以及古籍出版的现状，提出了一些不同的意见和构想，希望抛砖引玉，对古文化的传承能有所促进，有所突破。这就是我想贡献的一点力量，也是我的愿望。

现在，我把这些有关《韩非子》的文章，辑集出版《韩非子研究新探》，也是了了我的一个心愿。这首先要感谢博客网的同志们的热情鼓励和帮助，也要感谢我中学时代的同学、中科院研究员蔡祖煌先生对文稿提出了许多宝贵的意见，还要感谢中国文联出版社的同志们在本书的编辑、校对、出版中给予的许多帮助。在这里，我要再一次地说一声："谢谢！"

王兆麟

2010 年 3 月 25 日

（二）

《韩非子新探》是在拙著《韩非子研究新探》的基础上出版的新版本。《韩非子研究新探》2010 年在中国文联出版社出版，得到了各有关方面的积极支持，多家网上书店都在推介和销售此书，对我是极大的鼓励。但现在看来，此书在

后 记

内容上尚嫌不足。例如,韩非的术治思想、民主思想、贤治思想、是非观、战争观、自然和人性观、小事观、文化思想等等,都还没有得到充分的论述。现在,我把在新华网和新浪网上发布的有关博文以及近来补写的几篇文章和《韩非子研究新探》中的文章,辑集出此新版本《韩非子新探》,希望对全面、深入了解韩非的法治思想体系和治国理政的思想有所启发和帮助。由于水平限制,抛砖引玉,欢迎批评指正!

《韩非子新探》在出版过程中,承蒙中国书籍出版社给予了很大的支持和帮助,在这里,我表示衷心的感谢!

王兆麟
2019 年 12 月 12 日

出版后记

中华文明源远流长。在漫长的历史岁月中，我们中华民族创造了辉煌灿烂的文化成就，践行着自己朴素而真诚的人生和社会理想，追寻着具有鲜明特色的伦理价值和审美境界，展示出丰富、生动、深邃的思想智慧。在很长一段时间内，中国文化在世界文明体系中居于领先地位，其影响力和感染力无比强大，从而在铸就中华民族独特灵魂的同时，也为人类文明的发展和进步作出了重要的贡献。

明清之际，由于复杂的原因，中国社会没有能够有效地完成转型，逐步走向封闭和衰落。鸦片战争的失败，更使中国面临数千年未有之变局，使中华民族沦入生死存亡的艰难境地。为了救国于危难，当时的仁人志士自觉不自觉地把目光投向西方，投向西学，并由此对中国传统文化进行了激烈的批判。从洋务运动、戊戌变法，一直到五四新文化运动，

出版后记

在近代中国救亡图存的历史语境中，传统文化的观念和形态，常常被贴上落后、愚昧的标签，乃至被指斥为近代中国衰落和灾难的祸根，就连汉字和中医这样与国人生命息息相关的文化形态，也受到牵连和敌视，被列入需要废除的清单。对本民族文化的这种决绝态度，在世界各民族的历史上都是罕见的，它既反映了我们中华民族创新发展的非凡勇气，也从一个重要侧面，印证了中华传统文化的顽强和深厚。

今天，历史已经走进 21 世纪，我们中华民族经过不懈的努力和奋斗，迎来了快速发展的良好机遇，国家强盛、民族复兴的曙光就在前方。在这样的时候，在这样的历史背景下，重温我们民族的辉煌、艰难历史，重新认知我们民族的优秀文化和高贵传统，不仅是一种自然的趋势，也是一项庄严的历史使命。理由很简单，我们中华民族要在全球化的背景下真正实现伟大复兴，必须具有足够的凝聚力和创造力，必须具有强烈的自尊心和自信心，而这一切，离不开对本民族优秀文化基因的认同和感念，离不开对优秀传统的继承和弘扬。从这个意义上说，中国传统文化是不绝的源泉，是清新而流动的活水。我们组织出版《中国文化经纬》系列丛书，正是为了汲取丰富的精神滋养，激发我们前行的力量。

本书系计划出版 100 卷，由著名的中国文化书院组织编写，内容涵盖中国传统文化的各个方面和层级，涉及文学、历史、艺术、科学、民俗等多个领域，力求用通俗易懂的语言，用较少的篇幅，使广大读者对中国历史文化有较为全面的认识，对中国精神和中国风格有较为深切的感受。丛书的作者均为国内知名专家，有的是学界泰斗，在国内外享有盛誉，他们的思想视野、学术底蕴和大家手笔，保证了丛书的学术品质和精神品格。

这是一套规模宏大、富有特色的中国传统文化读本，这是专家为同胞讲述的本民族的系列文明故事，我们期待您的关注和阅读，也等待您的支持和批评。

中国书籍出版社
2015 年 9 月

中国文化经纬·第一辑

从黄帝到崇祯：二十四史 / 徐梓 著
华夏文明的起源 / 田昌五 著
孔子和他的弟子们 / 高专诚 著
老子与道家 / 许抗生 著
墨子与墨学 / 孙中原 著
四书五经 / 张积 著
宋明理学 / 尹协理 著
唐风宋韵：中国古代诗歌 / 李庆 武蓉 著
易学今昔 / 余敦康 著
中国神话传说 / 叶名 著

中国文化经纬·第二辑

敦煌的历史与文化 / 宁可 郝春文 著
伏尔泰与孔子 / 孟华 著
利玛窦与徐光启 / 孙尚扬 著
神秘文化的启示：纬书与汉代文化 / 李中华 著
中国古代婚俗文化 / 向仍旦 著
中国书法艺术 / 陈玉龙 著
中国四大古典悲剧 / 周先慎 著
中国图书 / 肖东发 著
中国文房四宝 / 孙敦秀 著
中印文化交流史 / 季羡林 著